JURA INTENSIV

D1994741

CRASHKURS

Zivilrecht

Für Examenskandidaten und Referendare

RA Oliver Soltner

Jura Intensiv Verlags UG & Co. KG, Mömbris, November 2014

Herr **RA Oliver Soltner** ist Rechtsanwalt und Franchisenehmer des Repetitoriums *Jura Intensiv* in Frankfurt, Gießen, Heidelberg, Mainz, Marburg und Saarbrücken. Er wirkt seit über 18 Jahren als Dozent des Repetitoriums und ist Chefredakteur der Ausbildungszeitschrift RA – Rechtsprechungs-Auswertung. Ferner ist er Autor des Skriptes Schuldrecht AT aus der *Jura Intensiv* Skriptenreihe.

Autor
RA Oliver Soltner

Verlag und Vertrieb
Jura Intensiv Verlags UG (haftungsbeschränkt) & Co. KG
Am Kreuzberg 9
63776 Mömbris
verlag@jura-intensiv.de
www.jura-intensiv.de

Verlagslektorin
Ines Susen

Gestaltung Cover
B. A. Huyen Truong

Druck und Bindung
Copyline GmbH, Albrecht-Thaer-Straße 10, 48147 Münster

ISBN 9-783-9421-7423-7

Inhaltsverzeichnis

Crashkurs Zivilrecht

Anspruchsgrundlagen

BGB AT

Schuldrecht AT

Schuldrecht BT I / Kaufrecht

Schuldrecht BT II

Bereicherungsrecht

Deliktsrecht

Mobiliarsachenrecht

Immobiliarsachenrecht

Erbrecht

Allgemeine Anspruchsgrundlagen

A. Systeme zum Auffinden der Anspruchsgrundlagen

Grundvoraussetzung für den Erfolg in der zivilrechtlichen Klausur ist die Fähigkeit zum Auffinden der richtigen Anspruchsgrundlage. Dabei stehen verschiedene Wege zur Wahl.

Vom ersten Semester erlernt wurde die Prüfungsreihenfolge der Anspruchsgrundlagen.

I. Prüfungsreihenfolge der Anspruchsgrundlagen

1. Grundlegende Zusammenhänge

Die **Prüfungsreihenfolge** der Anspruchsgrundlagen zergliedert sich in **fünf** Ebenen:

- Vertragliche Anspruchsgrundlagen
- Quasivertragliche Anspruchsgrundlagen
- Dingliche Anspruchsgrundlagen
- Deliktische Anspruchsgrundlagen
- Bereicherungsrechtliche Anspruchsgrundlagen

Diese Reihenfolge ergibt sich aus drei Prinzipien, nämlich dem Grundsatz der Privatautonomie, aus Spezialität und nicht zuletzt aus logischer Priorität. Beachten Sie folgende kurze und komprimierte Erläuterung: Die Privatautonomie gewährt das Recht zur Gestaltungsfreiheit. Man darf in Grenzen bei der Vertragsgestaltung von gesetzlichen Vorgaben abweichen. Deshalb prüft man vertragliche Anspruchsgrundlagen zuerst. Manche Regelungen enthalten Spezialregelungen. Weil § 993 I 2. Halbsatz BGB bei Nutzungsersatz und Schadensersatz weitgehend die Nichtanwendbarkeit der § 812 ff. BGB und der §§ 823 ff. BGB anordnet, prüft man die §§ 985 ff. BGB vor dem Deliktsrecht und dem Bereicherungsrecht. Schließlich stellt etwa der quasi-vertragliche Anspruch aus GoA gem. §§ 677, 683 S. 1, 670 BGB ein Recht zum Besitz gem. § 986 BGB und einen Rechtsgrund bei § 812 I 1 1. Fall BGB dar. Zur Vermeidung von Inzidentprüfungen genießt er deshalb logische Priorität.

2. Vertragliche Anspruchsgrundlagen

Die vertraglichen Anspruchsgrundlagen zerfallen in Primäransprüche, Sekundäransprüche und Tertiäransprüche.
Primäransprüche gewähren, was primär aufgrund des Vertragsinhaltes geschuldet ist.

a. Vertragliche Primäransprüche

- Ansprüche aus **Garantievertrag**
  - Selbständiger Garantievertrag gem. §§ 311 I, 241 I BGB
  - § 443 BGB
- **Verschaffungsansprüche**
  - Kaufvertrag § 433 BGB
  - Tauschvertrag § 480 BGB
  - Schenkung gem. §§ 516, 311, 241 BGB
  - Werklieferungsvertrag gem. § 651 BGB
- Ansprüche auf **Besorgung fremder Geschäfte**
  - Geschäftsbesorgungsvertrag gem. § 675 BGB
  - Zahlungsdienste- und Zahlungsdiensterahmenvertrag § 675c BGB
  - Reisevertrag § 651a BGB
  - Auftragsvertrag § 662 BGB
  - Verwahrungsvertrag § 688 BGB, § 700 I BGB
  - Maklervertrag § 652 BGB

- Anspruch aus **Werkvertrag** gem. § 631 BGB
- Ansprüche auf **Leistung von Diensten**
  - Dienstvertrag § 611 BGB
  - Behandlungsvertrag § 630a BGB
  - Reisevertrag § 651a BGB
- **Überlassungsverträge**
  - Geld: Gelddarlehensvertrag gem. § 488 I BGB
  - Sachen
    → Miete § 535 BGB
    → Pacht § 581 BGB
    → Leihe § 598 BGB
    → Leasing § 535 BGB analog (h.M.)
    → Verwahrung § 688 BGB
    → Unregelmäßige Verwahrung § 700 BGB
    → Treuhandvertrag §§ 311, 241 BGB
    → Sachdarlehen § 607 BGB

b. Vertragliche Sekundäransprüche
Sie regeln die Fälle der Leistungsstörungen. Sie ergänzen die Primäransprüche oder treten an ihre Stelle.

aa) Schlechterfüllung
- § 437 BGB (beim Kauf § 433 BGB, Tausch § 480 BGB, Werklieferungsvertrag § 651 BGB)
- § 634 BGB beim Werkvertrag
- §§ 651d, f BGB beim Reisevertrag
- § 675u – z BGB beim Zahlungsdienstrahmenvertrag
- §§ 280 I, III, 281 I S. 1, 2. Fall BGB (str.)
- § 280 I BGB

bb) Unmöglichkeit
- Anspruch auf Schadensersatz statt der Leistung gem. §§ 280 I, III, 283 BGB
- Anspruch auf Schadensersatz statt der Leistung gem. § 311a II 1 1. Fall BGB
- Anspruch auf Aufwendungsersatz gem. § 284 BGB
- Anspruch auf Aufwendungsersatz gem. §§ 311a II 1 2. Fall, 284 BGB

cc) Schuldnerverzug
- Anspruch auf Verzinsung gem. §§ 286, 288 BGB
- Ersatz des Verzögerungsschadens gem. §§ 280 I, II, 286 BGB
- Anspruch auf Ersatz des Verzugsfolgeschadens gem. §§ 280 I, II, 286, 288 IV BGB
- Anspruch auf Schadensersatz statt der Leistung gem. §§ 280 I, III, 281 I 1 1. Fall BGB
- Anspruch auf Aufwendungsersatz gem. § 284 BGB
- Anspruch auf Schadensersatz wegen Nichterfüllung gem. § 376 HGB
- Spezieller Anspruch auf Schadensersatz wegen Verzugs mit der Mangelbeseitigung gem. § 536a I 3. Fall BGB
- Spezieller Anspruch auf Aufwendungsersatz gem. § 536a II BGB

dd) Nebenpflichtverletzung (Rücksichtspflichtverletzung)
- Anspruch auf Schadensersatz §§ 280 I, 241 II BGB
- §§ 280 I, III, 282 BGB
- § 284 BGB

c. Tertiäransprüche
- Anspruch auf Herausgabe des stellvertretenden commodums gem. § 285 BGB
- § 255 BGB analog

3. Quasivertragliche Anspruchsgrundlagen

- Anspruch auf Ersatz des **Vertrauensschadens** gem. § 122 BGB
- Anspruch gegen den **Vertreter ohne Vertretungsmacht** § 179 BGB
- Anspruch aus **culpa in contrahendo** gem. §§ 280 I, 311 II, 241 II BGB
- Ansprüche aus **echter, berechtigter Geschäftsführung ohne Auftrag**
  - Anspruch des Geschäftsherrn auf Herausgabe des Erlangten §§ 677, 681 S. 2, 667 BGB
  - Anspruch des Geschäftsherrn auf Schadensersatz gem. § 280 I BGB
  - Anspruch des Geschäftsführers auf Aufwendungsersatz §§ 677, 683 S. 1, 670 BGB
  - Anspruch des Geschäftsführers auf Befreiung von der Verbindlichkeit § 257 BGB
- Ansprüche aus **echter, unberechtigter Geschäftsführung ohne Auftrag**
  - Anspruch des Geschäftsherrn auf Schadensersatz §§ 677, 678 BGB
  - Anspruch des Geschäftsherrn auf Herausgabe des Erlangten (str.)
    → Nur aus § 812 BGB (h.M.)
    → aus §§ 677, 681 S. 2, 667 (M.M.: Erst- Recht-Schluss)
  - Anspruch des Geschäftsführers auf Aufwendungsersatz §§ 677, 684 S. 1, 818 II BGB
- Ansprüche aus **unechter, angemaßter Eigengeschäftsführung**
  - Anspruch des Geschäftsherrn auf Schadensersatz §§ 687 II 1, 678 BGB
  - Anspruch des Geschäftsherrn auf Herausgabe des Erlangten §§ 687 II, 681 S. 2, 667 BGB
  - Anspruch des Geschäftsführers §§ 687 II 2, 684 S. 1, 818 II BGB

4. Dingliche Anspruchsgrundlagen

- auf **Herausgabe**
  - § 985 BGB
  - § 861 BGB
  - § 1007 I BGB
  - § 1007 II BGB
  - §§ 1227, 985 BGB
  - § 562b II 1 BGB
  - § 2018 BGB
  - § 1251 BGB
- auf **Schadensersatz, Ausgleich, Nutzungsersatz, Verwendungsersatz**
  - **Schadensersatz**
    → § 992 BGB
    → § 989 BGB
    → §§ 989, 990 BGB
    → §§ 990 II, 280 I, II, 286 BGB
  - **Ausgleichsanspruch**
    → § 906 II 2 BGB
    → § 906 II 2 BGB analog
  - **Nutzungsersatz**
    → § 987 I und § 987 II BGB
    → § 988 BGB
    → §§ 990 I, 987 BGB
  - **Ersatz der Übermaßfrüchte** § 993 I BGB
  - **Verwendungsersatz** gem. §§ 994 ff. BGB

- auf **Beseitigung und Unterlassung**
  - Grundbuchberichtigung § 894 BGB
  - Vormerkungsbeseitigung § 886 BGB
  - Gegen den Störer gem. § 1004 I BGB, § 1004 I BGB analog
  - Gegen den Störer gem. § 862 BGB
- auf **Duldung der Zwangsvollstreckung**
  - § 1147 BGB
  - §§ 1192 I, 1147 BGB

5. Deliktische Anspruchsgrundlagen

- **Gefährdungshaftung**
  - § 1 ProdukthaftG
  - § 7 StVG
  - § 833 S. 1 BGB
  - § 1 HaftpflichtG (Eisenbahn)
- **Verschuldenshaftung**
  - § 18 I StVG
  - § 1664 Abs. 1 BGB
  - § 823 I BGB
  - § 823 II BGB
  - § 824 BGB
  - § 825 BGB
  - § 826 BGB
  - § 831 BGB
  - § 832 BGB
  - § 833 S. 2 BGB
  - § 834 BGB
  - § 836 BGB
  - § 839a BGB

6. Bereicherungsrechtliche Anspruchsgrundlagen

- Ansprüche aus **Leistungskondiktion**
  - § 812 I 1 1. Fall BGB (condictio indebiti)
  - § 812 I 2 1. Fall BGB (condictio ob causam finitam)
  - § 812 I 2 2. Fall BGB (condictio ob rem)
  - § 813 I BGB
  - § 817 S. 1 BGB
- Ansprüche aus **Nichtleistungskondiktion**
  - § 18 I StVG
  - § 816 I 1 BGB
  - § 816 I 2 BGB
  - § 816 II BGB
  - § 822 BGB
  - § 812 I 1 2. Fall BGB

II. Regressanspruchsgrundlagen

Wer eine Regressanspruchsgrundlage sucht, kommt mit dem o.g. Suchsystem oft nicht weiter. Ein Regressfall liegt vor, wenn B den gegen ihn gerichteten Anspruch des A erfüllt hat und versucht, C vollständig oder teilweise in Rückgriff zu nehmen.

Vertraglicher Regress	**Gesetzlicher Regress**
Die Anspruchsgrundlagen können neben den gesetzlichen Regressanspruchsgrundlagen stehen. Sie sind nicht hierarchisch.	Die Anspruchsgrundlagen können neben den vertraglichen Regressanspruchsgrundlagen stehen. Sie sind untereinander hierarchisch. Die obere Gruppe verdrängt aufgrund logischer Priorität die untere.
• Unternehmerregress § 478 BGB • Aufwendungsersatz gem. §§ 662, 670 BGB oder §§ 675, 670 BGB • Zahlungsdiensterahmenvertrag § 675u S.2 BGB • §§ 280 ff. BGB (Haftungsschaden) • § 285 BGB • Auslegung und Umdeutung von Vertragsklauseln	1. Gesetzlicher Forderungsübergang (cessio legis) • § 268 III BGB • § 774 I BGB • § 1143 I BGB • § 1225 S. 1 BGB • § 1607 III BGB • § 116 I SGB-X • § 86 VVG • § 6 II EntgeltfortzG 2. Gesamtschuldnerinnenausgleich • § 426 I BGB • § 426 II BGB 3. Geschäftsführung ohne Auftrag §§ 677, 683 S. 1, 670 BGB 4. § 255 BGB analog 5. Bereicherungsrecht

III. Sortierung nach Rechtsfolgen

Ebenfalls kann man Anspruchsgrundlagen nach Rechtsfolgen sortieren.

1. Verschaffungsansprüche

- § 433 I BGB
- § 480 BGB
- Schenkungsvertrag gem. §§ 311, 241, 516, 518 BGB
- Werklieferungsvertrag gem. § 651 BGB
- §§ 2042, 2048 BGB
- § 2174 BGB
- § 2150 BGB

2. Herausgabeansprüche

Vertragliche und gesetzliche Herausgabeansprüche können nebeneinander stehen.

Vertragliche Herausgabeansprüche	Gesetzliche Herausgabeansprüche
• § 346 I BGB • §§ 357 I, 346 I BGB (bis 12.06.2014) • §§ 357, 357a, 357b, 357c BGB • § 546 BGB • §§ 581 II, 546 BGB • § 604 I BGB • § 604 IV BGB • § 667 BGB • § 695 BGB	Diese muss man kennen: • § 985 BGB • § 861 BGB • § 1007 I BGB • § 1007 II BGB • § 823 ff. BGB i.V.m. § 249 I BGB • § 812 I 1 1. Fall BGB • § 812 I 2 1. Fall BGB • § 812 I 2 1. Fall BGB • § 816 I 2 BGB • § 822 BGB • § 812 I 1 2. Fall BGB Diese sollte man kennen: • § 2018 BGB • § 2019 BGB • § 562b II 1 BGB • §§ 1257, 1227, 985 BGB • §§ 1227, 985 BGB Diese kann man kennen: • § 1251 BGB

Problem: Die Rechtsnatur der §§ 11 AnfG, 143 InsO ist umstritten. (Wichtig für Referendare bei § 771 ZPO)

Rspr: BGH urteilte zur Vorgängernorm § 39 KO, dass eine Nähe zu den Verschaffungsansprüchen bestünde (BGH NJW 1990, 990). Danach wäre ein Anspruch aus einer dieser Normen kein Interventionsrecht aus § 771 ZPO.

Lit: in der Lehre wird eine Nähe zu den Herausgabeansprüchen vertreten (Thomas/Putzo-Seiler, ZPO, § 771 Rn 22).

3. Erlösherausgabeansprüche

- § 285 BGB
- §§ 677, 681 S. 2, 667 BGB
- §§ 687 II, 681 S. 2, 667 BGB
- § 816 I 1 BGB

4. Surrogatsherausgabeansprüche

- § 285 BGB
- §§ 812 ff. 818 I 1. Fall BGB
- §§ 2018, 2019 BGB

5. Wertersatzansprüche
- §§ 812 ff., 818 II BGB
- §§ 2021, 818 II BGB

6. Schadensersatzansprüche

Vertragliche Schadensersatzansprüche	**Gesetzliche Schadensersatzansprüche**
Aus dem allgemeinen Schuldrecht • § 311a II 1. Fall BGB • §§ 280 I, III, 283 BGB • §§ 280 I, II, 286 BGB • §§ 286, 288 IV BGB • §§ 280 I, III, 281 I 1 1. Fall BGB • §§ 280 I, III, 282 BGB • § 280 I BGB • §§ 280 I, 241 II BGB • §§ 280 I, III, 281 I 1 2. Fall BGB (str.) • § 346 IV BGB • §§ 357 I, 346 IV BGB Aus dem Kaufvertrag • §§ 437 Nr. 3, 311a II 1 1. Fall BGB • §§ 437 Nr. 3, 280 I, III, 283 BGB • §§ 437 Nr. 3, 280 I, III, 281 I, S. 1, 2. Fall BGB • §§ 437 Nr. 3, 280 I, II, 286 BGB • §§ 437 Nr. 3, 280 I BGB Aus dem Mietvertrag • § 536a I 1. Fall BGB • § 536a I 2. Fall BGB • § 536a I 3. Fall BGB • § 536c II 1 BGB Aus dem Reisevertrag • § 651f BGB Aus dem Zahlungsdiensterahmenvertrag • § 675v I BGB • § 675v II BGB Aus dem Werkvertrag • §§ 634 Nr. 4, 311a II 1 1. Fall BGB • §§ 634 Nr. 4, 280 I, III, 283 BGB • §§ 634 Nr. 4, 280 I, III, 281 I 1 2. Fall BGB • §§ 634 Nr. 4, 280 I, II, 286 BGB • §§ 634 Nr. 4, 280 I BGB Aus dem Verwahrungsvertrag • § 694 BGB Gastwirtshaftung • § 701 BGB	Außerhalb des BGB ○ § 1 ProdukthaftG ○ § 7 StVG ○ § 18 I StVG ○ § 1 HaftpflichtG (Eisenbahn) Aus dem BGB ○ § 122 BGB ○ § 160 BGB ○ § 179 I, II BGB ○ §§ 677, 678 BGB ○ §§ 687 II 1, 678 BGB ○ §§ 812 ff, 292, 989 ○ § 1664 Abs. 1 BGB ○ § 823 I BGB ○ § 823 II BGB ○ § 824 BGB ○ § 825 BGB ○ § 826 BGB ○ § 831 BGB ○ § 832 BGB ○ § 833 S. 1 BGB ○ § 833 S. 2 BGB ○ § 834 BGB ○ § 836 BGB ○ § 839a BGB ○ § 989 BGB ○ §§ 989, 990 BGB ○ §§ 990 II, 280 I, II, 286 BGB ○ §§ 991 II, 989 BGB ○ § 992 BGB ○ §§ 1227, 989 ff. BGB ○ §§ 2023, 989 BGB ○ §§ 2024, 989 BGB ○ §§ 2025, 823 ff. BGB Aus der ZPO ○ § 717 II ZPO ○ § 945 ZPO

7. Aufwendungsersatzansprüche

Vertragliche Aufwendungsersatzansprüche	Gesetzliche Aufwendungsersatzansprüche
• § 284 BGB • § 304 BGB • §§ 311a II 2. Fall, 284 BGB • § 478 II BGB • § 536a II BGB • §§ 539, 683, 670 BGB • §§ 539, 684 S. 1, 818 BGB • §§ 634 Nr. 2, 637 BGB • § 651c III S. 1 BGB • § 652 II BGB • §§ 662, 670 BGB • §§ 675, 670 BGB • § 693 BGB • §§ 713, 670 BGB	• §§ 677, 683 S. 1, 670 BGB • § 970 BGB • § 1684 BGB • § 1835 BGB • § 2022 BGB

8. Auskunftsansprüche

Vertragliche Auskunftsansprüche	Gesetzliche Auskunftsansprüche
• Als **Hauptleistungspflicht**: - Auskunftserteilungsvertrag als besonderer Geschäftsbesorgungs-vertrag gem. § 675 BGB • Als **Nebenleistungspflicht**: - § 662, 666 BGB: Auskunftsanspruch beim - Auftragsvertrag - §§ 675, 666 BGB: Auskunftsanspruch - beim Geschäftsbesorgungsvertrag - § 402 BGB: Aus dem der Abtretung zugrundeliegenden Kausalgeschäft - § 469 BGB: Auskunftsanspruch des Vorkaufsberechtigten - §§ 675c I, 666 BGB: Auskunftsanspruch beim Zahlungsdienste- und Zahlungsdiensterahmenvertrag - §§ 713, 666 BGB: Auskunftsanspruch der BGB – Gesellschafter gegen die geschäftsführenden Gesellschafter - § 740 BGB: Auskunftsanspruch des ausgeschiedenen BGB - Gesellschafters • (Prozessualer) **Auskunftsanspruch** aus **Treu und Glauben** gem. § 242 BGB	• §§ 677, 681 S. 2, 666 BGB • §§ 687 II S.1, 681 S. 1, 666 BGB • § 1379 BGB beim Zugewinnausgleich • § 1580 BGB im Scheidungsverfahren • § 1605 BGB bei Unterhaltspflicht aus § 1601 BGB • § 1686 BGB Auskunftsanspruch eines Elternteils • § 2027 BGB gegen den Erbschaftsbesitzer • § 2057 BGB gegen den Miterben • § 2127 BGB gegen den Vorerben • § 2314 BGB: Anspruch des Pflichtteilsbe-rechtigten

BGB AT

A. Prüfung eines vertraglichen Anspruchs

Nennung der Anspruchsgrundlage

Definition: Ein Anspruch ist ein Recht, aus dem der Gläubiger vom Schuldner eine Leistung fordern kann (§ 194 BGB).

I. Anspruch entstanden

1. Vertragsschluss durch Angebot und Annahme gem. §§ 145 ff. BGB

a) Antrag (Angebot)

Definition: Ein Angebot im Sinne des § 145 BGB ist eine empfangsbedürftige Willenserklärung, die alle vertragswesentlichen Bestandteile (essentialia negotii) enthält.

(1) Willenserklärung

Definition: Unter Willenserklärung versteht man die Äußerung eines Willens, der auf eine privatrechtliche Rechtsfolge gerichtet ist.

Probleme: Abgrenzung von der invitatio ad offerendum

a) Werbung

(Handzettel-Beispiel): Die Supermarkt AG lässt Handzettel in Briefkästen potentieller Kunden einlegen, in deren Text sie einen bestimmten Artikel zum Kauf zu einem günstigen Preis „anbietet".

Lösung:
Es handelt sich nur um eine invitatio ad offerendum. Der Rechtsbindungswille fehlt, denn die Supermarkt AG will sich nicht gegenüber jedermann binden.

Argumente:
- Die Supermarkt AG will sich nicht im Falle des fehlenden Leistungsvermögens gegenüber jedermann wegen Unmöglichkeit schadensersatzpflichtig machen.
- Die Supermarkt AG will sich nur mit solventen Kunden binden.

b) Warenauslage im Supermarkt:

Die Supermarkt AG legt Ware in Regalen zum Kauf aus. Der Kunde K nimmt eine Dose Hühnersuppe und legt sie in den Einkaufswagen. Kurz darauf entscheidet er sich um, stellt die Dose zurück und nimmt stattdessen eine Dose Rindfleischsuppe, die er an der Kasse bezahlt, einsteckt und mit nach Hause nimmt.

Lösung:
Die Auslage im Regal ist nach h.M. nur eine invitatio ad offerendum. Der Rechtsbindungswille der Supermarkt AG fehlt zu diesem Zeitpunkt noch. Der Kaufvertrag und die Übereignung sollen an der Kasse stattfinden. Folglich hat weder die Supermarkt AG noch K eine Willenserklärung hinsichtlich der Hühnersuppe abgegeben. Die Rindfleischsuppe wurde hingegen an der Kasse gekauft und übereignet.

Argumente:
- Die Supermarkt AG will sich nur mit solventen Kunden binden. Die Bonitätsprüfung erfolgt an der Kasse.
- Die Supermarkt AG will den Kunden die Auswahl zwischen unterschiedlichen Produkten bis zur Kasse lassen. Die Warenvielfalt und die damit verbundene Entscheidungsfreiheit der Kunden ist Geschäftsmodell des Supermarktes.
- Anderes gilt bei Frischwaren (Wurst, Käse, Fleisch), die dem Kunden geschnitten ausgehändigt wurde.

c) Der Warenautomat:

V hat einen Warenautomat auf dem Bahnsteig der Deutschen Bahn aufgestellt. Die Ware ist durch eine Scheibe sichtbar und kann durch Münzeinwurf und Eingabe der Fachnummer automatisch freigegeben werden.

Lösung:

Es handelt sich um ein Angebot an einen unbestimmten Personenkreis („offerta ad incertas personas"), das gem. § 145 BGB bindet.

Argumente:

- Der Kunde soll durch Münzeinwurf und Auslösung des Auswurfmechanismus ohne Zwischenschritt kaufen und erwerben.
- Der Kunde kann nicht umdisponieren oder zurückgeben.

d) Die Tanksäule:

V betreibt eine freie Tankstelle. Der Preis des jeweiligen Kraftstoffs pro Liter ist an der Tanksäule zu erkennen. K erscheint, nimmt den Zapfhahn mit Diesel, füllt den Kraftstoff in den Tank, hängt den Zapfhahn ein und geht zur Kasse.

Lösung:

Nach h.M. macht der Tankstellenbetreiber ein Angebot gem. § 145 BGB, bei dem er gem. § 315 I BGB dem Kunden überlässt, die Entnahmemenge und den Endpreis festzulegen. Mit dem Einhängen des Zapfhahns hat der Kunde dies getan, das Angebot angenommen und den Vertrag geschlossen.

Argumente:

- Weil sich der Kraftstoff im Tank mit anderen Kraftstoffen untrennbar vermengt, kann der getankte Kraftstoff nicht mehr aus dem Tank zurückgewährt werden.
- Der Tankstellenbetreiber ist hinsichtlich des Phänomens der Wegfahrer besonders schutzwürdig. Wegfahrer, die ohne zu zahlen fort fahren, müssen bei Verlassen des Tankstellengeländes in Schuldnerverzug nach § 286 BGB geraten, damit der Betreiber die Rechtsverfolgungskosten als Verzögerungsschaden geltend machen kann.

Problem: Lehre vom potentiellen Erklärungsbewusstsein

Definition: Erklärungsbewusstsein
Erklärungsbewusstsein ist der innere Erklärungswille. Es ist das Bewusstsein, etwas rechtlich Erhebliches zu erklären.

Definition: Potentielles Erklärungsbewusstsein
Wer bei Anwendung der im Verkehr erforderlichen Sorgfalt hätte erkennen können, dass sein Erklärungszeichen als Willenserklärung gedeutet werden würde, hat potentielles Erklärungsbewusstsein.

K glaubt, einen politischen Aufruf zu unterzeichnen, unterschreibt aber in Wirklichkeit eine verbindliche Bestellung eines Buches beim Buchhändler V. Dieser bestätigt die Bestellung schriftlich.

Lösung:

K glaubte, etwas Privates zu erklären. Ein aktuelles Erklärungsbewusstsein hatte er nicht. Hätte K den Text noch einmal kontrolliert, was der verkehrsüblichen Sorgfalt entsprochen hatte, wäre ihm aufgefallen, dass er mit der Unterschrift eine rechtlich erhebliche Erklärung abgibt. Er hatte potentielles Erklärungsbewusstsein und muss analog § 119 I 2. Fall BGB anfechten.

Die Gegenauffassung sieht die Erklärung analog § 118 BGB als nichtig an.

Problem: Abgrenzung zu Gefälligkeitsverhältnissen mit und ohne rechtsgeschäftlichen Charakter

Definition: Einen **Gefälligkeitsvertrag** schließt, wer sich unentgeltlich, aber verbindlich zur Führung eines fremden Geschäfts verpflichtet.

Beispiele: Leihe (§ 598 BGB), Auftrag (§ 662 BGB), Verwahrung (§ 688 BGB)

Definition: Beim Gefälligkeitsverhältnis erbringt der Gefällige die Leistung eines Gefälligkeitsvertrages, ohne einen Rechtsbindungswillen zu haben.

Die Abgrenzung wird relevant, wenn zwischen dem Gefälligen und dem Gefälligkeitsnehmer eine Gefälligkeitsbeziehung aufgrund einer persönlichen Bindung besteht (Verwandte, Nachbarn, Arbeitskollegen, nichteheliche Lebensgemeinschaften, Freundschaft).

Als **Abgrenzungskriterien** gelten:
- Wirtschaftliche Bedeutung der Gefälligkeit
- Qualifikation des Gefälligen
- Schadensrisiken

(2) Abgabe der Willenserklärung

Definition: Eine empfangsbedürftige Willenserklärung ist **abgegeben**, wenn sie der Erklärende willentlich in Richtung auf den Empfänger in den Rechtsverkehr entäußert hat, so dass unter normalen Umständen mit Zugang zu rechnen ist

Problem: Erklärungsbote
Die Willenserklärung gilt bei Einsatz eines Erklärungsboten als abgegeben, wenn sie dem Boten vollständig übergeben und diesem die Weisung erteilt wurde, sie in Richtung des Empfängers auf den Weg zu bringen.

Problem: Abhandengekommene Willenserklärung
K nimmt ein Vertragsangebot des V in einem Brief schriftlich an, sendet den Brief aber nicht ab. Ohne seinen Willen frankiert ein übereifriger Mitbewohner den Brief und sendet ihn per Post an V.

Lösung:
Nach ständiger Rechtsprechung (BGH NJW-RR 2006, 847 ff.) ist die Willenserklärung nicht willentlich entäußert worden und mithin nicht abgegeben worden und damit gem. § 130 I BGB unwirksam. K kann allenfalls verschuldensabhängig gem. §§ 280 I, 311 II Nr. 1, 241 II BGB per c.i.c. haften.

Die Gegenauffassung will den Fall wie das fehlende Erklärungsbewusstsein behandeln. Danach soll K anfechten und V verschuldensunabhängig analog § 122 I BGB haften. (Achtung: Palandt-Ellenberger, BGB, § 130 Rn 4 zitiert BGH NJW-RR 2006, 847 missverständlich.)

(3) Zugang der Willenserklärung

a. Unter Anwesenden

Definition: Nach der **Vernehmungstheorie** geht die Willenserklärung zu, wenn der Empfänger sie richtig verstanden hat.
Nach der **abschwächten Vernehmungslehre** soll Zugang nur erfolgen, wenn der Erklärende nach den für ihn erkennbaren Umständen davon ausgehen darf, der andere versteht die WE ohne weiteres. Nach der abgeschwächten Vernehmungstheorie tritt der Zugang unter Anwesenden beim Missverstehen des Empfängers auch ein, wenn das Vernehmungshindernis beim Empfänger liegt und der Erklärende dies nicht erkennen kann.

b. Unter Abwesenden

Definition: Unter Abwesenden muss die Willenserklärung derart in den Machtbereich des Empfängers gelangt sein, dass dieser unter normalen Umständen die Möglichkeit der Kenntnisnahme hat (Möglichkeitstheorie).

- Hat der Empfänger **tatsächlich Kenntnis** erlangt, ist die WE zugegangen.
- Vor der tatsächlichen Kenntnisnahme kann Zugang erfolgt sein, wenn der Empfänger vom Inhalt unter normalen Umständen hätte Kenntnis nehmen können.
- Übergibt der Erklärende die WE dem **Empfangsvertreter** gemäß § 164 III BGB ist sie gemäß § 164 III BGB im selben Moment dem Vertretenen zugegangen.

Examenstipp:
Aktuell zur Empfangsvertretung unter Eheleuten gem. § 1357 I BGB bei Bedarfsdeckungsgeschäften LG Karlsruhe RA 2013, 353 ff. – Wichtig für Referendare:

Die Eheleute schuldeten dem Stromunternehmen (U) die Zahlungsentgelte für gelieferten Strom. Dann trennten sie sich. Die Ehefrau (F) zog in eine neue Wohnung. Niemand teilte U mit, dass der Ehegatte M dort nicht einzog. U schickte an die Ehefrau F zunächst die Rechnung über den in die alte Wohnung gelieferten Strom und dann einen Mahnbescheid im Sinne des § 688 ZPO. Dies warf die Frage auf, ob F für den Ehegatten M Empfangsvertreterin sowohl für die Rechnung, als auch für den Mahnbescheid war..

Das Gericht differenzierte:
Die Rechnung ist eine Willenserklärung. Für diese gelten die Regeln des BGB. Für den Zugang der Rechnung greift § 1357 I BGB zur Begründung der Empfangsvertretung ein. Folglich vertrat F den M beim Empfang der Rechnung.
Der Mahnbescheid ist jedoch keine Willenserklärung. Für ihn gelten die Bestimmungen der ZPO, die von Amts wegen zu beachten sind. Die Regeln der §§ 166 ff. ZPO griffen nicht zu Lasten des M. Eine Ersatzzustellung gem. § 178 ZPO lag nicht vor, weil M nie in der neuen Wohnung gelebt hatte. Folglich galt der Mahnbescheid nicht an M zugestellt.

- Übergibt er sie dem **Empfangsboten**, geht sie in dem Zeitpunkt zu, in dem nach regelmäßigem Verlauf der Dinge mit der Weiterleitung zu rechnen war.

Definition: Empfangsbote ist, wer nach der Verkehrsanschauung als geeignet und ermächtigt anzusehen ist. Ist dies nicht der Fall, ist die Mittelsperson nur Erklärungsbote und es trägt der Erklärende das Risiko des Zugangs.

c. Zugangshindernisse

aa) Annahmeverweigerung des Empfängers
Verweigert der Empfänger **unberechtigt die Annahme**, geht die WE ihm zu. Zu Lasten des Erklärenden geht aber die **berechtigte Annahmeverweigerung** z.B. bei Unterfrankierung des Briefs.

bb) Fahrlässiges Zugangshindernis des Empfängers
Setzt der Empfänger **fahrlässig ein Zugangshindernis**, so ist für den Zugang die erneute Zustellung erforderlich, jedoch kann sich der Empfänger gemäß § 242 BGB nicht auf die Verspätung des Zugangs berufen (venire contra factum proprium).

cc) Zugangsvereitelung des Empfängers
Vereitelt der Empfänger absichtlich den Zugang, gilt analog § 162 BGB der Zugang als erfolgt (Nach anderer Auffassung sollen die Grundsätze des fahrlässigen Zugangshindernisses auch hier gelten, weil man dem Erklärenden ein Wahlrecht zugestehen will, ob er die Erklärung erneut auf den Weg bringt.)

Problem: § 130 II BGB bei Zugang nach dem Tod des Erklärenden
Die Willenserklärung bleibt wirksam, wenn sie nach dem Tod des Erklärenden beim Empfänger zugeht.

(4) Notwendiger Inhalt der Willenserklärung (alle wesentlichen Vertragsbestandteile)

Problem: § 315 BGB
Es kann vereinbart werden, dass der Annehmende den Inhalt der Leistung endgültig festlegt s.o. im Tankstellenbeispiel).

Problem: Option
Eine Option ist das zeitlich befristete, übertragbare Recht, ein Vertragsangebot anzunehmen. Der Antragende erlaubt dem Empfänger, die Befugnis zur Annahmeerklärung auf einen beliebigen Dritten gem. §§ 413, 398 BGB zu übertragen.

a) Annahme gemäß § 146 ff. BGB
(1) Willenserklärung
(2) Abgabe der Willenserklärung
(3) Zugang (bzw. Entbehrlichkeit des Zugangs gem. § 151 BGB)
(4) Kein Wirksamer Widerruf nach § 130 I 2 BGB
(5) Notwendiger Inhalt der Annahmeerklärung
(6) Rechtzeitigkeit der Annahme (§§ 147, 148 BGB)
(7) § 153 BGB

b) Konsens (Kein Dissens über essentialia negotii)

Rechtsprechungsauswertung und Examenstipps:
Zum Vertragsschluss im Internet bei der eBay Auktion: Grundlegend: BGH, Urteil vom 07.11. 2001, VIII ZR 13/01

Ein Vertragsschluss nach § 156 BGB scheidet aus, weil auf das Gebot kein Zuschlag erfolgt.

Es kann dahinstehen, ob das Hochladen rechtlich als Angebot oder als antizipierte Annahme zu klassifizieren ist, wenn zweifelsfrei feststeht, mit welchem Auktionsteilnehmer der Hochladende sich binden will, weil der Hochladende dies zweifelsfrei festgelegt hat. (Achtung: Dieses Urteil wird häufig falsch zitiert. Sowohl in der Literatur, als auch bei Instanzgerichten findet sich die Behauptung, der BGH habe das Hochladen als antizipierte Annahme klassifiziert. Tatsächlich ließ der BGH die Frage ausdrücklich offen.)

BGH RA 2011, 458:

Mit dem Hochladen macht der Verkäufer bei der eBay-Auktion ein gem. §§ 145, 148, 158 BGB befristetes Angebot mit dem Inhalt, an denjenigen zu verkaufen, der innerhalb der Frist das höchste Gebot abgibt.
Unter Berücksichtigung von § 10 I 5 der eBay-AGB wird ein vom Anbietenden abgegebenes Angebot nur unter dem Vorbehalt einer berechtigten Angebotsrücknahme erklärt. Darunter fällt der Verlust des angebotenen Gegenstandes, insbesondere durch Diebstahl. Wegen der berechtigten Rücknahme des Angebots kommt kein Vertrag zustande. Ein Anspruch des Höchstbietenden aus § 311a II BGB scheidet aus.

Angebotsrücknahme bei der Internetauktion: BGH VIII ZR 63, 13 vom 08.01. 2014, RA 2014, 342 ff.

1. Der Erklärungsinhalt eines im Rahmen einer Internetauktion abgegebenen Verkaufsangebots ist unter Berücksichtigung der AGB des Unternehmens zu bestimmen, das auf seiner Internetplattform das Forum für die Auktion bietet.

2. Kommt nach diesen AGB im Falle der Rücknahme des Angebots ein Kaufvertrag mit dem zu dieser Zeit Höchstbietenden nicht zu Stande, sofern der Anbietende gesetzlich dazu berechtigt war, sein Angebot zurückzuziehen, ist dies aus der Sicht der an der Internetauktion teilnehmenden Bieter dahin zu verstehen, dass das Angebot des Verkäufers unter dem Vorbehalt einer berechtigten Angebotsrücknahme steht (Bestätigung von BGH, NJW 2011, 2643).

Achtung: Dieses Urteil wirft ein Problem auf, das es zum Examenstipp erhebt: Der Anbietende hatte die Auktion beendet. Dem zu dieser Zeit Höchstbietenden teilte er mit, dass ein Außenstehender ihm mehr biete. Monate später berief er sich auf einen Anfechtungsgrund als Grund zur berechtigten Angebotsrücknahme. Der BGH ließ dies zu, obwohl die Versäumung der Anfechtungsfrist des § 121 BGB eine Anfechtung nicht mehr zugelassen hätte.
Hierzu sehr kritisch: Wagner/Zenger MMR aktuell 2014, 356354.

Widerruf des Fernabsatzvertrags aus Internet-Auktion: BGH NJW 2005, 53 = RA 2004, 775

Bei Kaufverträgen zwischen einem gewerblichen Anbieter und einem Verbraucher, die im Rahmen einer so genannten Internet-Auktion durch Angebot und Annahme gem. §§ 145 ff. BGB und nicht durch einen Zuschlag nach § 156 BGB zu Stande kommen, ist das Widerrufsrecht des Verbrauchers nicht nach § 312d IV Nr. 5 BGB a.F. (§ 312g II Nr. 10 BGB n.F.) ausgeschlossen.

Zum Vertragsschluss an der Tankstelle: BGH BeckRS 2011, 14956:

Wer als Kunde an einer SB-Tankstelle Kraftstoff in den Tank füllt, schließt bereits zu diesem Zeitpunkt mit dem Tankstellenbetreiber oder dem Mineralölunternehmen über die entnommene Menge Kraftstoff einen Kaufvertrag. Entrichtet er den Kaufpreis nicht, gerät er mit dem Verlassen des Tankstellengeländes ohne Mahnung in Verzug. Das Freischalten der Zapfsäule ist ein Angebot gem. § 145 BGB ad incertas personas. Grund: Das Einfüllen in den Tank stellt einen faktisch unumkehrbaren Zustand dar. Der Antrag legt die Menge nicht fest, sondern überlässt dies gem. § 315 BGB dem Kunden. Diese WE geht mit der Freischaltung dem Kunden gem. § 130 BGB zu. Die Betätigung des Zapfhahns ist die WE, auf deren Zugang gem. § 151 BGB verzichtet wird. Die Menge, auf die sich der Vertrag bezieht, steht erst mit dem Einhängen des Zapfhahns fest.

Entstehung des Anspruchs auf Auszahlung von Flaschenpfand – BGH NJW 2007, 2912:

Der Begriff „Pfand" auf einer individualisierten – dauerhaft von den Produkten anderer Hersteller bzw. Vertreiber unterscheidbaren – Getränkeflasche (z.B. „Veltins" Bierflasche) beinhaltet gem. §§ 133,157 BGB das Angebot i.S.d. § 145 BGB des dort namentlich genannten Getränkeherstellers/Vertreibers an jedermann, die Flasche gegen Zahlung des Pfandbetrages zurückzunehmen. Es entsteht dann ein Anspruch aus einem „Pfandvertrag" gem. §§ 311 I, 241 I BGB.

Zur treuwidrig untergeschobenen Vertragsklausel: BGH VII ZR 334/12 vom 14.05.2014, RA 2014, 339

1. Die Grundsätze von Treu und Glauben erfordern, dass der Empfänger eines Vertragsangebots seinen davon abweichenden Vertragswillen in der Annahmeerklärung klar und unzweideutig zum Ausdruck bringt.
2. Diese Anforderungen können im Einzelfall nicht gewahrt sein, wenn der Empfänger eines schriftlichen Angebots an Stelle des ursprünglichen Textes die von ihm vorgenommenen wesentlichen Änderungen mit gleichem Schriftbild so in den Vertragstext einfügt, dass diese nur äußerst schwer erkennbar sind, und in einem Begleitschreiben der Eindruck erweckt wird, er habe das Angebot unverändert angenommen.

2. Wirksamkeit des Vertrages: Keine Nichtigkeitsgründe

- § 105 I BGB wegen Geschäftsunfähigkeit gem. § 104 BGB
- § 105 II BGB wegen Bewusstseinsstörung
- § 116 BGB wegen geheimen Vorbehalts
- § 117 BGB wegen Scheingeschäfts
- § 118 BGB wegen Scherzerklärung
- § 125 S. 1 BGB wegen Nichteinhaltung einer gesetzlichen Formvorschrift
- § 125 S. 2 BGB wegen Nichteinhaltung einer vereinbarten Form
- § 134 BGB wegen eines Verstoßes gegen ein Verbotsgesetz
- § 138 I BGB wegen Verstoßes gegen die guten Sitten
- § 138 II BGB wegen Wuchers
- § 139 BGB wegen zur Gesamtnichtigkeit führender Teilnichtigkeit
- § 154 BGB wegen offenen Dissenses über Nebenabreden
- §§ 155, 139 BGB wegen versteckten Dissenses über Nebenabreden
- §§ 494 I, 507 II BGB wegen besonderer Formnichtigkeit bei Verbraucherkreditverträgen

Besonders wichtige Nichtigkeitsgründe:

a. **Formnichtigkeit gem. § 125 S. 1 BGB**
   aa) Nichteinhaltung einer gesetzlich vorgeschriebenen Formvorschrift.
   bb) Der Formmangel darf nicht geheilt worden sein.
   cc) Das Festhalten an der Formstrenge darf nicht gegen Treu und Glauben gem. § 242 BGB verstoßen.
      i. Beispiel: Die Formnichtigkeit beruht auf arglistiger Täuschung.
      ii. Beispiel: Nach jahrelanger Inanspruchnahme von Vorteilen beruft sich der Schuldner auf die Formnichtigkeit, obwohl er sie erkannt hatte.

Zur Schriftform bei Signaturpads – OLG München NJW 2012, 3584

Eine elektronische Unterschrift auf einem Signaturpad entspricht nicht der Form des § 126 BGB, weil eine Urkunde zwingend ein dauerhaft verkörpertes Schriftzeichen auf einem Schreibmaterial fordert, woran es im Umkehrschluss zu §§ 126 III, 126a BGB beim Signaturpad fehlt.
Für eine Analogie fehlt es an einer planwidrigen Regelungslücke, weil der Gesetzgeber nicht die in der E-Commerce-Richtlinie eingeräumte Möglichkeit genutzt hat, die Schriftform insgesamt aufzuheben.

b. Scheingeschäft gem. § 117 I BGB
aa) Übereinstimmende äußere Tatbestände der Willenserklärung
bb) Übereinstimmende innere Tatbestände der Willenserklärung
cc) Die äußeren Tatbestände weichen bewusst von den inneren ab.

c. Wucher gem. § 138 II BGB

d. Sittenwidrigkeit gem. § 138 I BGB
Die examensrelevanten Fälle (Kollusion, Bürgenschutz-Rechtsprechung, Schuldnerknebelung bei Globalzession, Gläubigergefährdung bei anfänglicher Übersicherung) werden an den passenden Stellen dargestellt.

e. Verstoß gegen Verbotsgesetze gem. § 134 BGB
Die examensrelevanten Fälle (Schwarzarbeit, Ohne-Rechnung-Abrede) werden an den passenden Stellen dargestellt.

Zur Sittenwidrigkeit bei Ebay-Schnäppchen: BGH BeckRS 2012 09229:

1. Bei einer Internetauktion rechtfertigt ein grobes Missverhältnis zwischen dem Maximalgebot eines Bieters ein dem (angenommenen) Wert des Versteigerungsobjekts nicht ohne Weiteres den Schluss auf eine verwerfliche Gesinnung des Bieters.

Argument: Die Situation einer Internetversteigerung unterscheidet sich grundlegend von den bisher entschiedenen Fällen, in denen sich in den Vertragsverhandlungen, die zu den Zugeständnissen der objektiv benachteiligten Seite führten, nur die Vertragspartner gegenüberstanden. Es macht gerade den Reiz einer (Internet-)Auktion aus, mit der Abgabe eines zunächst niedrigen Gebots die Chance wahrzunehmen, den Auktionsgegenstand zum "Schnäppchenpreis" zu erwerben, während umgekehrt der Anbieter die Chance wahrnimmt, durch den Mechanismus des Überbietens am Ende einen für ihn vorteilhaften Kaufpreis zu erzielen.

2. Aus einem geringen Startpreis (hier: 1 €) bei einer Internetauktion ergeben sich keine Rückschlüsse auf den Wert des Versteigerungsobjekts Für eine Analogie fehlt es an einer planwidrigen Regelungslücke, weil der Gesetzgeber nicht die in der E-Commerce-Richtlinie eingeräumte Möglichkeit genutzt hat, die Schriftform insgesamt aufzuheben.

II. Kein Erlöschen oder Ausschluss des Anspruchs durch rechtsvernichtende Einwendungen

- z.B. wegen Unmöglichkeit gem. § 275 I BGB, 326 I BGB oder durch Erhebung der rechtsvernichtenden Einrede gem. § 275 II, III BGB
- durch Erfüllung oder Erfüllungssurrogate gem. §§ 362, 364 I, 378 BGB
- oder durch Ausübung eines Gestaltungsrechts gem. §§ 142 I, 314, 349, 355, 389, 441, 542, 543, 621 ff. BGB
- oder durch Vertrag gem. §§ 397, 398, 414, 415 BGB
- oder durch Verzicht auf die Hypothek und Regressvereitelung gem. § 1165 BGB

III. Durchsetzbarkeit des Anspruchs: Es dürfen keine rechtshemmenden Einreden erhoben worden sein

- Verjährung gem. § 214 BGB
- Allgemeines Zurückbehaltungsrecht gem. § 273 BGB
- Einrede des nicht erfüllten Vertrages gem. § 320 BGB
- Zurückbehaltungsrecht wegen eines Verwendungsersatzanspruches gem. § 1000 BGB
- Kaufmännisches Zurückbehaltungsrecht gem. § 369 HGB
- Einrede der Stundung gem. §§ 311, 241 BGB
- Bürgschaftseinreden gem. §§ 768, 770, 771 BGB
- Arglisteinreden gem. §§ 821, 853 BGB

IV. Kein Einwand des Rechtsmissbrauchs gemäß § 242 BGB

- dolo agit, qui petit, quod statim rediturus est (dolo agit Einwand oder Arglisteinrede)
- venire contra factum proprium (Einrede des widersprüchlichen Verhaltens)
- Verwirkung (spezielle Regelung gem. z.B. § 15 StVG).

Zur Annahmefrist gem. § 147 II BGB: BGH NJW 2010, 2873:

1. Bei finanzierten und beurkundungsbedürftigen Verträgen deren Abschluss eine Bonitätsprüfung vorausgeht, kann der Eingang der Annahmeerklärung i.S.v. § 147 II BGB regelmäßig innerhalb eines Zeitraums von vier Wochen erwartet werden.
2. Die Qualifizierung eines Verhaltens als schlüssige Annahmeerklärung setzt grundsätzlich das Bewusstsein voraus, dass für das Zustandekommen des Vertrages zumindest möglicherweise noch eine Erklärung erforderlich ist.

B. Schweigen im Rechtsverkehr

I. Grundsatz

Schweigen ist irrelevant. Auch besteht keine Rechtspflicht zu antworten.
§ 241a BGB schließt bei Zusendung unbestellter Waren an einen Verbraucher den Vertragsschluss, sowie weitergehende Ansprüche gegen diesen aus, auch wenn er sich nicht erklärt hat.

II. Ausnahme

Anderweitige rechtsgeschäftliche Abreden oder gesetzliche Regelungen (etwa § 362 I HGB: Das Schweigen des Kaufmanns kann als Annahme des Antrages gelten.)

III. Sonderfall: Zustandekommen bzw. Abänderung des Vertrages nach den Grundsätzen des kaufmännischen Bestätigungsschreibens

1. Persönlicher Anwendungsbereich

Die Parteien müssen Kaufleute sein.

Definition: **Kaufmann im Sinne des § 1 I HGB** ist wer ein Handelsgewerbe betreibt.

Handelsgewerbe ist in § 1 II HGB definiert. Gewerbe ist jede selbständige, nicht verbotene, in Gewinnerzielungsabsicht betriebene, auf Dauer angelegte Tätigkeit, die weder freier Beruf, Verwaltung eigenen Vermögens oder Urproduktion ist.

Problem: Privatleute als Absender
M.M.: Auch Privatleute können die Wirkung des KBS auslösen, wenn der Empfänger ein Kaufmann ist. Grund: Nicht § 346 HGB, sondern § 362 HGB ist Grundlage des KBS.

h.M.: Nur solche Nichtkaufleute, die wie Kaufleute am Rechtsverkehr teilnehmen, können die Wirkungen des KBS auslösen.

Argument: Das KBS ist ein Handelsbrauch im Sinne des § 346 HGB. Einerseits muss der Kaufmannsbegriff bei diesem Handelsbrauch im modernen Wirtschaftsleben unternehmensbezogen interpretiert werden, andererseits fehlt einem Privatmann, der nicht wie ein Kaufmann am Wirtschaftsleben teilnimmt, das Bewusstsein an einen Handelsbrauch gebunden zu sein.

2. Vertragsverhandlungen mit Klarstellungsbedürfnis

Problem: Vertragsverhandlung

Es kommt nicht darauf an, ob ein Vertrag erfolgreich geschlossen wurde.
Der Handelsbrauch kann sogar durch Vertragsverhandlungen mit einem Vertreter ohne Vertretungsmacht ausgelöst werden (BGH NJW 2007, 987 ff.).

Problem: Klarstellungsbedürfnis
Klarstellungsbedürfnis besteht regelmäßig nicht, wenn die Verhandlungen beidseitig schriftlich fixiert sind (Medicus-Petersen, BR, Rn 60).

3. **Echtes kaufmännisches Bestätigungsschreiben**
Problem: Abgrenzung zur Auftragsbestätigung
Unter Kaufleuten stellt die „Auftragsbestätigung" die Annahme eines Angebots dar. Das echte kaufmännische Bestätigungsschreiben nimmt Bezug auf die Vertragsverhandlungen. Ist letzteres der Fall, liegt ein KBS vor, auch wenn es mit Auftragsbestätigung überschrieben ist (typisches Examensproblem).

4. **Zulässige Bezugnahme auf die Vertragsverhandlungen**
Bei Abweichungen kommt es darauf an, ob die Abweichungen tatsächlich verhandelte Punkte waren und ob die Abweichung nicht unbillig ist. Dies ist der Fall, wenn ein vernünftiger Kaufmann nicht mit einer Zustimmung des anderen Kaufmanns rechnen darf. Die Grenze ist der Rechtsmissbrauch gem. § 242 BGB. Rechtsmissbräuchlich ist der Versuch, den Vertragswillen, der bei den Verhandlungen nicht Konsens wurde, bewusst über das KBS zum Vertragsinhalt zu machen.

5. **Zugang des Bestätigungsschreibens kurze Zeit nach Vertragsverhandlungen**
Gemeint ist ein Zeitraum zwischen 2 und 5 Tagen.

6. **Schweigen des Empfängers während der Widerspruchsfrist**
Gemeint ist ein Zeitraum von ca. 2 - 7 Tagen.

7. **Kein Ausschluss durch offenen inhaltlichen Widerspruch bei kreuzenden Bestätigungsschreiben** ((h.M.) (M.M. ist „Theorie vom letzten Wort"))

Problem: Anfechtbarkeit des KBS
Die Anfechtbarkeit des Schweigens unterläuft den Sinn und Zweck des Handelsbrauchs. Insbesondere kann nicht wegen eines Irrtums über die Bedeutung des Schweigens angefochten werden.

Grundlegende Entscheidung zum Kaufmännischen Bestätigungsschreiben: BGH NJW 2007, 987:

Wenn ein angeblich Vertretener für das von einem vollmachtlosen Vertreter in seinem Namen getätigten Geschäfts nicht wegen des Vorliegens einer Duldungs- oder Anscheinsvollmacht haftet, ist damit nicht automatisch seine Haftung nach den Grundsätzen des Kaufmännischen Bestätigungsschreibens ausgeschlossen.

C. Beschränkte Geschäftsfähigkeit

I. Minderjährigenschutz im BGB

1. Vertragliche Ansprüche

Der schuldrechtliche und ggfs. auch dingliche Vertrag ist nur nach den §§ 104 - 113 BGB wirksam (effektiver Minderjährigenschutz).

Definition: Ein Rechtsgeschäft ist **lediglich rechtlich vorteilhaft** im Sinne des **§ 107 BGB**, wenn es nicht unmittelbar rechtlich nachteilig ist.

Ein rechtlicher Nachteil liegt vor, wenn der beschränkt Geschäftsfähige persönlich verpflichtet wird, ein **Recht verliert** oder in einem solchen **beschränkt** wird.

Problem: Neutrale Geschäfte
Beispiele für neutrale Geschäfte im Sinne des § 107 BGB:
- § 165 BGB
- § 317 BGB
- Veräußerung fremder Sachen an gutgläubige Dritte durch den beschränkt Geschäftsfähigen.

Problem: Fehleridentität
Die Auswirkungen der beschränkten Geschäftsfähigkeit auf Willenserklärungen zum Abschluss dinglicher oder schuldrechtlicher Geschäfte sind getrennt voneinander und abstrakt voneinander zu prüfen.

Problem: Rechtlicher Nachteil durch Eigentumserwerb eines vermieteten Grundstücks
Beispiele für neutrale Geschäfte im Sinne des § 107 BGB:
- wegen § 566 BGB
- durch Erwerb eines mit einer Reallast gem. § 1108 BGB behafteten Grundstücks oder
- wegen Erwerbs von Wohnungseigentum (beachte § 15 III WEG)

Problem: Gesamtschaulehre und Insichgeschäfte
Rechtlicher Nachteil durch öffentliche Lasten und rechtlicher Nachteil bei Insichgeschäften (beachte die Gesamtschaulehre des BGH, s.u. Rechtsprechungsauswertung).

Rechtsprechungsauswertung und Examenstipps:
Grundlegende Entscheidung: BGH, Beschluss vom 09.07.1980 V ZB 16/79, BGHZ 78, 29, NJW 1981, 109 („Gesamtschaulehre")

Im Fall einer Schenkung von Wohnungseigentum von Seiten des gesetzlichen Vertreters an einen über sieben Jahre alten Minderjährigen ist die Frage, ob die Schenkung dem Minderjährigen lediglich einen rechtlichen Vorteil bringt, aus einer **Gesamtbetrachtung des schuldrechtlichen und des dinglichen Vertrages** heraus zu beurteilen. Sofern mit der Übertragung des dinglichen Rechts rechtliche Nachteile verbunden sind, ist deshalb auch dann, wenn der schuldrechtliche Vertrag dem Minderjährigen lediglich einen rechtlichen Vorteil bringt, der gesetzliche Vertreter nicht etwa im Hinblick auf § 181 BGB letzter Halbsatz BGB befugt, den Minderjährigen bei der Annahme der Auflassung zu vertreten oder die von dem Minderjährigen selbst erklärte Auflassung zu genehmigen.

Abgrenzung zur Gesamtschaulehre: Rechtlicher Vorteil für Minderjährigen, BGH, Beschluss vom 25.11.2004 V ZB 13/04 = RA 2005, 211 = NJW 2005, 415

1. Ist die dingliche Übertragung eines Grundstücks an einen Minderjährigen bei isolierter Betrachtung lediglich rechtlich vorteilhaft, bedarf seine Auflassungserklärung auch dann nicht der Einwilligung des gesetzlichen Vertreters oder eines Ergänzungspflegers, wenn die zu Grunde liegende schuldrechtliche Vereinbarung mit rechtlichen Nachteilen verbunden ist.

Eine Gesamtbetrachtung des schuldrechtlichen und des dinglichen Rechtsgeschäfts ist in diesem Fall nicht veranlasst (Abgrenzung zu BGHZ 78, 28).

2. Die Übereignung eines Grundstücks an einen Minderjährigen ist auch dann lediglich rechtlich vorteilhaft, wenn es mit einer Grundschuld belastet ist. Für die Belastung mit einem Nießbrauch gilt dies jedenfalls dann, wenn der Nießbraucher auch die Kosten außergewöhnlicher Ausbesserungen und Erneuerungen sowie die außergewöhnlichen Grundstückslasten zu tragen hat.

3. Die aus der Eigentumsübertragung folgende Haftung des Erwerbers für die gewöhnlichen öffentlichen Lasten des Grundstücks begründet keinen Rechtsnachteil im Sinne des § 107 BGB.

Anmerkung: Diese Entscheidung hat keine Auswirkungen auf die Gesamtschaulehre als solche. Bei der Gesamtschaulehre hat der BGH in BGHZ 78, 29 = NJW 1981, 109 einen Fall vorgefunden, in dem das dingliche Geschäft zu einem rechtlichen Nachteil führte, das schuldrechtliche Geschäft jedoch vorteilhaft war. Weil § 181 BGB auf die Erfüllung dieser Verbindlichkeit abstellte, hielt der BGH die teleologische Reduktion beim schuldrechtlichen Geschäft nur für geboten, wenn sich bei Gesamtbetrachtung aus dem dinglichen Geschäft keine Nachteile ergeben. Wer aus der Entscheidung NJW 2005, 415 den Schluss zieht, man dürfe beim dinglichen Geschäft den § 181 BGB analog § 107 BGB teleologisch reduzieren, muss begründen, warum vom Wortlaut „in Erfüllung einer Verbindlichkeit" abgewichen wird.

Grundlegend zum Erwerb einer Eigentumswohnung – BGH, Beschluss vom 06.07.2010, 15 W 330/10, RA 2010, 667, Beschluss vom 30.09.2010:

Der Erwerb einer Eigentumswohnung ist nicht lediglich rechtlich vorteilhaft und bedarf deshalb der Genehmigung des gesetzlichen Vertreters. Auf den Inhalt der Gemeinschaftsordnung, das Bestehen eines Verwaltervertrages oder eines Mietvertrages über die Eigentumswohnung kommt es nicht an.

Argument: § 16 II WEG begründet die Pflicht zur Instandhaltung des Gemeinschaftseigentums, § 10 VIII 1 WEG lässt den beschränkt Geschäftsfähigen für die Verbindlichkeiten der Wohnungseigentümergesellschaft persönlich haften.

Anmerkung: Im zur Entscheidung vorliegenden Fall hatte nicht der gesetzliche Vertreter des Minderjährigen selbst die Verfügung an den Minderjährigen vorgenommen, sondern ein Dritter. Für diesen Fall gibt der Senat die Gesamtschaulehre ausdrücklich auf.

Auf die Gesamtschaulehre kann es aber noch ankommen, wenn der gesetzliche Vertreter selbst an das geschäftsunfähige oder beschränkt geschäftsfähige Kind verfügt, weil § 181 letzter Halbsatz BGB auf die „Erfüllung einer Verbindlichkeit" abstellt. Deshalb muss bei wörtlicher Anwendung des Gesetzes auf die Wirksamkeit des schuldrechtlichen Geschäfts abgestellt werden. Weil auch dort – in der Regel ist das Kausalgeschäft ein Schenkungsvertrag – eine Stellvertretung gem. § 164 I BGB vorliegt, die von § 181 BGB beschränkt wird, muss bei der teleologischen Reduktion des § 181 BGB analog § 107 BGB die Gesamtschau auf das dingliche Geschäft vorgenommen werden.
In der Literatur ist diese Lösung auf Kritik gestoßen, weil hierdurch das Trennungs – und Abstraktionsprinzip missachtet würde (zum Meinungsstand: MünchKomm-Schramm, BGB, § 181 Rn 56). Dieses Argument verwundert, weil § 181 letzter Halbsatz eine Durchbrechung des Abstraktionsprinzips darstellt.

Tipp: Wer im Falle des § 181 BGB den Weg über die Gesamtschaulehre nicht gehen möchte, muss in der Klausur kurz begründen, warum § 181 letzter Halbsatz nicht angewendet wird, etwa weil aus den gleichen Gründen das gleiche Ergebnis erzielt wird.

Probleme: Erfüllungswirkung bei Leistung an Minderjährigen

a) Theorie der realen Leistungsbewirkung

Nach der Theorie der realen Leistungsbewirkung kommt es darauf an, dass bei einer Übereignung nach § 929 BGB der Realakt an den gesetzlichen Vertreter erfolgt. Wenn diesem der unmittelbare Besitz eingeräumt wird, erhält der Minderjährige mittelbaren Besitz, es kommt sowohl zum Eigentumsübergang, als auch zur Erfüllungswirkung. Als Grund wird hierfür die fehlende Empfangszuständigkeit des Minderjährigen genannt, denn diese liege analog §§ 80 InsO, 152 ZVG, 1985 BGB, 2205 BGB beim gesetzlichen Vertreter. Die Interessenlage ist vergleichbar zu den Parteien kraft Amtes und es besteht eine Regelungslücke beim Schutz des Minderjährigen, der bei Übergabe an ihn Gefahr läuft, den Besitz am Geld zu verlieren.

b) Modifizierte Vertragstheorie

Nach der modifizierten Vertragstheorie muss zum Erlöschen des Anspruchs analog § 364 I BGB ein Erfüllungsvertrag geschlossen werden. Dieser ist gem. § 108 BGB zustimmungsbedürftig, weil das Erlöschen des Anspruchs ein Nachteil und § 107 BGB mithin nicht greift.

2. Anspruch aus §§ 280 I, 311 II, 241 II BGB (c.i.c.)

- Ein Schuldverhältnis im Sinne des § 311 II Nr. 1 BGB ist aus dem Rechtsgedanken des § 179 III 2 BGB analog zur Begründung der Haftung des Minderjährigen ausgeschlossen, es sei denn, der gesetzliche Vertreter hat den vorvertraglichen Verhandlungen zugestimmt.
- Ein Verschulden besteht auch in diesem Fall nur bei Einsichtsfähigkeit des Minderjährigen nach §§ 276 I 2 i.V.m. § 828 BGB. Dabei ist auf die individuelle Fähigkeit des Jugendlichen abzustellen (Palandt-Sprau, § 828 BGB Rn 3 ff.).

3. Berechtigte und unberechtigte GoA

Problem: Beschränkt geschäftsfähiger Geschäftsherrn

Soweit es auf den Willen des Geschäftsherrn ankommt (z.B. § 683 S.1 BGB), tritt der gesetzliche Vertreter an seine Stelle (Palandt-Sprau, BGB, § 682 Rn 3).

Problem: Beschränkt geschäftsfähiger Geschäftsführers

- § 682 BGB: Allenfalls deliktische oder bereicherungsrechtliche Ansprüche
- **Problem**: Anwendbarkeit des § 682 BGB auch bei Zustimmung des gesetzlichen Vertreters zur rechtsgeschäftlichen Geschäftsführung?
    - nach h.M. findet § 682 BGB auch dann Anwendung (Palandt-Sprau, BGB, § 682 Rn.1, Streitstand bei MünchKomm-Seiler, BGB § 682 Rn 3 ff.)
    - nach der M.M. sollen die §§ 104 ff., 107 f. BGB analog gelten und § 682 BGB ausschließen.

4. §§ 989, 990 BGB

Problem: Streitig ist, auf wessen Bösgläubigkeit abzustellen ist.

1. Ansicht: Bösgläubigkeit des gesetzlichen Vertreters analog § 166 I BGB
2. Ansicht: Bösgläubigkeit des beschränkt Geschäftsfähigen und Deliktsfähigkeit nach § 828 BGB analog
3. Ansicht (h.M.): Bei § 992 BGB muss der beschränkt Geschäftsfähige bösgläubig und nach § 828 BGB analog deliktsfähig sein. Im Übrigen gilt § 166 I BGB analog (Schreiber, Jura 92, 356, 362).

5. Bereicherungsrecht

Problem: Auf wessen Kenntnis ist bei der verschärften Haftung nach § 819 BGB abzustellen?

1. Ansicht: Kenntnis des gesetzlichen Vertreters analog § 166 BGB (KG Berlin, Urteil vom 13.03.1998, 17 U 9667/97.
2. Ansicht: Kenntnis des beschränkt Geschäftsfähigen und Deliktsfähigkeit analog § 828 BGB.
3. Ansicht: Differenzierung zwischen Leistungskondition (§ 166 BGB analog) und Eingriffskondition (§ 828 BGB analog); (AG Kerpen, Urteil vom 24.05.2006, 20 C 579/05 und die h.L.: Palandt-Sprau, BGB, § 819 Rn 6).

4. Ansicht: BGHZ 55, 128 („Flugreisefall"): Keine abschließende Stellungnahme. Jedenfalls gilt die 2. Ansicht, wenn der Minderjährige den Bereicherungsgegenstand durch vorsätzlich unerlaubte Handlung erlangt hat.

6. Deliktsrecht

Ein Verschulden besteht nur bei Einsichtsfähigkeit des Minderjährigen nach 828 BGB. Dabei ist auf die individuelle Fähigkeit des Minderjährigen abzustellen (Palandt-Sprau, BGB, § 828 BGB Rn 3 ff.).

II. Sonstige Auswirkungen

Problem: Restriktive Auslegung der Gutglaubensvorschriften (§§ 932 ff. BGB)
Bei Veräußerung einer dem Minderjährigen nicht gehörenden Sache durch den Minderjährigen als neutrales Geschäft.

D. Stellvertretung gem. § 164 BGB

Empfohlener Obersatz zur Einleitung der Prüfung:
Die Willenserklärung des V wirkt für und gegen G, wenn V den G gem. § 164 I BGB wirksam vertreten hat.

Grundschema bei Prüfung des § 164 I BGB:
- Eigene Willenserklärung des V.
- V muss im Namen des G gehandelt haben.
- V muss innerhalb seiner Vertretungsmacht gehandelt haben:
  - Hatte V überhaupt eine Vertretungsmacht?
  - Handelte V innerhalb seines rechtlichen Könnens?
  - Lag eine Beschränkung der Vertretungsmacht vor?

I. Zustandekommen des Vertrages bei der Stellvertretung
Der schuldrechtliche oder auch dingliche Vertrag zwischen Vertreter und Drittem wirkt für und gegen den Vertretenen, sofern die Voraussetzungen gem. § 164 I BGB vorliegen.

1. Abgabe einer eigenen Willenserklärung des Vertreters

Problem: Abgrenzung zum Boten, der eine fremde Willenserklärung überbringt
- Der Vertreter **mit gebundener Marschrichtung** hat eine Botenmacht erteilt bekommen, hält sich innerhalb der Botenmacht, tritt aber als Vertreter auf, weil der Rechtsverkehr in seinem Verhalten Handlungsspielraum und Entscheidungsbefugnis erkennt. Es werden die §§ 164 ff. BGB analog angewendet, die Botenmacht in Vertretungsmacht umgedeutet und der Vertretene gebunden.
- Der **Pseudobote** hat eine Botenmacht erhalten, die er vorsätzlich überschreitet. Deshalb gilt die Erklärung nicht mehr als Erklärung des Absenders, sondern als eigene Willenserklärung des Pseudoboten. Es gelten die §§ 164 ff., 177 ff. BGB analog. Genehmigt der Absender nicht, haftet der Pseudobote analog § 179 BGB.

2. Handeln im Namen des Vertretenen (Offenkundigkeitsprinzip)
Der Stellvertreter muss grundsätzlich offenlegen, in wessen Namen er auftritt. Schon aus dem Wortlaut des § 164 I 2 BGB wird aber deutlich, dass Ausnahmen vom Offenkundigkeitsprinzip zugelassen sind.

(1) Ausnahme: Offenes Geschäft für den, den es angeht:
Der Vertreter offenbart, für einen anderen zu handeln, dessen Namen er nicht aufdeckt. Lässt sich der andere Teil darauf ein, wird in Rechtsfortbildung des § 164 I 2 BGB das Offenkundigkeitsprinzip nicht verletzt

(2) Ausnahme: Geschäft, für den, den es angeht:
- Bargeschäft des täglichen Lebens
- Dinglicher Miterwerb des Ehegatten gem. §§ 929, 1008, 164 BGB nach Stellvertretungsregeln bei Bedarfsdeckungsgeschäften im Sinne des § 1357 BGB, wenn der Gegenstand unter § 1568b II BGB zu subsumieren ist (BGHZ 114, 78, 80).

(3) Ausnahme: Handeln für den Betriebsinhaber.

(4) Ausnahme: Handeln unter fremden Namen:
§ 164 BGB analog bei der Identitätstäuschung (↔ Namenstäuschung = bloße Namenslüge)

Zur Identitätstäuschung: Handeln unter fremden Namen bei Internetauktionen: OLG München NJW 2004, 1328, BGH BeckRS 2011, 14449

Wer bei einer Internet-Auktion den Mitgliedsnamen (Kennung) eines anderen benutzt, handelt **unter fremden Namen**. Es handelt sich um eine **Identitätstäuschung**, weil das Kennung bezogene Ebay Bewertungssystem für den anderen Teilnehmer entscheidend ist.

Hat der wahre Inhaber der Kennung eingewilligt, kommt ein Geschäft des Namensträgers zustande (Vollmacht oder Duldungsvollmacht erteilt).Andernfalls haftet der Handelnde dem anderen Vertragsteil entsprechend § 179 BGB auf Erfüllung oder Schadensersatz.

Zur Namenstäuschung: LG Bonn, NJW-RR 2012, 1008:

Der Verkäufer hatte Abholung bei sich und Barzahlung bedungen. Der Käufer hatte unter dem Account seiner Freundin erworben. Weil den Verkäufer die Identität des Käufers erst bei Barzahlung und Abholung interessierte, nahm das Gericht eine Namenstäuschung an.

3. **Handeln innerhalb der Vertretungsmacht:**
Der Stellvertreter muss innerhalb der Vertretungsmacht gehandelt haben. Dabei müssen die folgenden drei Schritte geprüft werden. Dem Stellvertreter muss Vertretungsmacht zustehen, er muss innerhalb des rechtlichen Könnens gehandelt haben, die Vertretungsmacht darf nicht beschränkt sein.

a) Es muss Vertretungsmacht bestehen.

aa) Rechtsgeschäftlich erteilte Vollmacht §§ 166 II, 167 BGB (auch Prokura gem. § 48 HGB, Handlungsvollmacht gem. § 54 HGB)

Problem: Erlöschen der Vollmacht bei Erlöschen des Grundverhältnisses gem. § 168 BGB.

Lösung:
<u>Beispiel:</u> Die Vollmacht wurde durch den Arbeitsvertrag erteilt, das Arbeitsverhältnis wurde aber beendet. Gemäß § 168 BGB erlischt auch Vollmacht.

Problem: Anfechtbarkeit der Vollmacht nach Gebrauch (s.u.)

bb) Kraft Gesetz (z.B.: §§ 1629, 1793, 1902, 714 BGB, § 35 GmbHG, 125 HGB)

cc) Gesetzliche Rechtsscheinvollmachten

- Gesetzliche Rechtsscheinsvollmacht (§§ 170 ff. BGB, § 15 HGB)
- § 56 HGB ist in seiner Rechtsnatur umstritten. (s.u.)
- § 899a BGB in Verbindung mit § 892 BGB

Problem: Anwendbarkeit des § 899a BGB auf schuldrechtliche Verträge
Umstritten ist, ob § 899a BGB auch auf schuldrechtliche Verträge Anwendung findet, mit denen die Verpflichtung zur Grundstücksübertragung begründet wird.

- Dagegen spricht erstens der klare Wortlaut des § 899a S. 1 und S. 2 BGB und zweitens die Stellung des § 899a BGB im Sachenrecht unmittelbar hinter dem Widerspruch gem. § 899 BGB, der sich auf den dinglichen Grundbuchberichtigungsanspruch aus § 894 BGB bezieht (Kuckein/Jenn NZG 2009, 848, 851 und Toussaint/juris Praxiskommentar, BGB, § 899a Rn 18 ff.)
- Dafür spricht aber entscheidend der Sinn und Zweck der §§ 899a S. 2, 892 BGB, die ähnlich dem § 15 III HGB für Rechtssicherheit sorgen sollen, aber unterlaufen würden, wenn der Grundstückserwerb aufgrund der Unwirksamkeit des schuldrechtlichen Vertrages jederzeit kondizierbar wäre. Diese teleologische Auslegung wird durch den Willen des Gesetzgebers gestützt, der in der Bundestagsdrucksache 16/13437, S. 27 auf die Ähnlichkeit mit § 15 III HGB hinweist (Schürnbrand/Weiß ZJS 2009, 607, 611).

dd) Duldungsvollmacht

Definition: Eine **Duldungsvollmacht** liegt vor, wenn der Vertretene es willentlich geschehen lässt, dass ein anderer für ihn wie ein Vertreter auftritt, und der Geschäftspartner dieses Dulden nach Treu und Glauben dahin versteht und auch verstehen darf, dass der als Vertreter Handelnde zu den vorgenommenen Erklärungen bevollmächtigt ist (BGH BeckRS 2011, 14449).

Voraussetzungen der Duldungsvollmacht:
(1) Vollmachtsloser Vertreter tritt (grundsätzlich mehrfach) als Vertreter auf
(2) Geschäftsherr hat hiervon positive Kenntnis
(3) Duldung des Geschäftsherrn
(4) Guter Glaube des Dritten analog §§ 173, 122 II BGB analog (str.)

Zur Duldungsvollmacht beim Ebay-Accountmissbrauch: OLG München NJW 04, 1328, LG Aachen NJW-RR 07, 565

In beiden Fällen hatte ein Accountinhaber eines Ebay Kontos einem Dritten die Zugangsdaten überlassen, damit dieser eigene Sachen zum Verkauf hochladen konnte. Der Dritte bot dann aber Sachen des Accountinhabers an. Die Gerichte haben trotz einmaligem Auftreten unter fremden Namen eine Duldungsvollmacht erkannt und den Accountinhaber vertraglich haften lassen.

Merke: Wer einem anderen willentlich die Zugangsdaten zum Ebay-Account überlässt, setzt mindestens eine Duldungsvollmacht.

ee) Anscheinsvollmacht

Definition: Eine **Anscheinsvollmacht** ist gegeben, wenn der Vertretene das Handeln des Scheinvertreters nicht kennt, er es aber bei pflichtgemäßer Sorgfalt hätte erkennen und verhindern können, und wenn der Geschäftspartner annehmen durfte, der Vertretene kenne und billige das Handeln des Vertreters. Allerdings greifen diese Grundsätze nur ein, wenn das Verhalten des Scheinvertreters von einer gewissen Dauer und Häufigkeit ist (BGH BeckRS 2011, 14449).

Voraussetzungen der Anscheinsvollmacht:
(1) Schuldhaftes Setzen eines zurechenbaren Rechtsscheins durch den GH (z.B. vollmachtsloser Vertreter tritt (mehrfach) als Vertreter auf, aber auch vergleichbares Verhalten, wenn von gewisser Dauer und Häufigkeit)
(2) Geschäftsherr hat fahrlässige Unkenntnis
(3) Verhinderungsmöglichkeit bei Kenntnis
(4) Guter Glaube des Dritten analog §§ 173, 122 II BGB analog (str.)

Rechtsprechungsauswertung und Examenstipps:
Zur Anscheinsvollmacht beim Ebay Accountmissbrauch: BGH BeckRS 2011, 14449

Der Ehemann versteigerte über den Ebay Account der Ehefrau heimlich deren Habseligkeiten. Es konnte nicht geklärt werden, wie der Täter in Kenntnis der Daten gelangt war.

Das Gericht urteilte:
- Werden unter Nutzung eines fremden Ebay Mitgliedskontos auf den Abschluss eines Vertrages gerichtete Erklärungen abgegeben, liegt ein Handeln unter fremdem Namen vor, auf das die Regeln über die Stellvertretung sowie die Grundsätze der Anscheins- oder der Duldungsvollmacht entsprechend anzuwenden sind.

- Ohne Vollmacht oder nachträgliche Genehmigung des Inhabers eines Ebay Mitgliedskontos unter fremdem Namen abgegebene rechtsgeschäftliche Erklärungen sind dem Kontoinhaber nur unter den Voraussetzungen der Duldungs- oder der Anscheinsvollmacht zuzurechnen. Für eine Zurechnung reicht es nicht bereits aus, dass der Kontoinhaber die Zugangsdaten nicht hinreichend vor dem Zugriff des Handelnden geschützt hat (amtlicher Leitzsatz).

Hinweis für Referendare:
Es begründet keinen Anscheinsbeweis für Fahrlässigkeit, dass der Handelnde die Daten hatte (Abgrenzung zur Rechtsprechung zum gewerblichen Rechtsschutz BGHZ 180, 134 ff. Rn 6 u. 19). Es kommt vielmehr darauf an, ob der Accountinhaber damit rechnen musste, dass der unbefugte Scheinvertreter den Account nutzen will (BGH aaO. Rn 17.)

- Eine Anscheinsvollmacht scheidet aus, wenn der unbefugte Scheinvertreter den Account zum ersten Mal nutzt, weil dies nicht zur Schaffung eines Vertrauenstatbestandes genügt, auf den sich der Dritte stützen kann. Wegen der vielfältigen Möglichkeiten des Ausspähens und des Diebstahls der Zugangsdaten im Internet, kann aus dem Auftreten als Accountinhaber nicht zuverlässig geschlossen werden, dass unter einem registrierten Mitgliedsnamen ausschließlich dessen tatsächlicher Inhaber auftritt (BGH aaO. Rn 18).
- Eine von Ebay gestellte und von jedem registrierten Nutzer akzeptierte Formularklausel, wonach Mitglieder grundsätzlich für sämtliche Aktivitäten haften, die unter Verwendung ihres Mitgliedskontos vorgenommen werden, begründet keine Haftung des Kontoinhabers gegenüber Auktionsteilnehmern:
  - Eine direkte Haftung des Accountinhabers scheidet aus, weil die AGB nur gegenüber Ebay gelten.
  - Die Klausel begründet auch keine Haftung über den Vertrag mit Schutzwirkung für Dritte. Denn wenn sie Schutzwirkung für Dritte entfalten würde, wäre sie gem. § 307 I BGB unwirksam, weil sie sogar dann greifen würde, wenn der Accountinhaber das Auftreten des Scheinvertreters weder kannte noch kennen musste. (BGH aaO. BeckRS 2011, 14449).

Anmerkung: Die Entscheidung ist richtig. Aus den §§ 170 ff. BGB und insbesondere § 172 BGB ergibt sich, dass zur Zurechenbarkeit der Rechtsscheinsetzung mehr erforderlich ist, als das bloß einmalige fahrlässige Setzen des Rechtsscheins. Bei den §§ 170 ff. BGB ist das bewusste Setzen des Rechtsscheins erforderlich. Deshalb kann aus der unsorgfältigen Aufbewahrung der Account-Informationen nicht per se ein Rechtsschein erwachsen.

M.E. wäre ein Rechtsschein für ein zweites Geschäft aber gegeben, wenn der Accountmissbrauch eines ersten Geschäfts dem Accountinhaber durch eine Bestätigungs-Email offensichtlich wäre, er es aber fahrlässig unterlassen hat, seinen Posteingang zu kontrollieren.

b) Der Vertreter muss innerhalb des rechtlichen Könnens gehandelt haben.
Hier muss der Umfang der Vertretungsmacht durch Auslegung ermittelt werden. Bei rechtsgeschäftlich erteilten Vollmachten kommt es darauf an, ob eine Spezial-, oder eine Gattungs-, oder eine Generalvollmacht erteilt wurde. Bei gesetzlichen Vertretungsmachten muss mit den üblichen juristischen Auslegungsmethoden der Umfang ermittelt werden.

c) Keine Beschränkung der Vertretungsmacht
Zahlreiche gesetzliche Regelungen enthalten Beschränkungen der Vertretungsmacht.
Beispiele:

- §§ 1638, 1643, 1795, 1821, 1822 BGB
- Beschränkung der Vollmacht bei Insichgeschäften nach § 181 BGB
  - Insichgeschäfte: Selbstkontrahieren oder Mehrfachvertretung
  - Keine Ausnahme
    - Gestattung durch Gesellschaftsvertrag zur Ermöglichung von Insichgeschäften zwischen Gesellschafter und Gesellschaft

- Gestattung durch vertragliche Erlaubnis zur Vornahme rechtsgeschäftlicher Handlungen bei Grundstücksgeschäften durch das Personal des Notars Handeln in Erfüllung einer Verbindlichkeit
- Teleologische Reduktion analog § 107 BGB, soweit nicht rechtlich nachteilig (beachte das Problem der Gesamtbetrachtung s.o.)

- Kein Berufen des Geschäftspartners auf die Vertretungsmacht des Vertreters bei Verstoß gegen Treu und Glauben gem. § 242 im Falle des **Missbrauchs der Vertretungsmacht**:
  - Wenn der Vertreter sich innerhalb des rechtlichen Könnens, aber außerhalb des rechtlichen Dürfens bewegt hat und
  - der Geschäftspartner dies erkannt hat oder dies ihm evident war,
  - wird gem. § 242 BGB der Vertreter als Vertreter ohne Vertretungsmacht behandelt und hängt die Wirksamkeit des Rechtsgeschäfts analog § 177 BGB von der Genehmigung des Vertretenen ab.

4. Nichtigkeit des Rechtsgeschäftes bei Kollusion (einverständlichem Handeln zu Lasten des Vertretenen, § 138 I BGB)

Anmerkung: § 138 I BGB findet auf das dingliche Rechtsgeschäft im Falle der Kollusion keine Anwendung, weil es wertneutral ist. Sehr wohl kann aber die Einschränkung des § 242 BGB wegen Missbrauch der Vertretungsmacht greifen.

II. Haftung des Vertreters ohne Vertretungsmacht gem. § 179 BGB

1. Vertragsschluss durch einen Vertreter ohne Vertretungsmacht

a) Abgabe einer eigenen WE durch den Vertreter

Problem: Widerruf durch den falsus prokurator gem. § 355 BGB
Der Vertreter ohne Vertretungsmacht darf wie ein Vertragspartner den Vertragsschluss widerrufen, um seiner Haftung aus § 179 BGB zu entgehen, wenn die Voraussetzungen eines Widerrufsrechts in seiner Person erfüllt sind.

b) Handeln im Namen des Vertretenen

c) ohne Vertretungsmacht

- keine Vertretungsmacht erteilt
- Nichtigkeitsgründe bei der Vollmachtserteilung (z.B. §§ 104 ff., 138, nach h.M. § 142 BGB)
- Überschreiten der Vertretungsmacht

2. Vertragsschluss als genehmigungsfähiges Rechtsgeschäft ("einen Vertrag geschlossen hat")
Einseitig empfangsbedürftige Rechtsgeschäfte sind grds. nach § 180 S.1 BGB unwirksam (Ausnahme § 180 S.2, 3 BGB).

3. Keine Genehmigung oder Verweigerungsfiktion nach § 177 II BGB (2 Wochen nach Aufforderung)

4. Kein Ausschluss der Haftung
a) Kenntnis oder Kennenmüssen von fehlender Vertretungsmacht (179 III 1 BGB).
b) Handeln des beschränkt geschäftsfähigen Vertreters ohne Zustimmung des gesetzlichen Vertreters (§ 179 III 2 BGB)
c) Widerruf des Dritten nach § 178 BGB

5. Rechtsfolge
a) Wahlrecht zwischen Erfüllung und Schadensersatz gerichtet auf Geldersatz (keine Naturalrestitution)
b) Ausnahme: Haftung auf das negative Interesse bei Unkenntnis des Vertreters vom Mangel der Vertretungsmacht (§ 179 II BGB)

c) Ausschluss der Haftung nach § 179 III 1 BGB, wenn der Geschäftspartner den Mangel der Vertretungsmacht kennt.

Rechtsprechungsauswertung und Examenstipps:
Nichtexistenz des Vertretenden, BGH NJW 2009, 215:

§ 179 III 1 BGB gilt auch, wenn der Geschäftspartner nicht existiert. Es ist nicht erforderlich, dass er die Nichtexistenz des Vertretenen kennt, weil derjenige, der auf die Genehmigung des Vertretenen hofft, „ins Blaue hinein“ hofft.

Aktuell zu § 15 HGB, §§ 174, 180 BGB, BGH NJW 2013, 297:

Geht aus einer Erklärung eindeutig hervor, dass das Bestehen einer Vertretungsmacht bemängelt und zugleich das Rechtsgeschäft wegen der fehlenden Vorlage einer Vollmachtsurkunde zurückgewiesen worden ist, so ist das einseitige Rechtsgeschäft nichtig, sofern tatsächlich keine wirksame Vertretungsmacht besteht. Eine nachträgliche Heilung ist ausgeschlossen.

E. Erlöschen des Anspruchs ex tunc durch Anfechtung gem. § 142 I BGB

Obersatz:
Das Rechtsgeschäft würde gem. § 142 I BGB als von Anfang an nichtig gelten, wenn es anfechtbar war und erfolgreich angefochten worden ist.

Grundschema bei der Prüfung der Anfechtung:

(1) Anfechtungserklärung gem. § 143 I BGB

(2) Anfechtungsgrund
- Inhaltsirrtum gem. § 119 I 1. Fall BGB
- Erklärungsirrtum gem. § 119 I 2. Fall BGB
- Eigenschaftsirrtum gem. § 119 II BGB
- Fehlerhafte Übermittlung § 120 BGB
- Arglistige Täuschung gem. § 123 I 1. Fall BGB
- Widerrechtliche Drohung gem. § 123 I 2. Fall BGB

(3) Erklärung gegenüber dem richtigen Anfechtungsgegner (§ 143 II, IV BGB, § 2081 BGB)

(4) Einhaltung der Anfechtungsfrist § 121, § 124 BGB

(5) Keine Bestätigung gem. § 144 BGB

I. Anfechtungserklärung gem. § 143 I BGB

Die Anfechtungserklärung ist eine einseitige, empfangsbedürftige Willenserklärung. Sie ist analog § 388 Satz 2 BGB bedingungs- und befristungsfeindlich. Beachte: Die Prozessbedingung ist keine Bedingung im Sinne des § 158 BGB. Deshalb ist es erlaubt, hilfsweise anzufechten.

II. Anfechtungsgrund

1. Inhalts- oder Erklärungsirrtum (§ 119 I BGB)
   - Das Erklärte (objektiver TB der WE §§ 133, 157 BGB)
   - weicht vom Gewollten (subjektiver TB der WE)
   - zur Zeit der Abgabe der WE
   - unbewusst (Abgrenzung zu §§ 117, 118 BGB)
   - und erheblich (§ 119 I 2. Hs. BGB) ab.

Erklärungsirrtum bei „Verklicken im Internet", LG Berlin NJW-RR 2009, 133 ff.

1. „Verklickt" sich der Anfechtende bei Abgabe einer elektronischen Willenserklärung mit der Maustaste, so handelt es sich um einen Erklärungsirrtum nach § 119 I 2. Fall BGB.
2. Der Anfechtende muss sich an der Erklärung festhalten lassen, **die er ohne Irrtum abgegeben hätte**. Im Rahmen einer Internet-Auktion, die grundsätzlich nicht widerrufliche Erklärungen vorsieht, ist sowohl nach dem irrtümlichen Anklicken des Buttons „den Artikel an den bzw. die Höchstbietenden zu verkaufen und das Angebot beenden" als auch nach dem tatsächlich gewollten Anklicken des Buttons „alle Gebote streichen und das Angebot beenden" ein Kaufvertrag mit dem bis dahin Meistbietenden zu Stande gekommen.

Problem: Anfechtung der vollzogenen Vollmacht

Ficht der Irrende die ausgeübte Innenvollmacht des Vertreters nach Gebrauch an, entstehen folgende Probleme, die in der Klausur dargestellt werden müssen:

- Der Anspruch des H gegen E aus dem Vertrag entfällt wie gewünscht, jedoch tritt an seine Stelle nicht der Anspruch auf Schadensersatz gem. § 122 BGB. Damit erhält E durch den Einsatz einer Hilfsperson einen Vorteil, indem er sich seiner verschuldensunabhängigen Schadensersatzpflicht entzieht.
- H ist nicht Anfechtungsgegner und damit nicht über die Rechtslage informiert. Es drohen ihm nutzlose Aufwendungen zur Rechtsverfolgung, gar ein nutzloser Prozess.
- H kann sich gem. § 179 BGB nur an den Vertreter wenden, dessen Insolvenzrisiko er damit trägt.
- Der Vertreter haftet ohne eigenen Fehler.
- Er ist auf Ersatzansprüche aus § 179 BGB, bzw. aus § 122 BGB angewiesen.

Wichtig ist, dass diese Konfliktlage vor der Darstellung der Lösungsmodelle klargestellt wird. Nur dann werden diese auch verstanden.

Lösungsmodelle:

e.A.: Die vollzogene Innenvollmacht wird analog § 143 III 1 BGB als Außenvollmacht behandelt und gegenüber dem Vertragspartner angefochten. Dann entfällt die VM, der Vertrag ist gem. § 177 BGB schwebend unwirksam und wird unwirksam nach nicht erteilter Genehmigung. Es entsteht ein Schadensersatzanspruch aus § 122 BGB analog. Die Vertreterhaftung aus § 179 I, II BGB wird teleologisch reduziert (Flume, BGB AT § 52, 5c).

a.A.: Die Vollmacht darf nach Gebrauch nicht angefochten werden. Gem. § 143 II BGB wird das Vertretergeschäft (der Vertrag) angefochten, wenn analog § 166 II BGB der in der Vollmacht liegende Irrtum als Weisung an den Vertreter auf dessen Willenserklärung durchgeschlagen ist. Es entsteht ein Schadensersatzanspruch gem. § 122 BGB, die Vertreter bleiben bevollmächtigt und haften nicht nach § 179 BGB (Brox/Walker BGB AT Rn. 574).

Problem: Offener Kalkulationsirrtum

Von einem **offenen Kalkulationsirrtum** spricht man, wenn der Erklärende die Kalkulationsgrundlage und das Kalkulationsergebnis bei den Verhandlungen äußert. Steht nach Auslegung fest, dass er die Kalkulationsgrundlage zum Inhalt der Erklärung gemacht hat, weicht das geäußerte Ergebnis aber rechnerisch vom tatsächlichen Ergebnis ab, liegt ein Fall der falsa demonstratio non nocet vor und das richtige Ergebnis ist Vertragsinhalt. Kann nach Auslegung keine Entscheidung getroffen werden, weil beides Gegenstand der Willenserklärung geworden ist, liegt ein Fall der Perplexität vor und die Willenserklärung ist nichtig. Examens-typisch ist der Fall, in dem nach Auslegung fest steht, dass der Erklärende das Kalkulations-ergebnis zum

Inhalt der Willenserklärung erhoben hat, seine geäußerte Kalkulationsgrundlage aber von der wirklichen Kalkulationsgrundlage abweicht.

Hier sollte zunächst § 119 I BGB direkt geprüft und abgelehnt werden, weil der Erklärende gesagt hat, was er bei Abgabe der Willenserklärung auch sagen wollte. Dann sollte man die Lösung des Reichsgerichts anfügen, das § 119 I BGB analog wegen eines „erweiterten Inhaltsirrtum" annahm. Die Lösung muss wegen fehlender Analogievoraussetzungen abgelehnt werden, denn die Rechtsfortbildung läuft auf Schaffung eines dritten anfechtbaren Motivirrtums hinaus, was nach dem klaren Wortlaut des § 119 II BGB („gilt auch") und in systematischer Abgrenzung zu § 2078 II BGB ausgeschlossen ist. Schließlich sollte die Lösung bei § 313 I BGB gesucht werden.

Problem: Verlautbarungsirrtum: § 119 I BGB oder § 119 II BGB? (s.u. bei § 119 II BGB)

2. Eigenschaftsirrtum gem. § 119 II BGB

Der Anfechtende muss sich über eine verkehrswesentliche Eigenschaft einer Person oder einer Sache geirrt haben.

Definition: Ein **Irrtum** ist eine unbewusste Fehlvorstellung über Tatsachen. Tatsachen sind dem Beweis zugänglich.

Eigenschaften sind alle wertbildenden Faktoren tatsächlicher oder rechtlicher Art, die einer Person oder Sache auf Dauer anhaften.

Problem: Konkurrenz zu den Gewährleistungsansprüchen aus §§ 434 ff. BGB

Problemstellungen bezüglich des Käufers:

Der Käufer kann nach Gefahrübergang nicht mehr wegen des Irrtums über eine Sacheigenschaft gem. § 119 II BGB anfechten, damit die Verjährungsfristen des § 438 BGB nicht unterlaufen werden.
Nach h.M. gilt diese Sperrwirkung seit der Schuldrechtsreform vom 1.1. 2002 nicht mehr für die Zeit vor Gefahrübergang, weil die Gewährleistungsregeln dort nicht greifen sollen.

Problemstellungen bezüglich des Verkäufers:

Problem: Der Verkäufer bemerkt nach Vertragsschluss, aber vor Gefahrübergang einen Mangel und ficht wegen Eigenschaftsirrtums an.

Gegen eine Beschränkung des Anfechtungsrechts des Verkäufers vor Gefahrübergang spricht der klare Wortlaut des § 434 BGB, der die Rechte des Käufers regelt. Der Verkäufer darf sich aber nicht auf § 119 II BGB vor Gefahrübergang berufen, wenn er sich dadurch wider Treu und Glauben gem. § 242 BGB seiner Erfüllungs- oder Nacherfüllungspflicht entziehen würde (BGH NJW 1988, 2597 f., OLG Oldenburg NJW 2005, 2556 f.) Die Vorschriften der §§ 434 ff. BGB würden dann zu Lasten des Käufers ausgehöhlt, wenn der Verkäufer gestützt auf einen ihm bei Vertragsschluss nicht bekannten Mangel anfechten und den Käufer seiner Gewährleistung berauben könnte. Dies muss unabhängig davon gelten, ob der Gefahrübergang stattgefunden hat, oder nicht.

Problem: Bebaubarkeit eines Grundstücks

Die Bebaubarkeit eines Grundstücks haftet aufgrund der Umweltbeziehung zum Bauplanungsrecht dem Grundstück dauerhaft an.

Definition: **Verkehrswesentlich** ist eine Eigenschaft, sofern sie nach dem konkreten Rechtsgeschäft oder der Verkehrsanschauung für die Wertschätzung Eignung und Verwendbarkeit von Bedeutung ist.

Problem: Vorstrafen

Sie sind nur verkehrswesentlich, wenn Sie unter § 51 Bundeszentralregistergesetz fallen. Im Übrigen sind sie es nur, wenn ein Bezug zur aufzunehmenden Tätigkeit besteht. (Argument: Vertrauenswürdigkeit).

Problem: Verlautbarungsirrtum (§ 119 I BGB oder § 119 II BGB?)

Umstritten ist, ob beim „Verlautbarungsirrtum“ ein Inhaltsirrtum nach § 119 I BGB oder ein Eigenschaftsirrtum nach § 119 II BGB besteht. Die Abgrenzung ist sehr wichtig, weil der Käufer nach Gefahrübergang wegen des Vorrangs der §§ 434 ff. BGB nicht nach § 119 II BGB anfechten kann. Gestritten wird, ob es sich um einen semantischen Irrtum oder um einen verdeckten Eigenschaftsirrtum handelt.

Beispielsfall:
A geht zum Juwelier, um seiner neuen Freundin einen Freundschaftsring zu schenken. Er glaubt, dass „Gold Doublee“ besonders hochwertiges Gold sei. In Wirklichkeit handelt es sich um einen billigen Goldüberzug. Er verlangt einen entsprechenden Ring und erhält keine Aufklärung, sondern einen gewünschten Ring. A freut sich über den niedrigen Preis. Die Freundin hingegen ärgert sich über seinen Geiz. Ist der Irrtum des A nach § 119 I BGB oder nach § 119 II BGB anfechtbar?

Lösung:
Nach zutreffender h.M. liegt ein Inhaltsirrtum vor. Beim „Verlautbarungsirrtum“ äußert der Irrende einen Sem, dem er einen falschen Bedeutungsinhalt beimisst. Ein Eigenschaftsirrtum läge vor, verlangte er einen bestimmten Ring aus dem Schaufenster, von dem er glaubt, dieser sei aus Gold, der aber in Wirklichkeit nur aus Gold Doublee besteht. Die M.M. wendet § 119 II BGB analog an, weil sich der Irrtum letztlich auf die Materialbeschaffenheit beziehe.

Problem: Doppelirrtum

Irren sich Verkäufer und Käufer über eine verkehrswesentliche Eigenschaft, ist die Lösung umstritten. Wegen der Pflicht zum Ersatz des Vertrauensschadens gem. § 122 BGB ist umstritten, ob der Irrende gem. § 119 II BGB ersatzpflichtig anfechten soll, oder ob Vertragsanpassung nach § 313 BGB verlangt werden soll (h.M.).

Problem: Anfechtbarkeit des dinglichen Geschäfts wegen Eigenschaftsirrtums

e.A.: Nur beim zeitlichen Zusammenfallen beider Geschäfte in einem Akt, weil nur dann der Eigenschaftsirrtum motivierend für beide Rechtsgeschäfte (RGZ 66, 389, 394; Palandt-Ellenberger, BGB Einleitung vor § 104 BGB Rn 23).

a.A.: Das dingliche Geschäft darf vom Verkäufer wegen § 119 II BGB überhaupt nicht angefochten werden. Der Käufer darf nicht der Haftung aus den §§ 985 ff. BGB ausgesetzt werden.

3. Anfechtbarkeit wegen falscher (inhaltlich unrichtiger) Übermittlung gem. § 120 BGB

- Der Anfechtende hatte die Willenserklärung einem Boten oder einer Anstalt mitgeteilt
- Diese Übermittlungsperson übermittelt die Willenserklärung irrtümlich inhaltlich unrichtig

Problem: Pseudobote

Wenn die Übermittlungsperson die Willenserklärung vorsätzlich verfälscht hat, kann sie nicht mehr dem Absender zugerechnet werden, so dass dies kein Fall des § 120 BGB ist. Auf den Pseudoboten werden die §§ 164, 177, 179 BGB analog angewendet.

Problem: Weisungswidrige Übermittlung

§ 120 BGB wird nicht im Wege der teleologischen Extension auf die weisungswidrige Übermittlung ausgedehnt, denn § 130 I 2 BGB gibt die Möglichkeit des rechtzeitigen Widerrufs.

4. Anfechtung wegen arglistiger Täuschung gem. § 123 I 1.Fall BGB

a) Erfolg: Abgabe einer Willenserklärung

b) Täuschung

Definition: **Täuschung** ist eine Irrtumserregung durch Vorspiegelung falscher Tatsachen. Sie ist auch durch Verschweigen möglich. Verschweigen ist eine Irrtumserregung durch Unterlassen, sofern gem. § 242 BGB eine Rechtspflicht zur Aufklärung besteht. Diese kann durch gezieltes Nachfragen oder durch eine besondere Vertrauensbeziehung bestehen. Sie besteht auch bei besonders wichtigen Informationen, deren Preisgabe zumutbar ist und welche vom Informationsbedürftigen zur Schadensabwehr benötigt werden und von ihm nicht beschafft werden können.

c) Kausalität („durch Täuschung bestimmt")

Problem: Fehleridentität bei der Täuschung

Im Einzelfall ist darzulegen, ob dieselbe Täuschung den Erklärenden zur Abgabe sowohl der schuldrechtlichen als auch der dinglichen WE „bestimmt" hat.

d) Widerrechtlichkeit

Problem: Schwangerschaft

Erlaubte Lüge als Antwort auf die geschlechterdiskriminierende Frage nach Schwangerschaft im Einstellungsgespräch

e) Arglist

f) Kein Dritter nach § 123 II BGB

5. Widerrechtliche Drohung gem. § 123 I 2. Fall BGB

a) Erfolg: Abgabe einer Willenserklärung

b) Widerrechtliche Drohung

Definition: **Drohung** ist das Inaussichtstellen eines Übels, dessen Eintritt aus Sicht des Dritten vom Willen des Drohenden abhängig ist und welches den Empfänger in eine Zwangslage versetzt.

Widerrechtlich ist die Drohung, wenn entweder das eingesetzte Mittel oder der angestrebte Erfolg rechtswidrig ist oder wenn Mittel und angestrebter Erfolg in ihrer Verbindung anstößig sind.

c) Kausalität (durch Drohung bestimmt)

Problem: Fehleridentität bei der Drohung

Im Einzelfall ist darzulegen, ob die Drohwirkung zur Zeit der Abgabe der jeweiligen WE noch anhielt und der Erklärende deshalb zur Abgabe der WE bestimmt worden ist.

III. Richtiger Anfechtungsgegner § 143 II – IV BGB

Problem: Abgrenzung zu § 2081 BGB

§ 2081 BGB soll das Ausstellen falscher Erbscheine verhindern und die Rückgabe solcher erzwingen helfen. Deshalb betrifft § 2081 BGB das „ob" der Erbenstellung. § 143 IV BGB betrifft den Inhalt der Erbenstellung zwischen den Miterben (Anfechtung der Teilungsanordnung gem. § 2048 BGB oder des Vorausvermächtnisses (§ 2150 BGB).

IV. Anfechtungsfrist

- Gem. § 121 BGB unverzüglich in den Fällen der §§ 119, 120 BGB, gem. § 121 II BGB maximal aber 10 Jahre seit Vornahme des Rechtsgeschäfts.
- Gem. § 124 BGB: 1 Jahr seit Kenntnis vom Anfechtungsgrund, maximal aber 10 Jahre, §§ 121 II, 124 II BGB seit Vornahme des Rechtsgeschäfts.

V. Kein Ausschluss gem. § 144 durch Bestätigung

F. Anpassung bzw. Erlöschen des Vertrages nach § 313 BGB (Störung der Geschäftsgrundlage)

I. Wirksamer schuldrechtlicher Vertrag

Problem: Familienrechtlicher Kooperationsvertrag sui generis bei gemeinschaftsbezogenen Zuwendungen in der nichtehelichen Lebensgemeinschaft (NELG), die über das alltägliche Maß hinausgehen (s.u.).

II. Subsidiarität des § 313 BGB

- Bei vertraglicher Regelung
- Vorrang des Zugewinnausgleichs gem. § 1378 BGB
- Vorrang des Leistungsstörungsrechts
- Vorrang der Anfechtung

III. Geschäftsgrundlage

Ein Umstand muss Geschäftsgrundlage geworden sein (Hypothetisches Element).

Definition: **Geschäftsgrundlage** sind Umstände (§ 313 I BGB) oder Vorstellungen über Umstände (§ 313 II BGB), die nicht Vertragsinhalt geworden aber so wesentlich sind, dass entweder der Vertragswille beider Parteien oder einer Partei, erkennbar für die andere, darauf aufbaut.

IV. Störung der Geschäftsgrundlage (Reales Element)

Der Umstand verändert sich während der Vertragsabwicklung wesentlich oder stellt sich als falsch heraus (§ 313 I BGB) oder eine wesentliche Vorstellung erweist sich als falsch (§ 313 II BGB).

V. Unzumutbarkeit des Festhaltens am unveränderten Vertrag (Normatives Element)

1. Es muss sich um eine schwerwiegende Störung handeln: Äquivalenzstörung, übermäßige nachträgliche Leistungserschwerung (auch „wirtschaftliche Unmöglichkeit" genannt), Zweckvereitelung, Zweckverfehlung, offener Kalkulationsirrtum, gemeinsamer Eigenschaftsirrtum (str.).
2. Die Störung darf nicht in den Risikobereich derjenigen Partei fallen, die sich darauf beruft (§ 242 BGB).
3. Das Festhalten am Vertrag darf bei Einzelfallabwägung der betroffenen Partei nicht zuzumuten sein.

<u>Rechtsprechungsauswertung und Examenstipps:</u>

Zum Vertragsbegriff bei NELG, BGH NJW 2008, 3277:

Als Vertrag zwischen den Partnern der NELG kommt ein „familienrechtlicher Kooperationsvertrag sui generis" in Betracht. Es liegt kein Verstoß gegen Art. 6 GG vor: Wer sich in einer NELG befindet, verzichtet nicht darauf, Konflikte nach festen gesetzlichen Regeln zu lösen. Auch das Vertrauen in den Fortbestand der NELG ist schutzwürdig.

Zur Annahme einer Schenkung bei der Zuwendung an Schwiegerkinder, BGH NJW 10, 2202:

1. Wenden Eltern einem zukünftigen Schwiegerkind im Hinblick auf die zukünftige Ehe vermögen zu, handelt es sich um eine Schenkung und nicht um eine unbenannte Zuwendung, weil sich die Eltern entreichern wollen.

2. Diese Schenkung stellt einen Vertrag im Sinne des § 313 I BGB dar, weshalb eine Rückabwicklung über § 313 BGB bei Scheitern der Ehe möglich ist
3. § 313 BGB darf nicht mehr mit dem Argument verneint werden, das eigene Kind würde über § 1378 BGB zumindest teilweise profitieren. Bei Annahme einer Schenkung gilt nämlich § 1374 II, so dass sich das Anfangsvermögen des beschenkten Schwiegerkindes erhöht.
4. Ebenfalls soll eine Rückabwicklung über § 812 I 2 Fall 2 BGB (condictio ob rem) möglich sein, wenn eine erkennbare Zweck-Grund-Abrede vorlag (s.u.).

Zum Tatbestandsmerkmal „Keine vorrangige Regelung" - Verhältnis zwischen § 313 BGB und § 812 I 2, 2. Fall BGB: BGH NJW 10, 2202, Rn 47, 50:

Das Verhältnis zwischen § 313 BGB und § 812 I 2 Fall 2 BGB ist umstritten.
1. Nach einer Ansicht ist § 812 I 2 Fall 2 BGB lex spezialis, wenn eine Zweck-Grund Abrede vorliegt (MünchKomm-Roth, BGB § 313 Rn 135.
2. Nach anderer Ansicht ist § 313 BGB lex specialis (Palandt-Grüneberg, BGB, § 313 Rn 15).
3. Nach neuer BGH Auffassung stehen beide nebeneinander (BGH NJW 10, 2202, Rn 47, 50)

Argumente:
- Es besteht keine Spezialität, da keine Norm die Voraussetzungen der anderen vollständig enthält. Vielmehr haben beide Normen unterschiedliche Voraussetzungen.
- Die Rechtsfolgen unterscheiden sich: § 313 BGB gewährt zunächst Vertragsanpassung und dann Rückabwicklung. § 812 BGB gewährt Rückabwicklung und dann Wertersatz.
- Unterschiedliche Regelungsziele: § 313 BGB schützt den Privatautonomie, indem es nur unter den erschwerten Umständen Ausnahmen vom Grundsatz „pacta sunt servanda" zulässt.
- § 812 I 2, 2. Fall BGB sanktioniert das verfehlte Zweckerreichungsinteresse.

Zum Tatbestandsmerkmal „Geschäftsgrundlage"- Zur ehelichen Abstammung des Kindes: OLG München BeckRS 2009, 05471

Die eheliche Abstammung des in der Ehe geborenen Kindes gehört als einseitige Erwartung des Ehemannes grundsätzlich nicht zur Geschäftsgrundlage.

Zum Tatbestandsmerkmal „Unzumutbarkeit des Festhaltens am unveränderten Vertrag" - Zur Einzelfallabwägung bei der Unzumutbarkeit: BGH, Urteil vom 16.07. 2011= RA 2011, 631 ff:

Bei der Frage der Unzumutbarkeit ist eine Einzelfallentscheidung nötig. Sie hängt von der Dauer der Lebensgemeinschaft, dem Alter der Parteien, Art und Umfang der erbrachten Leistungen, der Höhe der dadurch bedingten und noch vorhandenen Vermögensmehrung sowie von den Einkommens- und Vermögensverhältnissen ab.

Beim „Schwiegerelterngeschenk" BGH NJW 2010, 2202 ff.:
Besteht hier das erörterungswürdige Problem: Früher hatte man keine Schenkung angenommen. Dadurch erhöhte sich beim Schwiegerkind das Endvermögen, nicht aber das Anfangsvermögen (§ 1374 II BGB verlangt ja eine Schenkung). Deshalb bekam das eigene Kind die Hälfte der Zuwendung über den Zugewinnausgleich nach § 1378 BGB. Heute nimmt man aber eine Schenkung an. Dadurch erhöht sich das Anfangsvermögen des Beschenkten und die Zuwendung fällt nicht in den Zugewinn. Dies begründet für das schenkende Schwiegerelternteil die Unzumutbarkeit: Er hat in die Ehe des Kindes investiert, das Geld verbleibt aber dauerhaft beim Ex-Schwiegerkind – unzumutbar lt. BGH.

Zur Risikoverteilung: OLG Saarbrücken, RA 2012, 597, NJW 2012, 3731
Es fällt nicht ausschließlich in den Risikobereich des Pächters/Mieters einer Fläche, die zur Gewinnung von Solarstrom durch Photovoltaik genutzt werden soll, wenn das EEG

die Einspeisungsvergütung von 32 Cent auf 5 Cent herabsetzt. Begründung für die Klausur: Zweckbindung, da Marktwert der Fläche auf der vorausgesetzten Einspeisungsvergütung beruht.

Zur Unzumutbarkeit, wenn die vertragliche Risikoverteilung unwirksam ist: KG Berlin, Urteil vom 14.07.2014, 8 U 140/13 = RA 2014, 454
Kann der Mieter die Geschäftsräume nicht als Spielhalle nutzen und ist die vertragliche Überwälzung des Konzessionsrisikos auf den Mieter unwirksam, reduziert dieser die Miete auf null, so darf der Vermieter gem. §§ 313 I, 313 III 2 BGB den Mietvertrag kündigen.

V. Rechtsfolge:

1. Vertragsanpassung, soweit dies unter Berücksichtigung der Interessenlage möglich und zumutbar ist.

Zur Unzumutbarkeit der Vertragsanpassung: OLG Saarbrücken, RA 2012, 597, NJW 2012, 3731:
Hätten die Parteien den Vertrag überhaupt nicht geschlossen, wenn sie die Veränderung der Umstände vorausgesehen hätten (das EEG setzt die Einspeisungsvergütung von 32 Cent auf 5 Cent herab), kommt keine Anpassung, sondern nur eine Kündigung (oder ein Rücktritt) in Betracht.

Problem: Ist ein Verhandlungsversuch vor der richterlichen Anpassung nötig? (str.):

- Erste Ansicht: Zunächst müssen sich die Parteien selbst bemühen – Vorrang der Verhandlung (Palandt-Grüneberg, BGB, § 313 Rn 41) Argument: Wortlaut: „kann Anpassung verlangen".
- Andere Ansicht: Das Gericht passt selbst an (MünchKomm-Roth, BGB, § 313 Rn 93).

Lösung:
Für die erste Ansicht spricht erstens der Wortlaut („kann … verlangen").
Zweitens soll § 313 BGB die Privatautonomie stärken, indem Verträge, die durch schwerwiegende Störungen beeinträchtigt werden, durch Verhandlungen angepasst werden können. Diese gebietet aber, dass diese Anpassung möglichst lange in der Hand der Parteien bleiben soll, sie gebietet somit den Verhandlungsversuch vor dem Eingriff in den Vertrag durch richterlichen Hoheitsakt.
Tipp für die Klausur: Spätestens in der gem. § 278 ZPO angeordneten Güteverhandlung vor der Antragsstellung im Zivilprozess sollen die Parteien einen Einigungsversuch unternommen haben. Gem. § 139 ZPO ergeht ein richterlicher Hinweis. Schreiben Sie in der Klausur: „Der unterlassene Einigungsversuch kann im Zivilprozess in der der Antragsstellung vorhergehenden Güteverhandlung nach richterlichem Hinweis unternommen werden."

2. Rücktrittsrecht des benachteiligten Teils und Rückabwicklung über §§ 313 III 1, 346 ff. BGB.

Zum Verhältnis der Vertragsanpassung zum Rücktritt: BGH NJW 2012, 373:

1. Der Anspruch der durch eine Störung der Geschäftsgrundlage benachteiligten Partei auf Vertragsanpassung verpflichtet die andere Partei, an der Anpassung mitzuwirken. Wird die Mitwirkung verweigert, kann die benachteiligte Partei auf Zustimmung zu der als angemessen erachteten Anpassung oder unmittelbar auf die Leistung klagen, die sich aus dieser Anpassung ergibt.
2. Die Verletzung der Verpflichtung, an der Anpassung des Vertrags mitzuwirken, kann Schadensersatzansprüche nach § 280 I BGB auslösen. Zu einem Rücktritt vom Vertrag berechtigt sie die benachteiligte Partei nur unter den Voraussetzungen des § 313 Absatz III 1 BGB. Das Rücktrittsrecht besteht grundsätzlich nicht schon dann, wenn der Begünstigte die Mitwirkung trotz berechtigter Aufforderung verweigert. Auszulegen ist aber das Prozessverhalten, aus dem sich ausnahmsweise ein Einverständnis zur Rückabwicklung ergeben kann.

3) Bei Dauerschuldverhältnissen tritt an die Stelle des Rücktrittsrechts ein Kündigungsrecht mit Wirkung ex nunc (§ 313 III 2 BGB).

Auswirkung des grundlegenden Urteils zur NELG: BGH, NJW 2008, 3277:

1. Als Vertrag zwischen den Partnern der NELG kommt ein „familienrechtlicher Kooperationsvertrag sui generis" in Betracht. Es liegt kein Verstoß gegen Art. 6 GG vor: Wer sich in einer NELG befindet, verzichtet nicht darauf, Konflikte nach festen gesetzlichen Regeln zu lösen. Auch das Vertrauen in den Fortbestand der NELG ist schutzwürdig.
2. Es darf wegen der Subsidiarität des § 313 BGB keine vorrangige vertragliche oder gesetzliche Ausgleichsnorm geben. Ein Ausgleichsanspruch aus § 313 BGB ist daher nur möglich, wenn mangels gemeinsamem Vermögenswert Ausgleichsansprüche aus Gesellschaftsrecht oder mangels Zweckabrede aus condictio ob rem fehlen. (s.u. unter Bereicherungsrecht II. 812 I 2 2. Fall BGB).
3. Als Geschäftsgrundlage genügt die Erwartung an den Fortbestand der NELG desjenigen, der die gemeinschaftsbezogenen Zuwendungen erbracht hat, sofern der andere das erkannt hat.
4. Die wesentliche Störung wird einerseits in der wirtschaftlichen Erheblichkeit der gemeinschaftsbezogenen Zuwendung und andererseits darin gesehen, dass es mangels Schaffens eines gemeinschaftlichen Vermögenswertes nicht zu gesellschaftsrechtlichen Zusammenschlüssen gekommen ist. Wirtschaftlich erheblich sind nur Zuwendungen, die über das hinausgehen, was für das tägliche Zusammenleben erforderlich ist. Arbeitsleistungen sind ausgenommen, weil es an Übertragung von Vermögenssubstanz fehlt. Ausnahmsweise kann bei besonderer Erheblichkeit der Arbeitsleistung gefordert werden, am gemeinsam Erarbeiteten beteiligt zu werden.
5. Die Störung fällt nicht allein in den Risikobereich des Zuwendenden, wenn ein partiarisches Interesse besteht.

G. AGB-Prüfung

I. Vorliegen von AGB gem. § 305 I 1 BGB

1. Vorformulierte Vertragsbedingungen.
2. Für eine Vielzahl von Verträgen vorformuliert.
3. Vom Verwender gestellt (beachte § 310 III BGB).

II. Einbeziehung der AGB in den Vertrag

1. Einhaltung des § 305 II BGB
   - Kein § 310 I BGB
   - Ausdrücklicher Hinweis auf die AGB und
   - Zumutbare Kenntnisnahmemöglichkeit bei Vertragsschluss
   - Einverständnis des Gegners
2. Keine überraschende Klausel gem. § 305c BGB
3. Keine vorrangige Individualabrede gem. § 305b BGB
4. Ebenfalls zur Inhaltskontrolle kommt man über § 310 III BGB

Zum Merkmal „für eine Vielzahl von Verträgen vorformuliert": OLG Oldenburg Urteil vom 27.05.11, Az.: 6 U 14/11, Fundstelle becklink 1015108:

Bei Kaufvertragsklauseln, die ein Privater aus dem Internet herunter lädt, handelt es sich um AGB, auch wenn das Formular nur einmal verwendet werden soll. Es reicht, wenn die Vertragsbedingungen von einem Dritten für mehrfache Verwendung vorformuliert sind.

BGH, Urteil vom 17.02.2010 – VIII ZR 67/09:
Benutzt eine Vertragspartei die von einem Dritten für eine mehrfache Verwendung formulierten Bedingungen, ist nicht erforderlich, dass die Partei selbst eine mehrfache Verwendung plant.

Zum Stellen von AGB: BGH VIII ZR 67/09 in RA 2010, 231ff:

1. Ein Stellen von Vertragsbedingungen liegt nicht vor, wenn die Einbeziehung vorformulierter Vertragsbedingungen in einen Vertrag auf einer freien Entscheidung desjenigen beruht, der vom anderen Vertragsteil mit dem Verwendungsvorschlag konfrontiert wird. Dies erfordert, dass er in der Auswahl der in Betracht kommenden Vertragstexte frei ist und insbesondere Gelegenheit erhält, alternativ eigene Textvorschläge mit der effektiven Möglichkeit ihrer Durchsetzung in die Verhandlungen einzubringen.
2. Sind Vertragsbedingungen bei einvernehmlicher Verwendung eines bestimmten Formulartextes nicht im Sinne von § 305 I 1 BGB gestellt, finden die §§ 305 ff. BGB auf die Vertragsbeziehung keine Anwendung

III. Wirksamkeit der AGB

1. Eröffnung der Inhaltskontrolle gem. § 307 III BGB
   a) § 475 I, II BGB verdrängen die AGB-Kontrolle, beachte aber § 475 III BGB beim Ausschluss von Schadensersatz
   b) Auslegung des Inhaltes der Klausel
   c) Bestimmung der Abweichung vom dispositiven Recht

2. Klauselverbote
   a) § 309 BGB

   Problem: § 309 Nr. 7 und Nr. 8 BGB (s.u. im Kaufrecht):

b) § 308 BGB
c) § 307 BGB

Problem: Schönheitsreparaturen (s.u.):

3. Andere Klauselverbote: §§ 134, 138, 242, 276 III, 312i a.F., 312k n.F., 444, 487, 511, 536 IV, 536d, 573c IV, 639 BGB

Ausschluss der Haftung nach VSD-Regeln durch AGB – OLG Hamm RA 2013, 349:

Der Verkäufer (V) eines Pferdes hatte einen Tierarzt (T) mit einer Ankaufsuntersuchung per Werkvertrag beauftragt. Per AGB vereinbarten V und T, dass Dritte nicht in den Vertrag einbezogen werden sollten. Der Tierarzt erstellte das Gutachten mangelhaft. Das mangelhafte Gutachten wurde dem Käufer (K) des Pferdes vor dem Vertragsschluss vorgelegt. Aufgrund des Mangels übersah K einen Tiermangel, der Folgekosten verursachte. K verlangte von T Schadensersatz aus §§ 634 Nr. 4, 280 I BGB in Verbindung mit den Grundsätzen des VSD.
Das Gericht wies die Klage ab.
Es beurteilte es den Ausschluss der Grundsätze des VSD durch AGB für zulässig:
„Ob und welche Dritte sie in den Schutzbereich des von ihnen geschlossenen Vertrages einbeziehen, unterliegt im Rahmen der Vertragsfreiheit grundsätzlich der freien Disposition der Vertragsschließenden. Dies schränkt nicht die Kardinalpflicht zur Erstellung eines richtigen Gutachtens ein. Ferner hat der Werkunternehmer ein schutzwürdiges Interesse an der Beschränkung der Haftung für Dritte."

IV. Rechtsfolgen bei fehlender Einbeziehung oder Unwirksamkeit gem. § 306 BGB

Schuldrecht AT

A. Voraussetzungen des Annahmeverzugs gem. §§ 293 ff. BGB

I. Erfüllbarer Anspruch des Gläubigers nach § 293 BGB

Definition: **Erfüllbarkeit** ist der Zeitpunkt, an dem der Schuldner leisten darf.

II. Ordnungsgemäßes Angebot des Schuldners nach § 294 ff. BGB

1. Nichtannahme der gem. **§ 294 BGB** tatsächlich angebotenen Leistung (am Leistungsort gem. § 269 BGB, zur Leistungszeit gem. § 271 BGB, im richtigen Umfang gem. 266 BGB und in der richtigen Art und Weise, sodass der Gläubiger nur zugreifen muss).
2. Wörtliches Angebot genügt gem. **§ 295 BGB**, wenn der Gläubiger die Annahme verweigert oder seine Mitwirkungshandlung unterlassen hat.
3. Die Angebotshandlung des § 294 BGB oder das wörtliche Angebot des § 295 BGB sind **gem. § 296 BGB** entbehrlich, wenn der Gläubiger bei kalendarischer Bestimmung der Leistungszeit seine gebotene Annahmehandlung nicht rechtzeitig vorgenommen hat (beachte aber §§ 297, 299 BGB).

III. Leistungsvermögen des Schuldners nach § 297 BGB

IV. Nichtannahme der Leistung durch den Gläubiger nach § 293 BGB bzw. § 298 BGB

V. Keine vorübergehende Annahmeverhinderung nach § 299 BGB

VI. Wichtigste Rechtsfolgen des Annahmeverzuges:

- Beendigung des Schuldnerverzuges
- Übergang der Leistungsgefahr gem. § 300 II BGB
- Übergang der Gegenleistungsgefahr gem. § 326 II 1 2. Fall BGB und gem. § 615 BGB
- Übergang der Sachgefahr gem. §§ 446 S.3, 644 I S.2 BGB
- Haftungsprivilegierung gem. § 300 I BGB
- Anspruch auf Ersatz der Mehraufwendungen § 304 BGB

Zum Angebot in der richtigen Art und Weise im Sinne des § 294 BGB: BGH NJW 2012, 1717:
Der Schuldner hatte die Zahlung „unter Vorbehalt der Rückzahlung" angeboten, der Gläubiger dies abgelehnt.
Grundsätzlich gilt: Der Gläubiger muss die Leistung annehmen, dies gilt insbesondere, wenn er dem Schuldner die Vollstreckung aus einem Vollstreckungstitel androht. Denn der Schuldner hat in der Regel schutzwürdige Interessen an der Zahlung unter Vorbehalt. Er will damit § 814 BGB ausschließen und ein Anerkenntnis gem. § 212 I Nr. 1 BGB vermeiden. (**Wichtig für die Studierenden!**)

Ausnahmsweise darf der Gläubiger die Leistung ablehnen, wenn er selbst schutzwürdige Interessen hat und wenn er keine schutzwürdigen Interessen des Schuldners verletzt. Dies war nach Ansicht des BGH hier der Fall, weil der Gläubiger erklärt hatte, bis zur Entscheidung über die Nichtzulassungsbeschwerde aus dem Berufungsurteil nicht vollstrecken zu wollen und der Schuldner die Vollstreckungsabwehrklage gem. § 767 I ZPO eingelegt hatte und ausdrücklich „nicht zur Erfüllung, sondern nur zur Abwendung der Vollstreckung" zahlen wollte (bei Erfüllung hätte der Gläubiger den Rechtsstreit für erledigt erklärt und der Schuldner die Kosten auferlegt bekommen). **(Relevant für das Assessorexamen)**

B. Ansprüche, Rechte und Rechtsfolgen wegen Unmöglichkeit im Überblick

- Ausschluss des Anspruchs auf Primärleistung gem. § 275 BGB
  - Wegen echter Unmöglichkeit gem. § 275 I BGB
  - Nach Erhebung der rechtsvernichtenden Einrede aus § 275 II BGB oder § 275 III BGB
  - Wegen echter, anfänglicher Unmöglichkeit §§ 311a I, 275 I BGB
- Ausschluss des Anspruchs auf die Gegenleistung beim gegenseitigen Vertrag gem. § 326 I BGB
- Anspruch auf Schadensersatz statt der Leistung gem. §§ 280 I, III, 283 BGB
- Anspruch auf Schadensersatz statt der Leistung gem. § 311a II 1 1. Fall BGB
- Anspruch auf Aufwendungsersatz gem. § 284 BGB
- Anspruch auf Aufwendungsersatz gem. §§ 311a II 1 2. Fall, 284 BGB
- Anspruch auf Herausgabe des stellvertretenden commodums gem. § 285 BGB
- Rücktrittsrecht gem. §§ 326 V, 323 I BGB
- Rechtsfolgenverweis auf § 346 ff. BGB gem. § 326 IV BGB

C. Ansprüche bei Unmöglichkeit der Leistung am Beispiel des Kaufrechts

I. Anspruch des K gegen V auf Übereignung der Kaufsache aus § 433 I BGB

1. Wirksamer Kaufvertrag
2. Erlöschen des Anspruchs gem. § 275 I BGB wegen Unmöglichkeit

Definition: **Unmöglichkeit** ist die dauerhafte Nichterbringbarkeit des Leistungserfolges.

Dies setzt voraus, dass sich die Leistungspflicht des Schuldners auf die untergegangene Leistung beschränkt hat. Dies ist der Fall, wenn

a) eine Stückschuld geschuldet wurde

Definition: Eine **Stückschuld** ist gegeben, wenn der Leistungsgegenstand so hinreichend individualisiert ist, dass der Schuldner keine Auswahlmöglichkeit hat.

Im Gegensatz zur Stückschuld besteht eine **Gattungsschuld** gem. § 243 I BGB, wenn der Leistungsgegenstand durch den konsensualen Parteiwillen nach allgemeinen Merkmalen definiert wurde, die dem Schuldner die Auswahl lassen. (Beachte: Es gilt der subjektive Gattungsbegriff. Die Parteien legen die Gattung durch konsensualen Parteiwillen fest.)

b) oder sich die Gattungsschuld gem. § 243 II BGB zur Stückschuld konkretisiert hat. (Konkretisierung gem. § 243 II BGB, je nachdem, ob Holschuld, Schickschuld (§ 269 III BGB) oder Bringschuld)

c) oder die Leistungsgefahr gem. § 300 II BGB auf den Gläubiger übergegangen ist,

d) oder die ganze Gattung untergegangen ist,

e) oder im Falle einer Vorratsschuld der Vorrat untergegangen ist.

Definition: Eine **Vorratsschuld** ergibt sich aus Vertragsauslegung, wenn der Schuldner seine Pflicht auf den eigenen Vorrat begrenzt hat.

f) Unmöglichkeit gem. § 275 I BGB (echte Unmöglichkeit)

aa) Objektiv gegeben, wenn niemand den Leistungserfolg bewirken kann.

aaa) Aus tatsächlichen Gründen wegen Zerstörung, Verstoß gegen Naturgesetze und Zeitablauf

Problem: Abgrenzung absolutes ↔ relatives Fixgeschäft (§ 323 II Nr.2 BGB), Fixhandelskauf (§ 376 HGB)

Ein absolutes Fixgeschäft liegt vor, wenn der Inhalt der Leistungspflicht so eng mit dem Leistungszeitpunkt verknüpft ist, dass die Leistung nach Verstreichen des Leistungszeitpunktes nicht mehr nachholbar ist. Dies ist der Fall, wenn die Leistungserbringung danach ihren Sinn verliert (Hochzeitstorte, Beerdigungskapelle) oder bei Dauerschuldverhältnissen, bei denen die Leistungserbringung periodisch an einen Zeitpunkt geknüpft ist (Arbeitsverhältnis, Mietvertrag).

Problem: Zweckstörungen

Zweckerreichung und Zweckfortfall führen zur Unmöglichkeit, Zweckvereitelung ist keine Unmöglichkeit, sondern wird über § 313 BGB gelöst.

bbb) Objektive rechtliche Unmöglichkeit
- bei Verstoß gegen den sachenrechtlichen Typenzwang
- nach Vertragsschluss ein Exportverbot verhängt wird.

bb) Subjektive Unmöglichkeit ist gegeben, wenn nur der Schuldner nicht erfüllen kann

Problem: Abgrenzung zwischen Unmöglichkeit und Rechtsmangel

Zum Verkauf einer gestohlenen Sache: BGH NJW 2007, 3777:
Wenn der Verkäufer einer gestohlenen Sache dem Käufer wegen § 935 BGB das Eigentum nicht verschaffen kann, stellt dies eine Nichtleistung und keinen **Rechtsmangel** dar. Die Pflicht zur Übereignung ergibt sich schon aus § 433 I 1 BGB, nicht erst aus § 433 I 2 BGB. Die Nichterfüllung der Hauptleistungspflicht stellt nicht zugleich einen Rechtsmangel dar.

Problem: Wertungswiderspruch

Der nicht erfolgreiche Erwerber haftet aus § 985 BGB dem Eigentümer gem. § 197 BGB 30 Jahre auf Herausgabe. Sein Anspruch aus § 311a BGB verjährt gegenüber dem Verkäufer gem. §§ 195, 199 I BGB bereits nach drei Jahren (Peter Huber, Besonderes Schuldrecht 1, Rn 67): Der Wertungswiderspruch im Verjährungsrecht lässt sich mit der analogen Anwendung des § 438 I Nr.1a BGB lösen.

3. Rechtsvernichtende Einrede

a) nach § 275 II BGB

(1) **Problem**: Einrede:

(h.M.): Die Einrede muss erhoben worden sein („kann verweigern“).

(2) Voraussetzungen des § 275 II BGB

Problem: Abgrenzung zu § 313 BGB bei nachträglicher, übermäßiger Leistungserschwerung („Wirtschaftliche Unmöglichkeit“)

Bei § 275 II BGB gerät im Unterschied zu § 313 I BGB der Leistungsaufwand des Schuldners grob außer Verhältnis zum Gläubigerinteresse (z.B.“Tiefgaragen-Fall“: BGH, NJW 2005, S. 3284).

b) nach § 275 III BGB (Persönliche Unzumutbarkeit)

Nach Erhebung der Einrede gem. § 275 II BGB oder § 275 III BGB ist (abzuleiten aus § 275 IV BGB) der Anspruch aus § 433 I BGB ausgeschlossen. Deshalb handelt es sich um rechtsvernichtende Einreden.

II. Anspruch des K gegen V auf Zahlung von SE statt der Leistung bei nachträglicher Unmöglichkeit gem. §§ 280 I, III, 283 BGB

1. Schuldverhältnis: z.B. hier: Wirksamer Kaufvertrag
2. Pflichtverletzung im Sinne des § 283 BGB: Unmöglichkeit gem. § 275 I BGB oder gem. § 275 II oder III BGB, wenn der Schuldner sich auf die Einrede berufen hat
3. Vertretenmüssen des Schuldners gem. §§ 276, 278 BGB
   a) Eigenes Verschulden des Schuldners gem. § 276 BGB
   b) Haftungsprivilegierung nach § 300 I BGB, sofern die Voraussetzungen des Gläubigerverzuges vorliegen
   c) Haftungsverschärfung gem. § 287 BGB
   d) Zurechnung des fremden Verschulden des Erfüllungsgehilfen gem. § 278 BGB

Definition: **Erfüllungsgehilfe** im Sinne des § 278 BGB ist jede Person, die mit Wissen und Wollen des Schuldners in dessen Pflichtenkreis tätig wird.

4. Nachträgliche Unmöglichkeit i.S.d. § 275 BGB
5. Rechtsfolge: Schadensersatz statt der Leistung im Sinne des § 283 BGB = Jede unfreiwillige Vermögenseinbuße im Sinne der § 249 ff. BGB, die zum positiven Interesse gehört (Ersatz sämtlicher entstandener Schäden wie auch des entgangenen Gewinns).

   Problem: Rentabilitätsvermutung / Amortisationvermutung

   Wenn der Gläubiger keinen Schaden erlitten, aber frustrierte Aufwendungen getätigt hat, kann er diese als Schaden geltend machen, wenn die Aufwendungen erwerbsbezogene Investitionen für kommerzielle Zwecke darstellten und aus dem nicht erhaltenen Gegenstand ein Gewinn hätte erzielt werden können, der die Anfangsinvestition gedeckt hätte.

Grundlegende Entscheidungen zur Rentabilitätsrechtssprechung, BGH NJW 1999, 2269 („Hotel-Fall“, Rentabilitätsvermutung bejaht):

V verkauft K ein mit einem Hotel bebautes Grundstück für 1 Mio. Euro, Wert 1 Mio. Euro. Die Vertragsnebenkosten (Makler, Beurkundung usw.) betragen 100.000,- Euro. Vor der Erfüllung des Vertrages brennt das Hotel ab.

BGH NJW 1992, 2564 („Disco-Klimaanlage-Fall“, Rentabilitätsvermutung verneint):
V verkauft K ein mit einer Disco bebautes Grundstück für 1 Mio. Euro, Wert 1 Mio. Euro. Bei X kauft K für 100.000,- Euro eine Klimaanlage. Vor der Erfüllung des Vertrages brennt die Disco ab.

III. Anspruch des K gegen V auf Zahlung von SE statt der Leistung bei anfänglicher Unmöglichkeit aus § 311a II BGB

1. Vertrag, der auf eine Leistung gerichtet ist, die schon bei Vertragsschluss nicht erbracht werden kann, z.B.: Wirksamer Kaufvertrag gem. §§ 311a I, 433 BGB
2. Fall der anfänglichen Unmöglichkeit.
3. Kein Ausschluss gem. § 311a II 2 BGB
4. Rechtsfolge: Schadensersatz statt der Leistung (wie bei § 283 BGB)

IV. Anspruch des K gegen V bei Unmöglichkeit auf Zahlung von Aufwendungsersatz gem. §§ 284, 311a II BGB alternativ zum Anspruch auf SE statt der Leistung

1. Anspruchsbegründende Voraussetzungen von § 311a II BGB
2. Tätigung von Aufwendungen im Vertrauen auf den Erhalt der Leistung

Definition: **Aufwendungen** sind alle freiwilligen Vermögensopfer.

3. Billigkeit der Aufwendungen

Problem: Luxusaufwendungen

e.A.: Sie sind zu ersetzen (Oechsler, Vertragliche Schuldverhältnisse, Rn 258).
a.A.: Sie sind nur bis zur Billigkeitsgrenze zu ersetzen (Soltner, Schuldrecht AT, Rn 189).

4. Nutzlosigkeit der Aufwendungen
5. Kein Ausschluss (Zweckverfehlung auch ohne Pflichtverletzung)
6. Ausübung des Wahlrechtes
7. Einwand des Mitverschuldens analog § 254 BGB

V. Anspruch des K gegen V gem. § 284 BGB

1. Anwendbarkeit bei kommerziellen Aufwendungen (siehe grundlegende Entscheidung unten)
2. Anspruchsbegründende Voraussetzungen eines Anspruchs auf Schadensersatz statt der Leistung
3. Tätigung von Aufwendungen im Vertrauen auf den Erhalt der Leistung
4. Billigkeit der Aufwendungen

   Problem: Luxusaufwendungen (s.o. IV, Nr.3)
5. Nutzlosigkeit der Aufwendung
6. Kausalität zwischen Nutzlosigkeit und schuldhafter Pflichtverletzung
7. Kein Ausschluss wegen anderweitiger Zweckverfehlung
8. Einwand des Mitverschuldens analog § 254 BGB

Grundlegende Entscheidung des BGH zur Anwendbarkeit des § 284 BGB bei kommerziellen Aufwendungen, zum Verhältnis zum Rücktritt und zu § 347 II BGB

Ersatzansprüche bei Rückabwicklung eines Kfz-Kaufvertrags: BGH NJW 2005, 2848 ff. = RA 2005, 598

1. Der Käufer einer mangelhaften Sache hat auch dann gem. § 284 BGB Anspruch auf Ersatz vergeblicher Aufwendungen, wenn er wegen des Mangels vom Kaufvertrag zurücktritt. Der Anspruch ist **nicht** gem. § 347 II BGB auf den Ersatz notwendiger Verwendungen oder solcher Aufwendungen **beschränkt**, durch die der Verkäufer bereichert wird.
2. § 284 BGB erfasst auch Aufwendungen für **kommerzielle Zwecke**.
3. Aufwendungen des Käufers auf eine gekaufte Sache, die sich später als mangelhaft erweist, sind in der Regel vergeblich, wenn der Käufer die Kaufsache wegen ihrer Mangelhaftigkeit zurückgibt oder sie jedenfalls nicht bestimmungsgemäß nutzen kann und deshalb auch die Aufwendungen nutzlos sind.
4. Kosten, die dem Käufer eines Kraftfahrzeugs für dessen Überführung und Zulassung entstehen, sind Aufwendungen im Sinne des § 284 BGB. Wird der Kauf wegen Mangelhaftigkeit des Fahrzeugs rückabgewickelt, nachdem der Käufer das Fahrzeug zeitweise genutzt hat, so mindert sich der Anspruch auf Ersatz auch dieser Aufwendungen entsprechend der Nutzungsdauer oder der Laufleistung des Fahrzeugs.

VI. Anspruch des Käufers auf Abtretung eines Ersatzanspruches (stellvertretendes commodum) gem. § 285 BGB

1. Schuldverhältnis
2. Unmöglichkeit der Schuldnerleistung (§ 275 I – III BGB)
3. Ersatzanspruch des Schuldners gegen den Schädiger / die Versicherung

   a) Anspruchsvoraussetzungen

   b) Art und Umfang des Schadensersatzes: Eigener Schaden des Gläubigers muss vorliegen.

Problem: Drittschadensliquidation

Wenn die Differenzschadenmethode fehlschlägt, weil der Gläubiger aufgrund des Umstandes, der die Unmöglichkeit eintreten ließ, einen Ausgleich erhalten hat (z.B. Befreiung von einer Verbindlichkeit) kann eine normative Schadensüberlegung greifen. Der Gläubiger kann den fremden Schaden des Dritten im eigenen Namen beim Gläubiger geltend machen, wenn die Voraussetzungen der Drittschadensliquidation greifen.

Prüfungsschema Drittschadensliquidation

(1) Eigener Schaden, nach Differenz Schadenmethode (-), z.B. etwa wegen Übergang der Preisgefahr, § 447 BGB oder fehlendem Gefahrübergang gem. § 644 BGB oder wegen § 2174 BGB

(2) Geltendmachung des Schadens des Käufers nach den Grundsätzen zur Drittschadensliquidation im eigenen Namen

(i) Auseinanderfallen von Schaden und Anspruch (Anspruch des V ohne Schaden und Schaden des K ohne vertraglichen Anspruch)

Problem: Anspruch gegen den Transportunternehmer aus § 421 I 2 HGB

§ 421 I 2 HGB stellt einen gesetzlichen Fall der Drittschadensliquidation dar, der das Institut der Drittschadensliquidation grundsätzlich überflüssig macht.

(ii) Fallgruppe der zufälligen Schadensverlagerung (obligatorische Entlastung; mittelbare Stellvertretung, Obhuts-/Verwahrungsfälle, vertragliche DSL)

3) Folge: Der Gläubiger kann den Schaden des Dritten im eigenen Namen geltend machen (Der Schaden wird zur Anspruchsgrundlage gezogen).

D. Ansprüche bei Unmöglichkeit der Leistung

Am Beispiel des Kaufrechts, Ansprüche des Verkäufers,
Anspruch des Verkäufers aus § 433 II BGB und die Einwendung des § 326 I BGB

I. Anspruch entstanden

II. Kein Untergang nach § 326 I 1 BGB

1. Gegenseitiger Vertrag
2. Freiwerden des Schuldners von der synallagmatischen Hauptleistungspflicht gem. § 275 BGB

III. Anspruchserhaltende Sonderregelung durch vertragliche Abrede:

Zur Unmöglichkeit bei „magischer Lebensberatung": BGH BeckRS 2011, 02260 hebt OLG Stuttgart BeckRS 2010, 13190 auf:

Objektiv unmöglich ist eine Leistung, wenn sie nach den Naturgesetzen oder nach dem Stand der Wissenschaft und Technik nicht erbracht werden kann. Dies ist der Fall, wenn sich eine Partei verpflichtet, Lebensumstände anderer Menschen durch Einsatz magischer Kräfte zu beeinflussen.

Daraus folgt aber nicht zwingend der Wegfall des Gegenleistungsanspruchs gem. § 326 I BGB (anders das OLG). In Anerkennung der Selbstverantwortung der Parteien entspricht es dem Grundsatz der Privatautonomie, dass sich eine Partei Leistungen „erkaufen" darf, deren Grundlagen und Wirkungen nach Erkenntnissen der Wissenschaft und Technik nicht erweislich sind – so der BGH.

Allerdings kann ein solcher Vertrag wegen Sittenwidrigkeit gem. § 138 I BGB nichtig sein, wenn der Magier ausgenutzt hat, dass sich der Dienstberechtigte aufgrund schwieriger Lebensumstände in psychisch labiler Lage befunden hat. Daran sind keine hohen Anforderungen zu stellen.

IV. Anspruchserhaltende Sonderregelung des § 326 II 1 1. Fall BGB

1. Vom Gläubiger überwiegend zu vertretende Unmöglichkeit (90 %)
2. Verantwortlichkeit des Gläubigers K
3. Weit überwiegend (90 %)

V. Anspruchserhaltende Sonderregelung des Annahmeverzuges gem. § 326 II 1 2.Fall BGB

1. Annahmeverzug gem. §§ 293 ff. BGB
2. Nicht überwiegend vom Schuldner zu vertretender Umstand der Unmöglichkeit
   a) Normaler Haftungsmaßstab
   b) Haftungsprivilegierung nach § 300 I BGB

VI. Bestehenbleiben des Anspruchs gem. § 326 III BGB

VII. Bestehenbleiben des Anspruchs wegen Übergangs der Preisgefahr nach § 447 BGB

1. Versendung an anderen Ort als Erfüllungsort
2. Auf „Verlangen" des Gläubigers (sein konkludentes Einverständnis genügt)
3 Realisierung einer typischen Transportgefahr
4. Kein Ausschluss nach § 474 II S. 2 BGB a.F., § 474 IV BGB n.F. (Verbrauchsgüterkauf)

VIII. Bestehenbleiben des Anspruchs wegen Übergangs der Preisgefahr gem. § 644 im Werkvertragsrecht oder bei Diensten nach § 615 BGB

IX. **Problem**: Beiderseits zu vertretende Unmöglichkeit

Lösung 1: Anspruch erlischt gemäß § 326 I 1 BGB. Der Schuldner (Verkäufer) muss stattdessen gegen den Gläubiger (Käufer) aus § 280 I, 241 II BGB vorgehen, Pflichtverletzung soll die Herbeiführung des Erlöschens gemäß § 326 I BGB sein, Schaden der Wegfall des Erfüllungsanspruchs; der Anspruch mindert sich aber gemäß § 254 BGB.

Lösung 2: Analog § 326 II BGB bleibt der Anspruch bestehen, mindert sich aber um den nach der Surrogationstheorie errechneten und um den Mitverschuldensanteil des Gläubigers (Käufers) gekürzten Schaden (Wert der Sache usw.).

Lösung 3: Der Primäranspruch geht gemäß § 326 I BGB in der Höhe des Mitverschuldens analog § 254 BGB unter.

X. Durchsetzbarkeit des Anspruchs gem. § 320 BGB i.V.m. § 285 I BGB i.V.m. den Grundsätzen der Drittschadensliquidation.

E. Ansprüche und Rechte bei Schuldnerverzug (Spät- oder sonstiger Nichtleistung)

Überblick über die Rechtsfolgen:

- Untergang des Primäranspruchs auf Leistung
  - Gem. § 281 IV BGB nach Verlangen des Schadensersatzes statt der Leistung
  - Analog § 281 IV BGB nach Verlangen des Aufwendungsersatzes statt der Leistung
  - Gem. §§ 346, 349 BGB nach Rücktritt vom Vertrag
- Verschärfte Haftung gem. §§ 286, 287 BGB
- Anspruch auf Verzinsung gem. §§ 286, 288 BGB
- Anspruch auf Zahlung einer Pauschale gem. §§ 286, 288 V BGB
- Ersatz des Verzögerungsschadens gem. §§ 280 I, II, 286 BGB
- Anspruch auf Ersatz des Verzugsfolgeschadens gem. §§ 280 I, II, 286, 288 IV BGB
- Anspruch auf Schadensersatz statt der Leistung gem. §§ 280 I, III, 281 I 1 1. Fall BGB
- Anspruch auf Aufwendungsersatz gem. § 284 BGB
- Anspruch auf Schadensersatz wegen Nichterfüllung gem. § 376 HGB
- Spezieller Anspruch auf Schadensersatz wegen Verzugs mit der Mangelbeseitigung gem. § 536a I 3. Fall BGB
- Spezieller Anspruch auf Aufwendungsersatz gem. § 536a II BGB
- Recht auf Rücktritt
  - Gem. § 323 I 1. Fall BGB
  - Gem. § 376 HGB
  - Gem. §§ 508 II, 498 BGB
- Recht zur Kündigung
  - Gem. § 314 II BGB
  - Gem. § 498 BGB
  - Gem. § 543 II Nr. 3 BGB

Anspruch des M gegen P auf Schadensersatz aus §§ 280 I, III, 281 I 1 1.Fall BGB

I. Schuldverhältnis

II. Pflichtverletzung im Sinne des § 281 I 1 1. Fall BGB

1. Noch mögliche, fällige und durchsetzbare leistungsbezogene Pflicht

Problem: Abgrenzung leistungsbezogene Pflichten ↔ sonstige Pflichten i.S.v. § 241 II BGB

§ 281 BGB ist nur auf leistungsbezogene Pflichten anwendbar.

Problem: Einreden gegen die Durchsetzbarkeit (s.u., Ersatz des Verzögerungsschadens)

2. Leistungsaufforderung mit angemessener Fristsetzung

a) Fristsetzung

Zu Anforderungen an die Fristsetzung, BGH RA 2009, 647:

Für eine Fristsetzung gem. § 281 I BGB genügt es, wenn der Gläubiger durch das Verlangen nach sofortiger, unverzüglicher oder umgehender Leistung oder vergleichbare Formulierungen deutlich macht, dass dem Schuldner für die Erfüllung nur ein begrenzter (bestimmbarer) Zeitraum zur Verfügung steht; der Angabe eines bestimmten Zeitraums oder eines bestimmten (End-)Termins bedarf es nicht.

b) Oder Entbehrlichkeit der Fristsetzung nach Verweigerung des Schuldners § 281 II 1. Fall BGB oder Abwägung der beiderseitigen Interessen gem. § 281 II 2. Fall BGB

(1) Besondere Umstände
(2) Interesse des Schuldners an der Erfüllung
(3) Interesse des Gläubigers an der Erfüllung
(4) Abwägung der beiden Interessen

III. Vertretenmüssen des Schuldners §§ 276, 278 BGB

Der Schuldner hat die Pflichtverletzung zu vertreten, wenn er bis zum Ablauf der Frist schuldhaft nicht erfüllt hat (Palandt-Grüneberg, BGB, § 281 BGB Rn. 16)

IV. Rechtsfolge

1. Schadensersatzverlangen gemäß § 281 IV BGB
Es handelt sich um eine einseitige empfangsbedürftige Erklärung. Weil sie ähnlich einem Gestaltungsrecht den Anspruch untergehen lässt, muss sie eindeutig formuliert sein (Palandt-Grüneberg, BGB, § 281 BGB Rn. 50). Ohne Ausspruch des Verlangens bleibt der Erfüllungsanspruch grundsätzlich bestehen.

Problem: Keine Selbstbindung bei erneutem Leistungsverlangen analog §§ 262, 263 BGB

Keine Selbstbindung des Gläubigers analog §§ 262, 263 BGB, wenn er nach Fristablauf erneut die Leistung verlangt, denn es besteht keine Wahlschuld, sondern elektive Konkurrenz zwischen der Leistung und dem Schadensersatzanspruch statt der Leistung (Herausforderungslage). Bei Wahlschuld besteht ein Anspruch mit zwei Erfüllungsmöglichkeiten. Hier stehen zwei unterschiedliche Ansprüche nebeneinander. Der Gläubiger muss aber die Interessen des Schuldners gem. § 242 BGB beachten (Grundlegende Entscheidung: BGH NJW 2006, 1098 ff).

2. Schadensersatz statt der Leistung im Sinne des § 281 I 1 1.Fall BGB:

- Jede unfreiwillige Vermögenseinbuße im Sinne der § 249 ff. BGB,
  - die zum positiven Interesse gehört und
  - adäquat kausal auf der endgültigen Nichtleistung beruht,
  - ohne Verzögerungsschaden zu sein.

Problem: Abgrenzung zum Verzögerungsschaden

Die obige Definition entspricht beim letzten Punkt der h.L.
Die Rechtsprechung hatte vor dem SMG dem Gläubiger das gesamte positive Interesse als „Verzugsschaden" gewährt. Der Gläubiger durfte den Verzögerungsschaden im Schadensersatz wegen Nichterfüllung als Posten geltend machen.

Die neue Struktur des § 280 BGB, der zwischen Schaden neben und statt der Leistung unterscheidet, spricht dagegen. Eine neue Entscheidung des BGH fehlt bislang. Vergleiche aber unten die Entscheidung BGH NJW 2009, 2674 zu §§ 437 Nr.3, 280 I, III, 281 I 1 2.Fall BGB.

Anspruch des Gläubigers gemäß §§ 280 I, II, 286 BGB auf Ersatz des Verzögerungsschaden

I. Schuldverhältnis

II. Pflichtverletzung gemäß § 286 BGB durch Schuldnerverzug

1. Fälliger und durchsetzbarer Anspruch auf Leistung
   - Anspruch auf Leistung entstanden
   - Anspruch auf Leistung nicht erloschen
   - Fälligkeit des Anspruchs auf Leistung
   - Durchsetzbarkeit des Anspruchs auf Leistung
     - Sie fehlt bei § 320 BGB auch ohne ausdrückliche Erhebung der Einrede. Der Gläubiger kann die Einrede des § 320 BGB beseitigen, indem er die ihm obliegende Leistung in Annahmeverzug begründender Weise anbietet.
     - Sie muss bei § 273 I BGB wegen § 273 III BGB ausdrücklich erhoben werden, um den Verzug zu beenden. Die Verzugsfolgen entfallen ex nunc.
     - Sie muss bei Verjährung gem. § 214 BGB spätestens im Prozess erhoben werden. Nach Erhebung der Einrede entfallen die Verzugsfolgen ex tunc (rückwirkend bis zum Eintritt der Verjährung).
     - Beachte: Gesetzesänderung - neuer Paragraph § 271a BGB (gilt auch für §§ 281, 323 BGB)

2. Mahnung, soweit nicht entbehrlich

Definition: Eine **Mahnung** ist die ernstliche und dringliche Aufforderung des Gläubigers an den Schuldner zur Erbringung der Leistung.

- Formfreiheit
- Ernstlichkeit

  Problem: Mahnung kann in Reimform erklärt werden

  Auch eine Mahnung in Versen begründet Verzug; der Gläubiger muss nur deutliche genug darin dem Schuldner sagen, dass Ausbleiben der Leistung werde Folgen haben (LG Frankfurt NJW 1982, 650).
- Bestimmtheit

  Problem: Unbestimmte Mahnung durch Zuvielforderung?

  Wenn Auslegung möglich, Mahnung mit der bestehenden Forderung wirksam.
  Sonst: Unbestimmte Mahnung.
- Zeitpunkt

  Die Mahnung vor Fälligkeit entfaltet keine Wirkung.
- Befristete Mahnung gem. §§ 163, 158 BGB: Nach Ablauf einer Leistungsfrist gilt der Schuldner als gemahnt.
- Entbehrlichkeit gem. § 286 II Nrn. 1 – 4 BGB

  Problem: § 286 II Nr. 4 BGB.

  Folgende Fälle sind typisch:
  - Selbstmahnung
  - Dringlichkeit ergibt sich aus Umständen (z.B. Rohrbruch)
  - SB-Tankstelle (s.u.)
- Entbehrlichkeit gem. § 286 III BGB

- Entbehrlichkeit gem. § 286 I 2 BGB

3. Nichtleistung trotz Fälligkeit und Mahnung
4. Vertretenmüssen §§ 286 IV, 280 I 2 BGB

III. Verzögerungsschaden:

- Unfreiwillige Vermögenseinbuße im Sinne der § 249 ff. BGB,
- die adäquat kausal auf der Verzögerung der Leistung beruht
- und auch bei späterer (oder hinzugedachter) Erfüllung nicht entfällt (entfiele).

Zur Abgrenzung vom Verzögerungsschaden zum Schadensersatz statt der Leistung beim Deckungskauf, BGH, RA 2013, 653 = NJW 2013, 2959:

Mehrkosten eines eigenen Deckungskaufs des Käufers sind nicht als Verzögerungsschaden nach §§ 280 I, II, 286 BGB ersatzfähig. Es handelt sich um einen an die Stelle der Leistung tretenden Schaden, den der Gläubiger nur unter den Voraussetzungen von §§ 280 I, III, 281 I 1 1. Fall BGB und somit nicht neben der Vertragserfüllung beanspruchen kann.

Entscheidungen zum Schuldnerverzug gem. § 286 BGB - Zur Fälligkeit bei § 286 BGB, BGH V ZR 139/06:

Der Schuldner gerät trotz seiner pflichtwidrigen endgültigen Leistungsverweigerung nicht in Schuldnerverzug, wenn der Anspruch des Gläubigers auf Leistung noch nicht fällig ist.

Zur Mahnung und ihrer Entbehrlichkeit, BGH RA 2007, 727 ff.:

Eine Rechnung, die lediglich eine einseitig vom Gläubiger festgesetzte Bestimmung des Zahlungsziels enthält, kann zahlungsunwillige Verbraucher nicht in Verzug setzen. Die einseitige Festsetzung der Leistungszeit durch den Gläubiger, die keine befristete Mahnung enthält, führt nicht schon zur Entbehrlichkeit der Mahnung. Ist der Schuldner Verbraucher, tritt der Verzug ohne die nach § 286 III 1 BGB erforderliche Belehrung auch nicht automatisch 30 Tage nach Fälligkeit und Zugang der Rechnung ein.

Zur deutschen Rechtsprechung zu §§ 269, 270 BGB: EuGH, NJW 08, 1935 (Telekom-Entscheidung):

Die deutschen Gerichte verstoßen bei der Auslegung der §§ 269, 270 BGB gegen Art. 3 der Richtlinie 2000/35, weil sie es genügen lassen, dass der Schuldner seiner Bank vor Ablauf der Zahlungsfrist den Überweisungsauftrag erteilt hat. Nach der RiL kommt es auf den Eingang des Geldes beim Gläubiger an.

<u>Lösung 1</u> (vorzugswürdige Lösung): Richtlinienkonforme, einschränkende Auslegung. Deshalb kommt es auf den Zahlungserfolg an. Erfolgt dieser zu spät, kann Verzug eintreten, auch wenn die Handlung rechtzeitig vorgenommen wurde.

<u>Lösung 2</u> (Faust, JuS 2009, 83): Das Problem kann nur durch den Gesetzgeber gelöst werden, da Richtlinien klar und transparent umgesetzt werden müssen, damit Betroffene über ihre Rechtslage Bescheid wissen.

Zum Schuldnerverzug beim Vertragsschluss an der Tankstelle: BGH BeckRS 2011, 14956:

Wer als Kunde an einer SB-Tankstelle Kraftstoff in den Tank füllt, schließt bereits zu diesem Zeitpunkt mit dem Tankstellenbetreiber oder dem Mineralölunternehmen über die entnommene Menge Kraftstoff.
Entrichtet er den Kaufpreis nicht, gerät er mit dem Verlassen des Tankstellengeländes ohne Mahnung in Verzug.
Die Mahnung ist gem. § 286 II Nr. 4 BGB entbehrlich. Das Tanken an der SB-Tankstelle ist ein anonymes Massengeschäft. Weil dem Tankstellenbetreiber weder Name noch Anschrift des Kunden bekannt sind, ist ihm eine Mahnung nicht möglich, wenn der Kunde das Tankstellengelände verlassen hat. Ein schutzwürdiges Interesse des Kunden an einer Mahnung besteht nicht, weil es ihm offensichtlich ist, dass er nach dem Tanken den Kaufpreis unverzüglich zu entrichten hat.

Rücktrittsrecht gem. § 323 I 1. Fall BGB wegen Nichtleistung:

I. Gegenseitiger Vertrag

Definition: Beim **gegenseitigen Vertrag** stehen die Hauptleistungspflichten im Synallagma.

II. Nicht erbrachte Leistung trotz Ablauf einer angemessenen Frist zur Leistung

1. Noch mögliche, fällige und durchsetzbare leistungsbezogene Pflicht

Problem: Abgrenzung leistungsbezogene Pflichten ↔ sonstige Pflichten i.S.v. § 241 II BGB

Beachte: Leistungspflichten sind klagbare Pflichten. Jede Leistungspflicht ist gemeint. Im Gegensatz zu § 326 I BGB muss sie nicht im Synallagma stehen.

2. Leistungsaufforderung mit angemessener Fristsetzung

a) Fristsetzung oder

b) Entbehrlichkeit der Fristsetzung gem. § 323 II BGB

Zur Fristsetzung vor Fälligkeit: BGH BeckRS 2012, 15274:

1. Ein Gläubiger kann nicht gemäß § 323 I BGB vom Vertrag zurücktreten, wenn er die Frist zur Leistung vor deren Fälligkeit gesetzt hat. Das gilt auch dann, wenn bereits vor Fälligkeit ernsthafte Zweifel an der Leistungsfähigkeit oder der Leistungswilligkeit des Schuldners bestehen.
   Argument: Dieser Fall wird allein von § 323 IV BGB erfasst.
2. Allein die Erklärung des Schuldners, er werde zum Fälligkeitszeitpunkt nicht leisten können, begründet keine ernsthafte und endgültige Leistungsverweigerung i. S. des § 323 II Nr. 1 BGB.
   Argument: Allein entscheidend ist die Prognose, dass er nach Ablauf der Nachfrist nicht leisten kann.
3. Der Gläubiger kann nach Fälligkeit der Leistung ohne Setzen einer Nachfrist gemäß § 323 II Nr. 3 BGB sofort zurückzutreten, wenn feststeht, dass die gemäß § 323 I BGB dem Schuldner zu setzende angemessene Frist zur Leistung nicht eingehalten werden wird.
4. Das Rücktrittsrecht nach § 323 IV BGB kann nicht mehr ausgeübt werden, wenn die Leistung fällig geworden ist. Die Wirksamkeit eines Rücktritts bestimmt sich ab diesem Zeitpunkt nach § 323 I und II BGB.

III. Kein Ausschluss des Rücktritts gem. § 323 V 1 oder VI BGB

Teilbarkeit der Leistung - Kurzfall zu § 323 V 1 BGB (nach BGH RA 2009, 712 ff.):

K kaufte von V eine Eigentumswohnung. K verpflichtete sich zu Werkleistungen in Anrechnung auf den Kaufpreis. Er sollte eine Mauer zur Einfriedung des Grundstücks errichten. Diese Arbeit leistete K trotz Fristsetzung endgültig nicht. V trat vom Kaufvertrag zurück. K vertrat im Prozess die Auffassung, dem Rücktritt des V stünde der Ausschlussgrund des § 323 V 1 BGB entgegen.

Der BGH sah § 323 V 1 BGB nicht als einschlägig an, weil die Leistung des V, Übereignung der Eigentumswohnung nicht teilbar ist. Leistung und Gegenleistung müssten für § 323 V 1 BGB aber teilbar sein. Deshalb durfte V zurücktreten.

BGH RA 2009, 712: § 323 V 1 BGB setzt neben der Teilbarkeit der Leistung des Schuldners auch die Teilbarkeit der Gegenleistung des Gläubigers voraus. Fehlt es daran, kann der Gläubiger auch dann vom ganzen Vertrag zurücktreten, wenn sein Interesse an der Teilleistung nicht entfallen ist.

IV. Rechtsfolge: Entstehung eines Rückgewährschuldverhältnisses gem. § 346 I, II, III BGB

Grundlegend zu den Rücktrittsfolgen: BGH NJW 2009, 63:

1. Im Falle des Rücktritts ist der Rückgewährschuldner verpflichtet, eine von ihm begründete Belastung des empfangenen Gegenstands zu beseitigen.
2. Wertersatz wegen der Belastung kann der Rückgewährgläubiger nur verlangen, wenn feststeht, dass dem Rückgewährschuldner deren Beseitigung unmöglich ist.

Grundlegend zum Wertersatz, BGH NJW 2009, 1068:

1. Die Bestimmung des § 346 II 2 BGB, nach der bei der Berechnung des Wertersatzes die im Vertrag bestimmte Gegenleistung zu Grunde zu legen ist, findet auch im Falle des Rücktritts wegen Zahlungsverzugs des Schuldners Anwendung. (a.A. Palandt-Grüneberg, BGB, § 346 Rn 10, teleologische Reduktion, wenn jemand eine Sache unter Wert verkauft und wegen Zahlungsverzuges des anderen zurücktritt.
   Bsp: V verkauft Sache im Wert von 10.000 € für 8.000 € und liefert. K gerät in Verzug, kann aber nicht mehr zurückgewähren. Grund: Nicht einleuchtend, dass der wegen Verzug zurücktretende Verkäufer sich am schlechten Geschäft festhalten lassen soll).
2. Begründung: Nach der Gesetzesbegründung sollen die Parteien an den vertraglichen Bewertungen von Leistung und Gegenleistung festgehalten werden, nur wenn solche abreden fehlen, soll auf den objektiven Wert abgestellt werden (BT-Drs 14/6040, S. 196). Der Verkäufer, der unter Wert verkauft, zeigt, dass die Sache für ihn nur den Wert des Kaufpreises besitzt.

F. Anspruch aus §§ 280 I, 241 II BGB wegen Verletzung vertraglicher Nebenpflichten (Rücksichtspflichten)

I. Schuldverhältnis

II. Pflichtverletzung i.S.d. § 241 II BGB

Definition: **Pflichtverletzung** im Sinne des § 241 II BGB ist jedes gegen das Schuldverhältnis gerichtete Verhalten wider die Pflicht zur Rücksicht auf Rechte, Rechtsgüter und Interessen des anderen Teils.

Problem: Abgrenzung zur Leistungspflicht

Leistungspflichten sind spezieller. §§ 280 II, III BGB dürfen nicht durch §§ 280 I, 241 II BGB umgangen werden. Leistungspflichten sind klagbar, die Verletzung von Rücksichtspflichten gem. § 241 II BGB begründet nur Schadensersatzpflichten und gegebenenfalls das Rücktrittsrecht aus § 324 BGB.

Zur Nebenpflichtverletzung beim Vertragsschluss an der Tankstelle, BGH BeckRS 2011, 14956, Faust in JUS 2011, 929:

Wer als Kunde an einer SB-Tankstelle Kraftstoff in den Tank füllt und ohne Entrichtung des Kaufpreises das Gelände verlässt, verletzt seine Hauptleistungspflicht durch Schuldnerverzug, aber keine Nebenpflicht zur Anzeige der Zahlungspflicht.

Problem: Arten der Pflichten gem. § 241 II BGB

- Schutz, Obhuts- und Fürsorgepflichten

Problem: Fürsorgepflichtverletzung der Spielbank beim Spielbanksperrvertrag (BGH, NJW 2006, 362 ff.)

Eine Spielbank muss den Zugang gesperrter Spieler durch Ausweiskontrollen abwenden.

Problem: Keine Aufhebung der Eigensperre durch den Spieler, BGH, NJW 2012, 48, 49, 50

Wenn die Spielbank einen Spielbanksperrvertrag mit einem Spieler abgeschlossen hat, trifft sie später auch die Fürsorgepflicht, einem Antrag des Spielers auf Aufhebung der Eigensperre nicht ohne Nachweis stattzugeben, dass eine Spielsuchtgefährdung nicht mehr besteht

Problem: Fürsorgepflicht des Werkbestellers, (BGH RA 2013, 169 ff.)

Ein Landwirt, der einen Werkunternehmer beauftragt, ein über 6 Hektar großes Kornfeld mit dem Mähdrescher abzuernten, ist nicht verpflichtet, das gesamte Feld vorher darauf zu kontrollieren, ob eine Hacke auf dem Feld zurückgeblieben ist.

- Aufklärungspflichten

Problem: Keine allgemeine Aufklärungspflicht

Informationsdefizite sind grundsätzlich Teil des allgemeinen Lebensrisikos. Jedoch besteht gem. § 242 BGB eine Pflicht zur Aufklärung, wenn:

- Der Gegner nachfragt und die Preisgabe der Information zumutbar ist
- Ohne Aufklärung dem Gegner erkennbar ein Schaden an seinen Rechtsgütern droht
- Der Vertragszweck gefährdet wäre.

- Leistungstreuepflichten

Problem: Unberechtigte Ausübung von Gestaltungsrechten

Verletzung bei z.B. grundloser Eigenbedarfskündigung § 573 II Nr. 2 BGB, s.u. Kündigung

III. Vertretenmüssen des Schuldners

(§ 276, § 278, Beweislastumkehr § 280 I 2 BGB, Privilegierung und Verschärfung siehe oben)

1. Eigenes Verschulden des Schuldners gem. § 276 BGB

Problem: § 603 S.2 BGB, wenn der Entleiher unbefugt den Besitz einem Dritten zum Gebrauch überlässt

§ 603 (2) BGB gilt nur bei bestehenden Leihverträgen. Die Norm ist auf Gefälligkeitsverhältnisse weder direkt noch analog anwendbar und schlägt auch nicht auf § 823 I BGB durch. Eine planwidrige Regelungslücke besteht nicht. Vielmehr wollen die Parteien beim Gefälligkeitsverhältnis gerade nicht die gesetzlichen Bestimmungen der Leihe (vgl. BGH NJW 2010, 3087).

2. Zurechnung des Verschuldens des Erfüllungsgehilfen gem. § 278 BGB

IV. Kein Ausschluss der Haftung

Problem: vertraglicher Haftungsausschluss: Beachte § 309 Nr. 7 BGB (siehe unten im Kaufrecht)

Zum konkludenten Haftungsausschluss, BGH RA 2013, 126 ff.:

V vermietete an M einen Geschäftsraum. Im Vertrag verpflichtete sich M zum Abschluss einer Brandschaden- und Betriebsunterbrechungsversicherung. Pflichtgemäß schloss er eine solche ab. Durch eine schuldhafte Nebenpflichtverletzung des V geriet der Geschäftsraum in Brand. V hielt dem Anspruch aus §§ 280 I, 241 II BGB entgegen, der Abschluss der Versicherung stelle einen konkludenten Haftungsausschluss dar.

Das Gericht lehnte einen konkludenten Haftungsausschluss ab.

Begründung:
Ein konkludenter Haftungsausschluss kann sich durch Auslegung nur ergeben, wenn die beiderseitigen Interessen seine Annahme erlauben. Dies ist hier nicht der Fall. Mit dem Abschluss der Versicherung sichert der Mieter nur sein eigenes wirtschaftliches Risiko. Ein Interesse des Mieters, den Vermieter vor Regress zu schützen, ist nicht ersichtlich.

V. Ersatzfähiger Schaden, der adäquat kausal auf der Pflichtverletzung beruht

1. Ersatzfähiger Schaden i.S.d. §§ 249 ff. BGB
2. Kausalität zwischen Pflichtverletzung und Schaden
   a) äquivalente Kausalität
   b) adäquate Kausalität
   c) Schutzzweckzusammenhang zwischen Pflicht und Schaden

Ersatz von Kosten der Rechtsverteidigung: BGH NJW 2009, 1262:

1. Eine Partei, die gegenüber einer anderen Vertragspartei unberechtigt ein Gestaltungsrecht ausübt oder unberechtigt etwas verlangt, verletzt gem. § 241 II BGB die Pflicht zur Rücksichtnahme auf die Vermögensinteressen und haftet gemäß §§ 280 I, 241 II BGB
2. Die Partei hat diese Pflichtwidrigkeit i.S.d. §§ 280 I 2, 276 BGB zu vertreten, wenn sie die geltend gemachte Rechtsposition nicht als plausibel ansehen durfte. Es genügt nicht, wenn sie nicht erkennt, dass ihr die Rechtsposition nicht zustand.

Haftung für zerstörten Geocache, LG Heidelberg NJW-RR 2013, 928:

Wer einen außerhalb des ursprünglich vorgesehenen Verstecks befindlichen, deshalb besitzlosen Geocache an sich nimmt und weg bringt, hat als Finder gem. §§ 966 ff. BGB die Pflicht zur Verwahrung. Diese Pflicht wird verletzt, wenn stattdessen der Geocache an einem beliebigen, vom Finder als geeignet angesehenen Ort wieder abgelegt und seinem Schicksal überlassen wird. Im Fall der – vom Finder zu widerlegenden – vorsätzlichen oder grob fahrlässigen Pflichtverletzung haftet sodann der Finder für Schäden infolge einer anschließenden Beschädigung oder Zerstörung des Geocache durch Unbekannte. Auch im Fall einer Unkenntnis des Finders von seiner Verwahrungspflicht liegt insoweit grobe Fahrlässigkeit nahe. Denn im Regelfall muss sich dem Finder aufdrängen, dass er eine nicht ganz wertlose fremde Sache, die er an sich genommen hat, nicht nach Gutdünken an einem ihm hierfür zweckmäßig erscheinenden Ort wieder ablegen darf.

Zur Verletzung ehelicher Vermögensfürsorgepflichten, OLG Bremen, Beschluss vom 19.09.2014, 4 UF 40/14 = RA 2014, 577ff.:

Verstößt ein Ehegatte während des Zusammenlebens gegen die ihn nach § 1353 I 2 BGB treffende Vermögensfürsorgepflicht gegenüber dem anderen Ehegatten, indem er heimlich die Hausratsversicherung für die gemeinsame Ehewohnung auf eine allein in seinem Eigentum stehende Wohnung ummeldet, weshalb der aufgrund eines späteren Einbruchs entwendete Hausrat in der Ehewohnung nicht von der Versicherung ersetzt wird, ist er dem so hintergangenen Ehegatten dem Grunde nach zum Schadensersatz verpflichtet.
Anmerkung: Das Gericht sah ein Auftragsverhältnis gem. § 662 BGB, weil es ein Ehegatte übernommen hatte, eine Hausratsversicherung abzuschließen. Dieses begründete das für §§ 280 I, 241 II BGB nötige Schuldverhältnis.

G. Voraussetzungen des Widerrufs gem. § 355 BGB

Achtung: Ab dem 13.06.2014 gelten neue gesetzliche Regelungen. Gem. Art. 229, § 32 EGBGB gelten die alten Vorschriften für Verträge, die vor dem 13.06.2014 geschlossen wurden und die neuen Regelungen für Verträge, die ab dem 13.06.2014 geschlossen wurden. Die aktuelle Ausgabe des Crashkurses enthält den Prüfungsaufbau und die Falllösung nach alter und neuer Rechtslage. Dies hilft insbesondere Referendaren bei der täglichen Aktenarbeit.

Das Widerrufsrecht für vor dem 13.06.2014 geschlossene Verträge:

I. Widerrufserklärung gem. § 355 I BGB

1. Form: Textform (§ 126b BGB) oder Rücksendung der Sache, § 355 I 2 BGB
2. Adressat: Unternehmer, § 355 I 2 BGB
3. Inhalt: Begründung nicht erforderlich, § 355 I 2 BGB

II. Widerrufsrecht

1. Gesetzliche Anordnung (§§ 312, 312d, 485, 495, 506, 507, 510 BGB)

a) Persönlicher Anwendungsbereich

Problem: § 512 BGB bei Existenzgründern

§ 512 BGB findet keine analoge Anwendung auf § 312, 312d, 485 BGB, da es an einer planwidrigen Regelungslücke fehlt.

Problem: Anwendbarkeit auf Vertreter ohne Vertretungsmacht

Gem. §§ 312, 355 BGB kann der falsus prokurator widerrufen, wenn er nicht nach § 179 BGB haften will.

Problem: Verbrauchereigenschaft bei Beitritt zu einem Fonds

Verbrauchereigenschaft bei § 312 BGB bejaht, wenn der Verbraucher zu Kapitalanlagezwecken einer Gesellschaft (einem Fonds) beitritt (EUGH NJW 2010, 1511, BGH NJW 2010, 3096).

b) Sachlicher Anwendungsbereich

Problem: Widerruf nichtiger Verträge (s.u.)

Der Verbraucher kann auch nichtige Verträge widerrufen.

Problem: Die Bestellung § 312 I Nr.1 BGB

Bei § 312 I Nr. 1 BGB genügt für die Annahme einer Haustürsituation die Mitursächlichkeit (BGH NJW 2010, 2868, 2869).

c) Kein Ausschluss

2. Kein Ausschluss des Widerrufsrechts durch Einräumung eines Rückgaberechts gem. § 356 BGB

Zum Widerruf eines nichtigen Fernabsatzvertrages, BGH NJW 2010, 610:

Dem Verbraucher steht ein Widerrufsrecht nach § 312d BGB auch dann zu, wenn der Fernabsatzvertrag nichtig ist, es sei denn Treu und Glauben gem. § 242 gebietet etwas anderes. Dies gilt auch dann, wenn der Fernabsatzvertrag beim Kauf eines Radarwarngerätes wegen beiderseitiger Sittenwidrigkeit nichtig ist.

III. Widerruf innerhalb der Widerrufsfrist

1. 14 Tage gem. § 355 II 1 BGB
2. 1 Monat gem. § 355 II 3 BGB (beachte § 495 II BGB bei Verbraucherkrediten im Sinne der §§ 491 ff. BGB). Ebenfalls ein Monat gem. § 492 VI 4 BGB, wenn gem. § 494 I BGB i.V.m. Art. 247, §§ 6, 9 bis 13 EGBGB bei Vertragsschluss die aufgeführten Pflichtangaben nicht eingehalten wurden, das Darlehen aber nachträglich ausgezahlt wurde. Dann tritt Heilung ein. Jedoch läuft die Widerrufsfrist in diesem Fall erst, wenn die Pflichtangaben aus § 494 I BGB i.V.m. Art. 247, §§ 6, 9 bis 13 EGBGB nachgeholt werden, § 492 VI BGB. Die Frist beträgt dann einen Monat, § 492 VI 4 BGB. Gleiches gilt gem. § 506 I BGB, der auf § 492 VI BGB verweist.
3. 6 Monate gem. § 355 IV 1 BGB, wenn im Fall des § 312d BGB
   - der Unternehmer den Verbraucher ordnungsgemäß belehrt hat (vgl. unter „4.") und
   - die Anforderungen des Art 246, § 2 EGBGB erfüllt hat, aber
   - weitere Informationspflichten verletzt hat, deren Erfüllung Voraussetzung für den Beginn der Widerrufsfrist ist (§ 312 d II und § 485 IV BGB).
4. Abweichend davon läuft die Widerrufsfrist ohne Beschränkung auf 6 Monate nicht
   a) gem. § 355 IV 3, 1. Fall BGB, wenn der Verbraucher nicht gem. § 360 BGB über sein Widerrufsrecht informiert wurde (beachte § 360 III BGB iVm dem Muster in Anlage 2 zum EGBGB): Dies gilt für Haustürgeschäfte (§ 312 BGB), Fernabsatzverträge (§ 312b BGB), Teilzeitwohnrechtsverträge (§ 485a BGB) und Ratenlieferungsverträge (§ 510 BGB)

   b) bei Verbraucherdarlehensverträgen i.S.d. § 491 BGB und Verträgen i.S.d. §§ 506, 507 BGB erst nach Einhaltung der Pflichten gem. § 495 II BGB i.V.m. Art 247 § 6 II EGBGB und i.V.m. § 492 II BGB (hier ist die Pflicht zur Widerrufsbelehrung in Art 247 § 6 II EGBGB enthalten). Diese Pflichten sind wesentlich weitergehender, insbesondere besteht eine Pflicht gem. § 491a BGB, Art. 247 § 3 Nr.13 EGBGB den Verbraucher schon vor dem Vertragsschluss über sein Widerrufsrecht zu informieren.
   Einhalten kann der Unternehmer diese Pflichten, wenn er das Muster aus Anlage 6 EGBGB 247 benutzt.
5. Zur Einhaltung der Frist genügt gem. § 355 I 2 BGB die rechtzeitige Absendung der Widerrufserklärung oder der Sache.

Zum Fristbeginn, BGH, NJW-RR 2012, 1197:

Bei einem Haustürgeschäft wird durch eine Widerrufsbelehrung, die nur auf die aus der Erklärung des Widerrufs folgenden Pflichten des Verbrauchers hinweist, nicht jedoch darauf, wie sich die Erklärung des Widerrufs auf seine (etwaigen) Rechte auswirkt, die Frist zur Erklärung des Widerrufs nicht in Gang gesetzt.

Zum Verhältnis zwischen § 355 BGB und § 767 II ZPO: LG Darmstadt NJOZ 2011, 644, BeckRS 2010 18913:

Das Widerrufsrecht wegen einer fehlerhaften Widerrufsbelehrung ist ein Gestaltungsrecht, das mangels ordnungsgemäßer Belehrung zeitlich unbegrenzt ausgeübt werden und damit als neue Tatsache im Sinne des § 767 II ZPO vorgetragen werden kann. (Ablehnung der Entscheidung BGH NJW 1996, 57 aufgrund der Änderungen durch das Schuldrechtsmodernisierungsgesetz: Durch das SMG sind Verbraucherverträge schwebend wirksam, außerdem erlischt das Widerrufsrecht nicht bei fehlender Belehrung).

Maklervergütung trotz Vertragswiderruf, BGH, NJW-RR 2013, 885:

1. Die Bemessung des Wertersatzes, den der Verbraucher nach dem wirksamen Widerruf eines Teilzahlungsgeschäfts über Maklerleistungen für die bis dahin empfangenen Dienste des Unternehmers schuldet, richtet sich nicht nach dem vertraglich vereinbarten Entgelt, sondern nach dem objektiven Wert dieser Leistungen, soweit dieser das vertragliche Entgelt nicht übersteigt.

2. Der objektive Wert richtet sich dabei nach der üblichen oder (mangels einer solchen) nach der angemessenen Vergütung, die für die Vermittlung eines entsprechenden Hauptvertrags zu bezahlen ist, nicht dagegen nach dem konkret-individuellen Wert des Erlangten für den Schuldner. Entspricht der vermittelte Hauptvertrag nicht den individuellen Bedürfnissen des Auftraggebers und liegt insoweit eine Beratungspflichtverletzung vor, können dem Kunden allerdings Ansprüche auf Schadensersatz nach § 280 BGB zustehen, die er dem Wertersatzanspruch entgegenhalten kann.

Anwendung der Regeln über die „fehlerhafte Gesellschaft" auf § 357 I BGB, BGH NJW 2010, 3096, EUGH NJW 2010, 1511:

Tritt ein Verbraucher in einer Haustürsituation einer Gesellschaft zu Kapitalanlagezwecken bei, ohne Mitglied der Gesellschaft zu werden (Fondsbeitritt) führt der Widerruf des Beitritts dazu, dass der widerrufende Verbraucher einen auf den Zeitpunkt des Wirksamwerdens des Widerrufs berechneten Anspruch gegen die Gesellschaft auf sein Auseinandersetzungsguthaben erhält. Dies impliziert die mögliche Folge, dass er wegen der wirtschaftlichen Entwicklung der Gesellschaft, des Vereins oder der Genossenschaft entweder weniger als den Wert seiner Einlage zurückerhält oder sich ihnen gegenüber sogar noch über den Verlust der geleisteten Einlage hinausgehenden Zahlungspflichten ausgesetzt sieht, weil das Auseinandersetzungsguthaben negativ ist.

Das Widerrufsrecht für <u>nach</u> dem 13.06.2014 geschlossene Verträge
[Grundlegende Literatur: Tonner, VUR 2013, 443 ff., Wendehorst NJW 2014, 577 ff., Soltner RA 06, 277 ff., Leier, VUR 2013, 457 ff.]

Die Anwendbarkeit der neuen Regelungen richtet sich nach Art. 229 § 32 EGBGB:

Die <u>Voraussetzungen</u> des Widerrufs:

I. Widerrufserklärung gem. § 355 I BGB

1. Form:

   Gem. § 355 I 3 BGB muss der Entschluss des Verbrauchers zum Widerruf eindeutig hervorgehen. Auf die Einhaltung einer Textform gem. § 126b BGB kommt es nicht an. Die bloße Rücksendung der Sache soll nicht genügen (Schärtl, JuS 14, 577, 580). Der Widerruf kann auf jede beliebige Art erklärt werden, wenn nur die Eindeutigkeit aus der Erklärung hervorgeht.

2. Adressat: Unternehmer, § 355 I 2 BGB

3. Inhalt: Begründung nicht erforderlich: § 355 I 4 BGB

II. Widerrufsrecht gem. §§ 312g, 485, 495, 506, 510 II BGB

Bei jedem Widerrufsrecht sollte man sich im Prüfungsaufbau an den Dreiklang aus persönlicher Anwendbarkeit, sachlichem Tatbestand und den normierten Ausnahmegründen halten. Besonders examensrelevant sind die Widerrufsrechte gem. § 312g BGB i.V.m. § 312b BGB (AGV) und § 312c BGB (Fernabsatzvertrag), sowie gem. § 495 BGB (Verbraucherdarlehensvertrag).

Nur diese werden hier gesondert dargestellt.

1. Widerrufsrecht gem. §§ 312g, 312c BGB (Fernabsatzvertrag)

   a) Persönlicher Anwendungsbereich

      aa) Widerrufender muss Verbraucher gem. § 13 BGB sein

      Problem: Verträge mit doppeltem Zweck („dual-use“)

      Nach der Neufassung des Gesetzes ist der Kunde Verbraucher, wenn der Vertragszweck nicht überwiegend der gewerblichen oder selbständigen beruflichen Tätigkeit zugerechnet werden kann. (Nach EuGH, Urteil vom 20.01.2005 C 464/01 galt dies vor der Reform nur, wenn der gewerbliche Zweck in der Gesamtschau zu vernachlässigen war.)

      Problem: Keine analoge Anwendung des § 512 BGB

      § 512 BGB wird nicht analog auf § 312b BGB angewendet, weil der Existenzgründer durch § 512 BGB nicht zum Verbraucher gem. § 13 BGB wird, sondern diesen nur gleichgestellt wird (BGH, NJW 2005,1273).

      Problem: Vorgetäuschter gewerblicher Zweck

      Gegenstand wird objektiv nur privat genutzt, Kunde gibt sich aber heimlich als Unternehmer aus, um die Umsatzsteuer abzuziehen. Nach BGH, NJW 2009, 3780 kommt es nur auf die objektive Nutzung an, jedoch trifft den Kunden die Beweislast.

      bb) Adressat muss Unternehmer gem. § 14 BGB sein

   b) Sachlicher Anwendungsbereich

      Es muss sich gem. § 312 BGB um entgeltliche Verträge handeln. Ferner muss es sich um einen Fernabsatzvertrag gem. § 312c BGB handeln.

      Problem: „Button-Lösung“

      Beachte bei Vertragsschluss im Internet § 312j III, IV BGB.

Problem: Widerruf nichtiger Verträge (s.o.)

Der Verbraucher kann auch nichtige Verträge widerrufen.

Problem: Anwendbarkeit auf Vertreter ohne Vertretungsmacht (BGH, NJW-RR 1991, 1079)

Gem. §§ 312, 355 BGB kann der falsus prokurator widerrufen, wenn er nicht nach § 179 BGB haften will.

c) Kein Ausschluss des Widerrufsrechts

- Bereichsausnahmen gem. § 312 II BGB
- Ausschlussgründe gem. § 312g II und III BGB (beachte zur Abgrenzung Versteigerung/ Internetversteigerung § 312g II Nr. 10 BGB)

2. Widerrufsrecht gem. §§ 312g, 312b BGB (AGV)

a) Persönlicher Anwendungsbereich

aa) Widerrufender muss Verbraucher sein (§ 13 BGB)

Problem: Verträge mit doppeltem Zweck („dual-use“) (s.o)

Problem: Keine analoge Anwendung des § 512 BGB (s.o)

Problem: Vorgetäuschter gewerblicher Zweck (s.o)

Problem: Verbraucheigenschaft beim Beitritt zum Fonds (s.o.)

Verbrauchereigenschaft bei § 312b BGB bejaht, wenn der Verbraucher zu Kapitalanlagezwecken einer Gesellschaft (einem Fonds) beitritt (EUGH NJW 2010, 1511, BGH NJW 2010, 3096).

bb) Adressat muss Unternehmer gem. § 14 BGB sein

b) Sachlicher Anwendungsbereich
Es muss sich gem. § 312 BGB um entgeltliche Verträge handeln. Ferner muss es sich um einen AGV gem. § 312b BGB handeln.

Problem: Widerruf nichtiger Verträge (s.o.)

Problem: Anwendbarkeit auf Vertreter ohne Vertretungsmacht (s.o.)

Problem: Widerruf des falsus prokurators möglich (BGH, NJW-RR 1991, 1079)

Nach Streichung des § 312 I Nr. 1 BGB a.F. kommt es nicht mehr auf die Bestellung oder die Mitursächlichkeit an. Stattdessen wäre in der in BGH NJW 2010, 2868, 2869 geschilderten Situation nach neuer Rechtslage gem. § 312b I Nr.1 BGB n.F. unbestritten ein Widerrufsrecht nach §§ 312g, 312b BGB gegeben.

c) Kein Ausschluss des Widerrufsrechts

- Bereichsausnahmen gem. § 312 II BGB (beachte bei der Selbstbedienungstankstelle den § 312 II Nr. 9 BGB)
- Ausschlussgründe gem. § 312g II und III BGB

3. Widerrufsrecht gem. § 495 BGB (Verbraucherdarlehensvertrag

a) Persönlicher Anwendungsbereich

aa) Widerrufender muss Verbraucher sein (§ 13 BGB)

Problem: Verträge mit doppeltem Zweck („dual-use“) (s.o)

Beachte § 512 BGB bei Existenzgründer

Problem: Vorgetäuschter gewerblicher Zweck (s.o)

bb) Adressat muss Unternehmer gem. § 14 BGB sein

b) Sachlicher Anwendungsbereich

- Es muss sich gem. § 491 BGB um entgeltliche Darlehensverträge handeln.

Definition: Unter **Entgelt** ist jede Art von Gegenleistung des Verbrauchers für das eingeräumte Kapitalnutzungsrecht zu verstehen. Mit dem Erfordernis Entgeltlichkeit werden nur zinslose und gebührenfreie Darlehn aus dem Verbraucherdarlehnsrecht rausgenommen (Gewährleistungsrechte aus „0 % Finanzierung",BGH, RA 12/2014, S. 623, 627).

- Keine Nichtigkeit gem. § 494 I BGB:
  - o Schriftform (§§ 492 I, 126 BGB)
  - o gem. § 492 II BGB muss der Vertrag die in Art. 247, §§ 6 bis 13 EGBGB vorgeschriebenen Angaben enthalten
  - o Heilung gem. § 494 II BGB trotz Missachtung des § 492 BGB möglich.

c) Kein Ausschluss des Widerrufsrechts
- Ausnahmen gem. § 491 II BGB
- Ausnahme gem. § 491 III BGB
- Ausschlussgründe gem. § 495 II BGB

III. Einhaltung der Widerrufsfrist

1. Grundsätzliche Regelung: § 355 II BGB

a) Beginn: Vertragsschluss, soweit nicht ein anderes bestimmt ist (§ 355 II 2 BGB)

b) Laufzeit: 14 Tage seit Vertragsschluss (§ 355 II 1 BGB)

2. Sonderregelung für AGV und Fernabsatzverträge

a) Beginn:

- gem. § 312d BGB i.V.m. § 356 III BGB nicht vor Unterrichtung gem. Art. 246a § 1 II 1 oder Art. 246b § 2 I EGBGB
- Bei einem Verbrauchsgüterkauf gem. § 474 BGB verschiebt sich der Beginn auf die in § 356 II Nr. 1 BGB genannten Zeitpunkte
- Sonderregelung in § 356 II Nr. 2 BGB beachten
- Sonderregelung bei Dienstleistungen § 356 IV BGB: Aufklärung nötig, dass das Widerrufsrecht nach vollständiger Vertragserfüllung erlischt und der Verbraucher dem Unternehmer seine Kenntnis darüber bestätigt hat.

b) Laufzeit

- 14 Tage
- § 356 III 2 BGB bei Ausbleiben der Belehrung

3. Sonderregelung für Verbraucherdarlehensverträge

a) Beginn:

- gem. § 356b I BGB ab zur Verfügung stellen der Vertragsurkunde
- gem. § 356b II BGB ab Nachholung der Pflichtangaben ab § 492 II BGB

b) Laufzeit

- Gem. § 356b I BGB: 14 Tage
- § 356b II in Verbindung mit § 492 VI BGB: 1 Monat

c) Besonderheit: Kein Fristlauf

- Werden die Pflichtangaben des § 492 II BGB nicht nachgeholt, beginnt die Frist nicht zu laufen.
- Unterbleibt die Widerrufsbelehrung, beginnt die Frist nicht zu laufen, weil § 355 II 2 BGB gem. § 356 II 3 BGB für eine Finanzdienstleistung nicht gilt (Palandt-Grüneberg, BGB, § 355 n.F. Rn 10).

Rechtsfolgen des Widerrufs gem. §§ 357 ff. BGB

I. Grundsätzliche Regelungen des § 357 BGB n.F.

1. Unternehmerpflichten und Verbraucherrechte

- Pflicht zur Rückzahlung des Geldes: § 357 I BGB n.F.
- Erstattung der Versendungskosten: § 357 II BGB n.F.
- Art der Rückzahlung § 357 III 1 BGB n.F.

2. Verbraucherpflichten und Unternehmerrechte

- Anspruch auf Rückgewähr der Leistung gem. §§ 357 - 357c BGB n.F.
- Leistungsverweigerungsrecht des Unternehmers bei Verbrauchsgüterkauf im Fernabsatz und AGV: § 357 IV BGB n.F.
- Schickschuld: § 357 V BGB n.F. bei Fernabsatz und AGV
- Pflicht zur Tragung der Kosten der Rücksendung bei Fernabsatz und AGV gem. § 357 VI BGB n.F., wenn der Verbraucher gem. Art. 246a § 1 II S.1 Nr. 2 EGBGB n.F. belehrt worden ist.
- Wertersatzpflicht: § 357 VII BGB n.F. enthält die Wertersatzpflicht des Verbrauchers, die zuletzt in § 355 III 1 BGB a.F. geregelt war. Geknüpft ist diese allerdings an eine korrekte Widerrufsbelehrung des Verbrauchers durch den Unternehmer gem. Art. 246a § 1 II 1 Nr. 1 EGBGB n.F.
- Eine Sonderregelung für Verträge über die Erbringung von Dienstleistungen oder Lieferung von Wasser, Gas oder Strom in nicht bestimmten Mengen enthält für den Wertersatz § 357 VIII BGB n.F. Voraussetzung ist stets die korrekte Belehrung über das Widerrufsrecht, die je nach Widerrufsrecht modifizierte Anforderungen in den Sätzen 2 und 3 aufweist. Die Höhe des Wertersatzes richtet sich nach dem Gesamtpreis (Satz 4), es sei denn dieser ist unverhältnismäßig hoch. Dann gilt gem. § 357 VIII 5 BGB n.F. der Marktwert der tatsächlich erbrachten Leistung.
- Weitere besondere Regelungen für einzelne Vertragstypen enthalten die §§ 357a – 357c BGB n.F.

II. Rechtsfolgen des Widerrufs bei verbundenen Verträgen

1. Verbundener Vertrag und Rückforderungsdurchgriff

Die Legaldefinition des verbundenen Vertrags in § 358 III BGB ist unverändert geblieben.

Ebenfalls unverändert geblieben ist der Rückforderungsdurchgriff, wenn der Unternehmer beim verbundenen Vertrag das Darlehen bei Wirksamwerden des Widerrufs bereits empfangen hat. Verändert hat sich nur die Verortung im Gesetz. Diese sehr examens- und praxisrelevante Regelung befindet sich nunmehr in § 358 IV 5 BGB n.F.

2. Verweis aus § 358 IV 1 BGB

Nach dem allgemeinen Grundsatz des § 358 IV 1 BGB sind auf die Rückabwicklung des verbundenen Vertrags sowohl § 355 III BGB wie auch, je nach Art des verbundenen Vertrags, die §§ 357 bis 357b BGB entsprechend anzuwenden. Handelt es sich bei dem verbundenen Vertrag um die Lieferung von Waren oder Dienstleistungen, so finden die Vorschriften des §

357 BGB auch dann Anwendung, wenn es sich bei dem verbundenen Vertrags nicht um einen im Fernabsatz oder außerhalb von Geschäftsräumen geschlossenen Vertrag handelt (Leier, VuR 13, 457 [463]). Dies lässt sich auch teleologisch begründen. Ohne diesen Verweis würde der redlich belehrende Unternehmer ohne Wertersatz bleiben. Ferner würde der Verbraucher bei der Rückabwicklung einer Aufspaltung der beiden Verträge ausgesetzt, vor der ihn § 358 BGB gerade bewahren will.

III. Zusammenhängende Verträge gem. § 360 BGB n.F.

§ 360 BGB n.F. bündelt die bisher in den §§ 312f, 359a I, II, sowie § 485 III BGB a.F. bestehenden Regelungen und setzt gleichzeitig Artikel 15 der VRRL um. Sinn und Zweck der Vorschrift: Der Verbraucher soll auch an einen mit dem widerrufenen Vertrag im Zusammenhang stehenden Vertrag nicht gebunden sein. Er soll von einem möglichen Widerruf nicht dadurch abgehalten werden, dass er auch in diesem Fall an einen weiteren, mit dem widerrufenen Vertrag im Zusammenhang stehenden Vertrag gebunden bleibt. Der Widerruf wird auf einen zusammenhängenden Vertrag erstreckt.

Zum Widerruf eines nichtigen Fernabsatzvertrages, BGH NJW 2010, 610:

Dem Verbraucher steht ein Widerrufsrecht nach § 312d BGB a.F.(entspricht § 312c, g BGB n.F.) auch dann zu, wenn der Fernabsatzvertrag nichtig ist, es sei denn Treu und Glauben gem. § 242 gebietet etwas anderes.
Dies gilt auch dann, wenn der Fernabsatzvertrag beim Kauf eines Radarwarngerätes wegen beiderseitiger Sittenwidrigkeit nichtig ist.

H. Einwendungsdurchgriff gem. § 359 BGB

I. Voraussetzungen des Einwendungsdurchgriff gem. § 359 BGB

Der Einwendungsdurchgriff gewährt dem Darlehensnehmer ein Leistungsverweigerungsrecht gegenüber dem Darlehensgeber, wenn folgende Voraussetzungen gegeben sind:

1. Verbundener Vertrag gem. § 358 III BGB
2. Einwendungen aus dem verbundenen Vertrag. Dies können alle rechtshindernden, rechtsvernichtenden oder rechtshemmenden Einreden sein. Examenstypisch sind:

   a) Nichtigkeitseinwand

   Problem: Anfechtungsgegner

   Im Falle der Anfechtung des verbundenen Vertrages ist eigentlich nach dem klaren Wortlaut des § 142 I BGB der Unternehmer der Anfechtungsgegner. Jedoch hat der BGH in den Fällen des kreditfinanzierten Fondsbeitritts entschieden, dass sich der Darlehensnehmer gegenüber dem Darlehensgegner auf eine arglistige Täuschung beruft (BGH, NJW 2003, 2821, 2823).

   b) Unwirksamkeitseinwand

   c) Naturalobligation gem. § 656 I 1 BGB

   d) Mängeleinrede

   - § 438 IV 2 BGB oder § 634a IV 2 BGB
   - § 438 IV 2 BGB analog vor Verjährung des Nacherfüllungsanspruchs. Grundsätzlich besteht das Leistungsverweigerungsrecht, wenn der Darlehensnehmer aufgrund des Mangels zum Rücktritt berechtigt wäre. Allerdings sind die Belange des Darlehensnehmers zu berücksichtigen. Grundsätzlich muss der Darlehensnehmer erklären, ob er aufgrund des Mangels zurücktreten oder mindern will. Fraglich ist die Rechtslage, wenn der Darlehensnehmer kein Gestaltungsrecht ausübt.

     aa). Vertretbar ist es, analog § 350 BGB dem Darlehensgeber in diesem Fall das Recht einzuräumen, dem Darlehensnehmer eine Frist zur Ausübung seiner Mängelrechte gegenüber dem Unternehmer zu bestimmen. Läuft diese ergebnislos ab, soll das Rücktrittsrecht erlöschen.

bb) Vertretbar ist es ferner, aus ergänzender Auslegung des Darlehensvertrages gem. §§ 133, 157, 242 BGB dem Darlehensgeber einen Anspruch gegen den Darlehensnehmer auf Abtretung seiner Rechte aus § 437 oder § 634 BGB zuzubilligen, wenn sich dieser auf sein Rücktrittsrecht beruft, ohne zurückzutreten.

3. Kein Ausschluss des Einwendungsdurchgriffs

a) § 359 S.2 BGB

b) § 359 S. 3 BGB

Gem. § 359 S.3 BGB kann der Darlehensnehmer die Rückzahlung erst verweigern, wenn sein Recht auf Nacherfüllung fehlgeschlagen ist. Dem Fehlschlagen steht beim verbundenen Vertrag die Leistungsverweigerung gleich.

II. Rückabwicklung des verbundenen Vertrages außerhalb des Widerrufs

1. Nichtigkeit des verbundenen Vertrages

Im Falle der Nichtigkeit des verbundenen Vertrages steht dem Darlehensnehmer zusätzlich zum Einwendungsdurchgriff ein Anspruch gegen den Unternehmer auf Rückzahlung der Anzahlung aus § 812 I 1 1. Fall BGB zu und gegen den Darlehensgeber ein Anspruch auf Rückzahlung der Darlehensraten aus § 813 I 1 BGB zu, Zug um Zug gegen Abtretung seines Anspruchs gegen den Unternehmer aus § 812 I 1 1.Fall BGB auf Rückzahlung der geleisteten Valuta. Die Nichtigkeit ist nämlich eine dauernde Einrede.

2. Nach Rücktritt aufgrund eines Mangels

Die Rückabwicklung erfolgt im Verhältnis zwischen Unternehmer und Darlehensnehmer gem. § 346 ff. BGB. Letzterer hat dem Darlehensgeber die Darlehensvaluta auszuzahlen, abzüglich der Anzahlung und seiner bereits geleisteten Tilgungsraten. § 813 I 1 BGB ist unanwendbar, denn Rücktritt, Mangel und Schadensersatz statt der ganzen Leistung wirken ex nunc. § 813 BGB setzt aber voraus, dass die Einrede bereits bei der Leistung bestanden hat.
Im Falle der Insolvenz des Unternehmers hat der BGH vertreten, dass der Darlehensnehmer analog § 358 V 3 BGB per Rückforderungsdurchgriff gegen die Bank vorgehen kann (BGH, NJW 2003, 2821 ff.). Dies wird zum Teil mit dem Argument abgelehnt, dies würde die Risiken des Darlehensgebers potenzieren (MünchKomm-Habersack, BGB, § 359 Rn 75).

Schuldrecht BT I – Kaufrecht

A. Überblick über die speziellen Rechte des Käufers und Verkäufers im Kaufrecht

I. Rechte des Käufers

1. Anspruch auf Erfüllung im mangelfreien Zustand vor Gefahrübergang gem. § 433 I 2 BGB
2. Anspruch auf Nacherfüllung gem. §§ 437 Nr. 1, 439 I BGB
3. Recht auf Rücktritt gem. §§ 437 Nr. 2, 326 V BGB oder §§ 437 Nr. 2, 323 I 2. Fall BGB
4. Recht zur Minderung gem. §§ 437 Nr. 2, 441 BGB
5. Anspruch auf Schadensersatz gem.
   - §§ 437 Nr. 3, 311a II 1 1. Fall BGB
   - §§ 437 Nr. 3, 280 I, III, 283 BGB
   - §§ 437 Nr. 3, 280 I, III, 281 I, S. 1, 2. Fall BGB
   - §§ 437 Nr. 3, 280 I, II, 286 BGB
   - §§ 437 Nr. 3, 280 I BGB
6. Anspruch auf Aufwendungsersatz
   - §§ 437 Nr. 3, 311a II 1 2.Fall BGB, 284 BGB
   - §§ 437 Nr. 3, 284 BGB

II. Rechte des Verkäufers

1. Anspruch auf Zahlung des Kaufpreises gem. § 433 II BGB
2. Recht zum Rücktritt gem. § 438 IV 3 BGB

B. Gewährleistungsrechte des Käufers bei mangelhafter Leistung

I. Anspruch des K auf mangelfreie Leistung aus § 433 I 2 BGB (ist kein Gewährleistungsrecht im eigentlichen Sinne, sondern der ursprüngliche Erfüllungsanspruch)

1. Anspruch entstanden
   a) Abschluss eines Kaufvertrages (beachte §§ 480, 651 BGB)
   b) Keine Nichtigkeit
2. Anspruch erloschen
   a) Erlöschensgründe des Kaufrechts
      - Umwandlung in den Anspruch auf Nacherfüllung, wenn die Sache bei Gefahrübergang mangelhaft war (s.u.)
      - Unmöglichkeit gem. § 275 BGB, wenn die Unbehebbarkeit des Mangels bei Gefahrübergang feststeht
      - Rücktritt gem. §§ 346, 349 i.V.m. § 323 I oder § 323 IV oder §§ 326 V, 323 I BGB
      - Verlangen gem. § 281 IV BGB

   b) Allgemeine Erlöschensgründe
3. Anspruch durchsetzbar (Einreden s.o.)

II. Anspruch des K auf Nacherfüllung aus §§ 437 Nr. 1, 439 BGB

Zur Verbesserung der Übersichtlichkeit wird das Aufbauschema zunächst in Kurzform vorangestellt.

Anspruch entstanden

1. Wirksamer Kaufvertrag
2. Mangel zur Zeit des Gefahrübergangs
   a) Gefahrübergang
   b) Mangel gem. §§ 434, 435 BGB
   c) Vorhanden beim o.g. Gefahrübergang
3. Kein Ausschluss des Nacherfüllungsanspruchs
4. Verlangen gem. § 439 I BGB

Anspruch erloschen

- Typische Einwendungen
  - § 362 BGB
  - § 275 BGB
  - Rücktritt gem. § 349, 346 BGB
  - Minderung gem. § 441 BGB
  - Verlangen von Schadensersatz statt der Leistung gem. § 281 IV BGB
  - Verlangen von Aufwendungsersatz statt der Leistung analog § 281 IV BGB
- Allgemeine Einwendungen

Anspruch durchsetzbar

- §§ 214, 438 BGB
- § 439 III BGB
- § 439 IV BGB
- Sonstige Einreden

Keine unzulässige Rechtsausübung gem. § 242 BGB

Anspruch des K auf Nacherfüllung aus §§ 437 Nr. 1, 439 BGB

1. Wirksamer Kaufvertrag

Problem: Anwendbarkeit auf andere Vertragstypen
§ 437 BGB findet auch Anwendung auf den Tauschvertrag gem. § 480 BGB, sowie auf den Werklieferungsvertrag gem. § 651 BGB.

Zur Abgrenzung des Kaufvertrages vom Werklieferungsvertrages gem. § 651 BGB, BGH, Urteil vom 02.04.2014, VIII ZR 46/13:

Ein Vertrag, bei dem ein Fachhändler Standardware für den Baubedarf listenmäßig anbietet, ist ein Kaufvertrag. Dies gilt auch dann, wenn die Parteien weder vereinbart haben, ob die Ware vorrätig gehalten wurde, noch ob die Ware erst von einem Dritten hergestellt werden sollte.

Problem: Konkurrenz zu § 119 II 2. Fall BGB (vgl. Anfechtungsrecht)

2. Mangel zur Zeit des Gefahrübergangs

   a) Gefahrübergang gem. §§ 446 S.1, 446 S.3, 447 BGB (beachte § 474 II 2 BGB a.F., § 474 IV BGB n.F.) oder kraft vertraglicher Vereinbarung

      Problem: Keine Anwendbarkeit des § 437 BGB vor Gefahrübergang (s.u. bei § 433 II BGB)

   b) Mangel gem. §§ 434, 435 BGB

      aa) Sachmangel gem. § 434 I 1 BGB: Fehlen der vertraglich vereinbarten Beschaffenheit

Definition: **Beschaffenheiten** sind Eigenschaften und sonstige Sachmerkmale, die für Wert und Tauglichkeit der Sache erheblich sind.

Fabrikneuheit eines Kraftfahrzeugs, BGH NJW 2004, 160

Ein unbenutztes Kraftfahrzeug ist regelmäßig noch „fabrikneu“, wenn und solange das Modell dieses Fahrzeugs unverändert weitergebaut wird, wenn es keine durch längere Standzeit bedingten Mängel aufweist und wenn zwischen Herstellung des Fahrzeugs und Abschluss des Kaufvertrags nicht mehr als zwölf Monate liegen.

BGH RA 2013, 229 ff.

Fabrikneuheit verlangt, dass sich das Fahrzeug bei Übergabe an den Käufer in dem unbenutzten und unbeschädigten Zustand befindet, wie es vom Hersteller ausgeliefert worden ist. Deshalb schließen auch kleinere Lackschäden die Fabrikneuheit aus und führen zum Mangel.

Auslegung der Klausel „Unfallschäden laut Vorbesitzer“, BGH RA 2008, 366 ff

1. Ist im Bestellformular beim Kfz-Kauf unter der Rubrik „Unfallschäden laut Vorbesitzer“ maschinenschriftlich „Nein“ eingetragen handelt es sich um eine Wissenserklärung des Verkäufers, mit der er nur die Angaben des Vorbesitzers wiedergibt. Der Klausel lässt sich gem. §§ 133, 157 BGB keine Beschaffenheitsvereinbarung gem. § 434 I 1 BGB entnehmen
2. Jedoch kann in solchen Fällen ein Sachmangel gem. § 434 I 2, Nr. 2 BGB gegeben sein, weil der Käufer eines Gebrauchtwagens erwarten kann, dass dieses nicht mehr als Bagatellschäden erlitten hat.
3. Bagatellschäden sind bei Personenkraftwagen nur ganz geringfügige, äußere (Lack-) Schäden, nicht dagegen andere (Blech-)Schäden, auch wenn sie keine weitergehenden Folgen hatten und der Reparaturaufwand nur gering war; ob das Fahrzeug nach dem Unfall fachgerecht repariert worden ist, ist nicht von Bedeutung (BGH NJW 2008, 53).

Zur Auslegung, ob bei mündlichen Verhandlungen eine konkludente Beschaffenheitsvereinbarung getroffen wurde, BGH RA 2013, 286 ff., OLG Hamm RA 2012, 369 ff.:

Der Käufer hatte den Verkäufer gefragt, ob das zu erwerbende Wohnmobil eine Feinstaubplakette habe. Der Verkäufer hatte geantwortet, eine solche sei vorhanden gewesen, als er das Kfz erworben hatte, ihm seien keine Umstände bekannt, die gegen eine Neuerteilung sprächen. Bei der Ummeldung wurde die Feinstaubplakette von der Behörde verweigert.
Das Gericht verneinte eine konkludente Beschaffenheitsvereinbarung im Sinne des § 434 I 1 BGB.

Begründung:
„Nach der Rechtsprechung des Senats liegt eine Beschaffenheitsvereinbarung nicht vor, wenn sich der Verkäufer im Rahmen von Verkaufsverhandlungen für eine Aussage – etwa lt. Kfz-Brief – ausdrücklich auf eine bestimmte Quelle bezieht und so hinreichend deutlich macht, dass es sich dabei nicht um eigenes Wissen handelt. Denn nach der Schuldrechtsmodernisierung komm die Annahme der Vereinbarung einer Beschaffenheit nicht mehr im Zweifel sondern nur och in einem eindeutigen Fall in Betracht.“

Zur Auslegung bei Ebay-Versteigerungen, BGH BeckRS 2012 09229:

Ob und mit welchem Inhalt bei einer Internetauktion durch die Angebotsbeschreibung des Anbieters eine Beschaffenheitsvereinbarung („Original-Telefon von Vertu") mit dem Meistbietenden zustande kommt, ist unter umfassender Würdigung der abgegebenen Willenserklärungen unter Berücksichtigung aller Umstände des Einzelfalls zu beurteilen.

Kriterien:

- Wortlaut: Bezug zum Markennamen, Angabe von Typbezeichnungen, Serien und Identifizierungsmerkmalen.
- Vertrauensschutz: Ebay AGB verbieten ausdrücklich den Vertrieb von Plagiaten und Fälschungen.
- Umstände des Einzelfalles: Niedriger Preis, Aktualität des Produkts

Zur Wohnfläche der Eigentumswohnung, BGH RA 2013, 771, BeckRS 2013, 16418

Grundsätzlich ist die Wohnfläche einer anzukaufenden Wohnung eine Beschaffenheit der Kaufsache. Wird sie vom Verkäufer oder von einem Makler falsch angegeben, kann dies zum Sachmangel nach § 434 I 1 BGB führen, wenn eine Beschaffenheitsvereinbarung getroffen wurde. Diese liegt aber nicht schon dadurch vor, dass ein Exposé oder eine bloße Wohnflächenberechnung übergeben wird. Zwar kann die für eine Beschaffenheitsvereinbarung erforderliche Willensübereinstimmung auch konkludent in der Weise erzielt werden, dass der Käufer dem Verkäufer bestimmte Anforderungen an den Kaufgegenstand zur Kenntnis bringt und dieser zustimmt. Eine einseitig gebliebene Vorstellung des Käufers genügt dafür jedoch selbst dann noch nicht, wenn sie dem Verkäufer bekannt ist. Erforderlich ist vielmehr weiter, dass der Verkäufer darauf in irgendeiner Form zustimmend reagiert.

Merke: Wenn eine Sachmängelhaftung nach § 434 I 1 BGB zu bejahen ist, empfiehlt es sich, kurz klarzustellen, dass aufgrund des Wortes „soweit" die Anwendung des § 434 I 2 BGB ausgeschlossen ist.

bb) Sachmangel gem. § 434 I 2 BGB

Zu den Sachmängelbegriffen § 434 I 2, OLG Düsseldorf, NJW 2006, 2858, RA 10/2006, 596 und BGH NJW 2006, 434

1. Bei § 434 I 2 Nr. 1 handelt es sich ausschließlich um nicht abgesprochene, nach dem Vertrag jedoch faktisch vorausgesetzte und für den Verkäufer erkennbare Verwendungen außerhalb der gewöhnlichen Verwendung.
2. Normaler Verschleiß bei einem Gebrauchtwagen stellt grundsätzlich keinen Mangel dar.
3. Bei § 434 I 2 Nr. 2 ist für die Bewertung dessen, was „üblich" ist, die Vergleichsgruppe zu bestimmen. Mit „üblich" ist nicht gemeint, was bei einem bestimmten Hersteller üblich oder normal ist, vielmehr ist die Üblichkeit am faktischen Niveau zu messen, das vergleichbare Waren anderer Hersteller erreicht haben und das inzwischen die Markterwartung prägt.
4. Es entspricht der Normalerwartung eines jeden Gebrauchtwagenkäufers, dass ein zur Weiterbenutzung gekauftes Kfz auch bestimmungsgemäß genutzt werden kann und nicht wegen schwerwiegender Mängel nicht mehr fahrbereit ist.

Das Gericht differenzierte:

Die Rechnung ist eine Willenserklärung. Für diese gelten die Regeln des BGB. Für den Zugang der Rechnung greift § 1357 I BGB zur Begründung der Empfangsvertretung ein. Folglich vertrat F den M beim Empfang der Rechnung.

Der Mahnbescheid ist jedoch keine Willenserklärung. Für ihn gelten die Bestimmungen der ZPO, die von Amts wegen zu beachten sind. Die Regeln der §§ 166 ff. ZPO griffen nicht zu Lasten des M. Eine Ersatzzustellung gem. § 178 ZPO lag nicht vor, weil M nie in der neuen Wohnung gelebt hatte. Folglich galt der Mahnbescheid nicht an M zugestellt.

Zum Tiermangel gem. § 434 I 2 Nr. 1 und 2 BGB, BGH VII ZR 266/06 vom 7.2.2007, RA 2007, 195:

1. Die Eignung eines klinisch unauffälligen Pferdes für die vertraglich vorausgesetzte Verwendung als Reitpferd wird nicht schon dadurch beeinträchtigt, dass aufgrund von Abweichungen von der „physiologischen Norm" eine geringe Wahrscheinlichkeit dafür besteht, dass das Tier zukünftig klinische Symptome entwickeln wird, die seiner Verwendung als Reitpferd entgegenstehen
2. Abweichungen eines verkauften Pferdes von der „physiologischen Norm", die sich im Rahmen der üblichen Beschaffenheit vergleichbarer Pferde halten, sind nicht deswegen als Mangel einzustufen, weil „der Markt" auf derartige Abweichungen mit Preisabschlägen reagiert.

Zu § 434 I 2 Nr. 2 BGB, BGH NJW 2009, 1588:

Ein Gebrauchtwagen ist nicht allein wegen längerer Standzeit gem. § 434 I 2 Nr. 2 BGB mangelhaft. Entscheidend ist, ob Mängel vorliegen, die auf die längere Standzeit zurückzuführen sind.

Zu § 434 I 2 Nr. 2 BGB, BGH NJW 2009, 2056:

Es stellt keinen Sachmangel gem. § 434 I 2 Nr. 2 BGB dar, wenn ein Kfz mit Dieselpartikelfilter nur eingeschränkt im reinen Kurzstreckenbetrieb verwendet werden kann und wegen der Reinigung des Filters von Zeit zu Zeit Überlandfahrten nötig sind, wenn dies nach dem Stand der Technik nicht zu vermeiden ist und aus demselben Grund auch die Fahrzeuge anderer Hersteller gleich beeinträchtigt sind, wenn sie ebenfalls einen Dieselpartikelfilter ausweisen (a.A.: OLG Stuttgart NJW-RR 2008, 1077).

cc) Sachmangel gem. § 434 III BGB

Problem: Abgrenzung zur Aliud Lieferung und zu § 241a BGB

- Parteien legen die Gattungsmerkmale fest.
- Entscheidend ist der erkennbare Erfüllungswille – sonst gilt allgemeines Schuldrecht.
- Auch bei Totalaliud Anwendbarkeit von §§ 434 III, I BGB, sofern Erfüllungswille erkennbar (h.M.).

Zum Verhältnis zwischen Sachmängelrecht und allgemeinem Schuldrecht bei Aliud-Lieferung: KG Berlin NJW-RR 2012, 506 ff.

Die Parteien hatten beim Kfz-Kauf sich auf Lieferung eines Modells mit bestimmten Merkmalen geeinigt – Modell, Hubraum, Leistung. Zur Zeit der Auslieferung gab es das Modell mit den vereinbarten Eigenschaften nicht mehr. Käufer nahm unwissend ein Modell mit geringerer Motorleistung an und verlangte Nacherfüllung.
Das Kammergericht (OLG Berlin) sieht eine unmögliche Verpflichtung aus einem Gattungskauf. Weil der Käufer die Falschleistung zunächst als Erfüllung angenommen hat, wenn auch irrtümlich, soll § 434 III BGB Anwendung finden. Dem Käufer spricht es ein Rücktrittsrecht aus §§ 437 Nr. 2, 326 V BGB zu.

dd) Rechtsmangel gem. § 435 BGB

Definition: Ein **Rechtsmangel** liegt vor, wenn Dritte Rechte am Recht geltend machen, sofern die Rechte nicht im Kaufvertrag übernommen wurden.

<u>Merkbeispiele</u>:

- Beschränkte dingliche Rechte
- Fehlende Lizenz zur Verwertung oder Nutzung eines Immaterialgüterrechtes

- § 566 BGB: Verkauftes Grundstück ist vermietet
- Vormerkung eines Dritten am verkauften Grundstück
- Verkauf einer gestohlenen Sache (P) Abgrenzung zur Unmöglichkeit wegen § 935 BGB (s.o.)

Zum Rechtsmangel wegen Beschlagnahme nach § 94 StPO aufgrund Diebstahlverdachts, OLG Hamm NJW-RR 2012, 1441 :

Die Beschlagnahme eines Fahrzeugs gem. § 94 StPO kann einen Rechtsmangel darstellen, wenn hierdurch dem Käufer das Eigentum auf Dauer entzogen wird, Ein Schadensersatzanspruch setzt aber eine Nacherfüllungsverlangen voraus. Unmöglichkeit nach § 935 BGB liegt erst vor, wenn sich der Diebstahlsverdacht bestätigt.

Zur Unterscheidung von Sach- und Rechtsmangel im Falle einer Baulast: BGH NJW 2011, 3640:

Die verkaufte Eigentumswohnung war mit einer nicht ins Baulastenverzeichnis eingetragenen Baulast i.S.d § 83 I BauO NRW belastet.
Der BGH sieht darin einen Sachmangel, weil es sich nicht um ein Privatrecht eines Dritten, sondern um eine öffentlich-rechtliche Belastung handelt.
Anders die h.L.: Sie differenziert bei öffentlich-rechtlichen Beschränkungen danach, ob es sich

- um eine Baulast handelt, die sich individuell auf das betreffende Grundstück bezieht (Rechtsmangel), oder
- um eine öffentlich rechtliche Beschränkung aufgrund allgemeinen Bauplanungs- oder Bauordnungsrechts (Sachmangel, da dies eine Beschaffenheit des Grundstücks aufgrund der Umweltbeziehung darstellt).

c) Beim (oben festgestellten) Gefahrübergang vorhanden:

aa) Grundsätzlich muss der Käufer sowohl das Vorliegen eines Sachmangels, als auch sein Vorhandensein bei Gefahrübergang beweisen. Dies folgt allgemeinen Darlegungs- und Beweislastregeln, nach denen jeder die für ihn günstige Tatsache darlegen und beweisen muss. Teilweise wird dies zusätzlich auf analog § 363 BGB gestützt.

bb) Beweislastumkehr des § 476 BGB beim Verbrauchsgüterkauf:

Voraussetzungen:

(1) Der Käufer muss Verbraucher gem. § 13 BGB sein.

(2) Der Verkäufer muss Unternehmer gem. § 14 BGB sein.

(3) Das Kaufobjekt muss eine bewegliche Sache sein.

(4) Der Sachmangel zeigt sich innerhalb von sechs Monaten seit Gefahrübergang.

(5) Kein Ausschluss nach § 476 a. E. BGB.

(1) Verbraucher (§ 13 BGB)

Problem: Verbraucherbegriff - Objektive Betrachtung oder Empfängerhorizont

Zum Verbraucherbegriff, BGH NJW 2009, 3780:

Schließt eine natürliche Person ein Rechtsgeschäft objektiv zu einem nicht zur gewerblichen oder selbständigen beruflichen Tätigkeit gehörenden Zweck ab, wird das Rechtsgeschäft nur diesem Zweck zugerechnet, wenn die dem Vertragspartner erkennbaren Umstände eindeutig und zweifelsfrei auf die gewerbliche oder selbständige berufliche Tätigkeit hindeuten. Der Verbraucher trägt aber die Beweislast, dass er den Gegenstand nicht gewerblich oder für die selbständige Tätigkeit benutzt hat.

(5) Kein Ausschluss nach § 476 a. E. BGB. → EuGH Urt. 2016 →

Problem: Enthält § 476 BGB auch eine Vermutung für den Mangel selbst? ⊕

Grundlegende Entscheidung, BGH, Urteil vom 2. 6. 2004, VIII ZR 329/03:

Macht der Käufer Rechte gem. § 437 BGB geltend, nachdem er die Kaufsache entgegengenommen hat, trifft ihn die Darlegungs- und Beweislast für die einen Sachmangel begründenden Tatsachen. § 476 BGB enthält insoweit für den Verbrauchsgüterkauf keine Beweislastumkehr. Die Bestimmung setzt einen binnen sechs Monaten seit Gefahrübergang aufgetretenen Sachmangel voraus und begründet eine lediglich in zeitlicher Hinsicht wirkende Vermutung, dass dieser Mangel bereits im Zeitpunkt des Gefahrübergangs vorlag.

BGH, Urteil vom 15.01.2014, VIII ZR 70/13:

Nach der ständigen Rechtsprechung des 8. Senats des BGH in Zivilsachen muss der Käufer beim Verbrauchsgüterkauf beweisen, dass binnen sechs Monaten seit Gefahrübergang ein Sachmangel aufgetreten ist. Gelingt ihm der Beweis dieses Grundmangels, wird gem. § 476 BGB vermutet, dass dieser Mangel im Zeitpunkt des Gefahrübergangs bereits vorlag.

Der BGH knüpft seine Argumentation wörtlich an die Formulierung „zeigt sich ... ein Mangel."

Beweislastumkehr gem. § 476 BGB bei Karosseriebeschädigungen, BGH NJW 2005, 3490:

1. Ein Sachmangel der Kaufsache kann sich dem Käufer auch dann erst nach Gefahrübergang „zeigen", wenn er ihn im Falle einer eingehenden Untersuchung schon bei der Übergabe hätte entdecken können.
2. Die Vermutung, dass ein Sachmangel bereits bei Gefahrübergang vorgelegen hat, ist nicht schon dann mit der Art des Mangels unvereinbar, wenn der Mangel typischerweise jederzeit auftreten kann und deshalb keinen hinreichend sicheren Rückschluss darauf zulässt, dass er schon bei Gefahrübergang vorhanden war.
3. Die Vermutung, dass ein Sachmangel bereits bei Gefahrübergang vorgelegen hat, kann auch für äußere Beschädigungen der Kaufsache wie etwa einen Karosserieschaden eines verkauften Kraftfahrzeugs eingreifen. Sie ist jedoch dann mit der Art des Mangels unvereinbar, wenn es sich um äußerliche Beschädigungen handelt, die auch dem fachlich nicht versierten Käufer auffallen müssen.

Zur Beweislastumkehr gem. § 476 BGB, BGH NJW 2007, 2619 (Zuchtkaterfall):

Die Beweislastumkehr hängt nicht davon ab, dass der Verkäufer einen Wissensvorsprung vor dem Käufer hinsichtlich der Mangelfreiheit der Kaufsache haben muss. Ansonsten würde sie bei verdeckten Mängeln, die typischerweise bei originalverpackter Ware auftreten, generell nicht eingreifen. Dann würde der den Verbraucher schützende Charakter der Norm weitgehend leer laufen.

Zum Mangelzeitpunkt, Beweislastumkehr gem. § 476 BGB, BGH NJW 2007, 2621 (Bestätigung von BGH NJW 2005, 3490):

Zeigt sich innerhalb von 6 Monaten nach Gefahrübergang ein Sachmangel (hier: defekte Zylinderkopfdichtung) und kommen als Ursachen sowohl ein Fahrfehler oder ein Bedienungsfehler (z.B. zu wenig Kühlflüssigkeit) in Betracht, ist aber nicht sicher, ob diese Ursache vor oder nach Gefahrübergang gesetzt wurde, begründet § 476 BGB die Vermutung, dass der Mangel schon bei Gefahrübergang vorhanden war.

TIPP: Dieses Phänomen wird bei originalverpackter Ware wohl kaum auftreten!

In der Literatur wird diese Rechtsprechung scharf kritisiert.

Wörtlich ausgelegt, deute die Formulierung „ein“ Sachmangel im Tatbestand des § 476 BGB darauf hin, dass nur irgendeine Funktionsstörung gegeben sein müsse, um auf das Vorliegen eines „Grundmangels“ schließen zu lassen. Daher erfasse die Vermutung bei einer Fehlfunktion auch das Vorliegen des Mangels selbst, sofern er sich in den ersten sechs Monaten seit Gefahrübergang zeigt. Dies entspräche auch der ratio legis des § 476 BGB, der aus Verbraucherschutznorm dem Verbraucher aus der Beweisnot helfen solle. Ferner sei die Parallele zur Haltbarkeitsgarantie des § 443 BGB de facto gegeben. (Lorenz, NJW 2004, 3020).

Problem: Abgrenzung Mangel - Verschleiß
Verschleiß bei einem Gebrauchtwagen stellt grundsätzlich keinen Mangel dar (vgl. BGH, Urteil vom 23. 11. 2005 - VIII ZR 43/05).

3. Kein Ausschluss der Nacherfüllung (Beachte § 475 BGB)

a) kraft Rechtsgeschäft:
Beachte im Falle der Individualabrede die Klauselverbote der §§ 475, 444, 134, 138, 242 BGB.
Beachte im Falle der AGB die Klauselverbote aus §§ 475, 444, 309, 308, 307 und §§ 134, 138, 242 BGB.

aa) § 475 I BGB

(1) Verbrauchsgüterkauf § 474 BGB

(2) Eine zum Nachteil des Verbrauchers von den gesetzlichen Vorschriften der §§ 433 bis 435, 437, 439 bis 443 BGB abweichende Vereinbarung

Problem: Wirtschaftliche Vorteile

Preisnachlässe gleichen rechtliche Nachteile aufgrund der Abweichung nicht aus (beachte das Umgehungsverbot in § 475 I 2 BGB).

(3) Abschluss der Vereinbarung vor Mitteilung des Mangels.

(4) Kein Ausschluss der §§ 475 I, II BGB gem. § 475 III BGB.

Agenturgeschäfte im Gebrauchtwagenhandel, BGH NJW 2005, 1039

Agenturgeschäfte sind im Gebrauchtwagenhandel mit Verbrauchern nicht generell, sondern nur dann als Umgehungsgeschäfte anzusehen, wenn bei wirtschaftlicher Betrachtungsweise der Gebrauchtwagenhändler als der Verkäufer des Fahrzeugs anzusehen ist. Entscheidende Bedeutung kommt hierbei der Frage zu, ob der Händler oder der als Verkäufer in Erscheinung tretende Fahrzeugeigentümer das wirtschaftliche Risiko des Verkaufs zu tragen hat.

Daran anschließend zum Umgehungsverbot, BGH, RA 2007, 72:

1. Schiebt beim Verkauf einer beweglichen Sache an einen Verbraucher der Verkäufer, der Unternehmer ist, einen Verbraucher als Verkäufer vor,, um die Sache unter Ausschluss der Haftung für Mängel zu verkaufen, so richten sich Mängelrechte des Käufers nach § 475 I 2 BGB wegen Umgehung der Bestimmungen über den Verbrauchsgüterkauf gegen den Unternehmer und nicht gegen den als Verkäufer vorgeschobenen Verbraucher.
2. Mit der Angabe in einem Gebrauchtwagenkaufvertrag, dass das Fahrzeug fahrbereit ist, übernimmt der Verkäufer nicht ohne weiteres die Garantie im Sinne des § 443 BGB dafür, dass das Fahrzeug auch noch nach Gefahrübergang über einen längeren Zeitraum oder über eine längere Strecke fahrbereit bleibt.

bb) § 444 BGB

Problem: § 444 BGB: Kausalität des arglistig verschwiegenen Mangels

Auch wenn ein arglistig verschwiegener Mangel für den Kaufentschluss des Käufers nicht ursächlich war, ist dem Verkäufer gem. § 444 BGB die Berufung auf den Haftungsausschluss verwehrt. Anders als § 123 BGB fordert § 444 BGB gerade keine Kausalität (BGH NJW 2011, 3640).

cc) Gewährleistungsausschluss per AGB

Problem: Verhältnis des § 475 BGB zu den §§ 307 ff. BGB

Ist die Klausel bereits gem. § 475 BGB unwirksam, können die §§ 307 ff. BGB angeprüft werden. Allerdings ist die Inhaltskontrolle gem. § 307 III BGB in diesem Fall nicht eröffnet, weil das von § 475 I und II BGB erfasste Verbrauchsgüterkaufrecht positives Recht ist. Dies sollte in der Klausur in jedem Fall klar gestellt werden. Anders verhält es sich, wenn der Verwender mit der Klausel die Ansprüche auf Schadensersatz aus-schließen oder beschränken will. § 475 III BGB stellt in diesem Fall klar, dass die Inhaltskontrolle der §§ 307 ff. BGB anwendbar ist. In diesem Fall ist vor allem §307 Nr. 7 BGB zu beachten.

Problem: Schadensersatz

Eine Klausel in AGB, mit der die gesetzlichen Verjährungsfristen für die Ansprüche des Käufers wegen eines Mangels der verkauften Sache abgekürzt wird, ist wegen Verstoßes gegen die Klauselverbote des § 309 Nr. 7a und 7b BGB insgesamt unwirksam, wenn die in diesen Klauselverboten bezeichneten Schadensersatzansprüche nicht von der Abkürzung der Verjährungsfrist ausgenommen werden (Zum Gewährleistungsausschluss BGH, Urteil vom 15.11.2006, VIII ZR 3/06 Jus 2007, 284: (sehr praxisrelevant)).

dd) Beschaffenheitsvereinbarung

Eine Beschaffenheitsvereinbarung i.S.d. § 434 I BGB ist von einem vertraglichen Gewährleistungsausschluss nicht erfasst. Der Ausschluss kann aber § 434 I 2 BGB erfassen.

b) Ausschluss kraft Gesetz: §§ 442, 445 BGB, 242 BGB und § 377 HGB

Aktuell zu § 442 S.2 BGB bei Ebay-Auktionen, BGH Beck RS 2012 09229:

Grob fahrlässige Unkenntnis des Käufers im Sinne des § 442 S. 2 BGB von der Unechtheit eines im Internet unter Angabe des Markennamens versteigerten Luxusobjekts kann nicht mit der Begründung bejaht werden, es sei erfahrungswidrig, dass ein solcher Gegenstand mit einem Startpreis von nur einem Euro angeboten werde.

Ausschluss gem. § 242 BGB durch deklaratorisches Anerkenntnis Vorbehaltlose Zahlung einer Rechnung, BGH NJW RR 2007, 530:

Die vorbehaltlose Zahlung einer Rechnung rechtfertigt für sich genommen nicht die Annahme eines deklaratorischen Anerkenntnisses der beglichenen Forderung. Sie ist auch kein Anerkenntnis, dass der Mangel nicht bei Gefahrübergang vorhanden war.

4. Nacherfüllungsverlangen

Der Käufer verzichtet nicht konkludent auf eine Beschaffenheitsvereinbarung, wenn er ein Nacherfüllungsverlangen ausspricht (vgl. BGH RA 2013, 229).

5. Kein Untergang des Anspruchs: §§ 362 I, 275 I BGB

Problem: Ist Nachlieferung auch bei einer Stückschuld möglich

e.A.: Beim Stückkauf beschränkt sich die Pflicht auf das ausgewählte Stück. Nachlieferung scheidet von vornherein aus.

a.A.: (OLG Braunschweig NJW 2003, 1053): Dem Käufer steht beim Stückkauf ein Recht auf Nachlieferung zu, wenn die mangelhafte Sache im Sinne des § 91 BGB vertretbar ist und am Markt in gleicher Qualität beschafft werden kann. Argumente: Der Gesetzgeber hat mit dem SMG die Unterscheidung zwischen Stückkauf und Gattungskauf aufgegeben, stattdessen werden die Rechte des Verkäufers durch seine Einrede der Unverhältnismäßigkeit gem. § 439 III BGB gewahrt.

BGH: Der Parteiwille zählt. Nachlieferung scheidet nur dann aus, wenn der Gläubiger (Käufer) den Leistungsgegenstand durch Test, Besichtigung oder Probefahrt individualisiert hat.

Nachlieferung beim Stückkauf- Modifizierende Auffassung des BGH in NJW 2006, 2839, RA 10/2006, 601

1. Die Nachlieferung ist auch beim Stückkauf nicht von vornherein ausgeschlossen.
2. Nachlieferung kommt jedenfalls dann in Betracht, wenn nach der Vorstellung der Vertragsparteien der Kaufgegenstand gegen eine gleichartige und gleichwertige Sache ausgetauscht werden kann.
3. Beim Gebrauchtwagenkauf kommt eine Neulieferung aber nicht mehr in Betracht, wenn eine „persönliche Besichtigung" des Fahrzeugs vorausgegangen ist.

Zumutbarkeit der Nacherfüllung durch Ersatzlieferung beim Stückkauf (§ 439 I BGB) - OLG Braunschweig NJW 2003, 1053 = RA 2003, 325

Aus dem Umstand, dass der Verkäufer eines tageszugelassenen Personenkraftwagens kein Fahrzeug mehr im Bestand hat, das den vertragsgemäßen Ausstattungsumfang aufweist, folgt noch nicht, dass ihm die Nacherfüllung durch Ersatzlieferung im Sinne des § 275 I BGB unmöglich ist.

6. Keine Einreden

a) Verjährung gem. § 214, 438 BGB

Beachte: Unwirksamkeit der Verkürzung gem. § 475 II BGB und § 309 Nr. 8b ff. BGB)

b) § 439 III BGB, (bzw. 275 II, III BGB)

Fliesenfall": Richtlinienkonformität des § 439 III 1 BGB – EuGH BeckRS 2011, 80988:

Der Verkäufer hatte für 1.382,- Euro mangelhafte Fliesen verkauft, die der Käufer selbst in sein Haus einbauen ließ. Der Käufer begehrt neue Fliesen, sowie Zahlung zukünftig noch entstehender Aus- und Einbaukosten, insgesamt 5.830,- Euro. Weil die möglichen Kosten einer Nacherfüllung wegen Einbau- und Ausbaukosten den Wert der gelieferten Sache im mangelfreien Zustand um mehr als 150 % überschreiten (ca. 3.300,- Euro) berief sich der Verkäufer auf die Einrede des § 439 III BGB wegen absoluter Unverhältnismäßigkeit.
Der BGH legte den Fall mit Beschluss vom 14.01.2009 dem EUGH vor, um zu prüfen, ob § 439 III 1 BGB im Widerspruch zu der Verbrauchsgüterkaufrichtlinie 1999/44/EG stehe, weil der Verkäufer nach Art 3 Absatz 3 der Richtlinie die Nacherfüllung nicht wegen absoluter, sondern nur wegen relativer Unverhältnismäßigkeit ("verglichen mit der alternativen Abhilfemöglichkeit") der dafür erforderlichen Kosten verweigern darf.

Der EUGH entschied in BeckRS 2011, 80988:
Aus Art. 3 Abs. 3 der RIL 1999/44/EG ergibt sich, dass keine nationale gesetzliche Regelung dem Verkäufer das Recht gewähren darf, die Ersatzlieferung für ein vertragswidriges Verbrauchsgut als einzig mögliche Art der Abhilfe mit der Begründung zu verweigern, die Kosten der Nacherfüllung seien im Vergleich zum Wert des Verbrauchsgutes im mangelfreien Zustand zu hoch.

Fazit: § 439 III 1 BGB ist im Falle des Verbrauchsgüterkaufs nicht richtlinienkonform.

c) § 439 IV BGB (beachte § 474 II 1 BGB a.F. und seit 13.06.2014 § 474 V BGB n.F.)

Zur Frage, ob § 439 IV BGB auf § 346 I 2. Fall BGB verweist:
Zunächst: OLG Nürnberg, NJW 2005, 3000:
Der Verkäufer hat keinen Anspruch aus § 439 IV i.V.m. §§ 346 I, II, 100, 348 auf Nutzungsherausgabe oder Wertersatz für gezogene Nutzungen, wenn der Käufer bei Nachlieferung die

mangelhafte Kaufsache zurückgibt (teleologische Reduktion des § 439 IV BGB).
Dann: BGH legte dem EuGH vor: Beschluss vom 16.08.06, VIII ZR 200/05:
Der BGH teilte die Bedenken des OLG, sah aber keine Möglichkeit, den Wortlaut des § 439 IV BGB zu korrigieren. Der Senat war unsicher, ob § 439 IV BGB mit Richtlinie 1999/44/EWG konform ist, weil dort gemäß Art 3 Abs.2 bis 4 die Herstellung des vertragsgemäßen Zustandes durch Ersatzlieferung für den Verbraucher unentgeltlich und ohne Unannehmlichkeiten erfolgen muss.
Dann: EuGH NJW 2008, 1433 und BGH NJW 2009, 427: Dadurch Neuregelung: § 474 V BGB: Beim Verbrauchsgüterkauf schuldet der Verbraucher bei Nachlieferung keine Nutzungsentschädigung, wenn der Käufer die mangelhafte Sache zurückgibt.

Verbliebene Relevanz der Problematik: Wenn der Käufer kein Verbraucher ist.

7. Umfang des Nacherfüllungsanspruchs

a) Bei vom Käufer selbst eingebauten Sachen

Zum Umfang des Nacherfüllungsanspruchs, EUGH, BeckRS 2011, 80988:

Der Nacherfüllungsanspruch gem. §§ 437 Nr. 1, 439 I BGB umfasst bei Lieferung eines vertragswidrigen Verbrauchsgutes beim Verbrauchsgüterkauf:
- Lieferung einer mangelfreie Sache im Wege der Nacherfüllung,
- die Kosten für die Lieferung der mangelfreien Sache an den Wohnort des Käufers,
- die Kosten für den Ausbau der bereits eingebauten mangelhaften Sache und
- die Kosten für deren Entsorgung und
- die Kosten für den Einbau der mangelfreien Sache.

Der Verkäufer kann diese Kosten durch Tätigwerden selbst tragen oder er hat sie als Schadensersatz unter den Voraussetzungen des §§ 437 Nr. 3, 280 I, III, 281 I 1 2. Fall BGB zu tragen.

b) Nacherfüllungsort, wenn die Sache nicht eingebaut wurde

Aus der EUGH-Entscheidung ergibt sich, dass beim Verbrauchsgüterkauf nach der RiL 1999/44/EG der Belegenheitsort der Sache der Nacherfüllungsort sein soll.

Zwei Monate vor der o.g. EUGH Entscheidung hatte der BGH entschieden, dass der Nacherfüllungsort nach § 269 BGB zu bestimmen sei, sofern die Parteien nichts vereinbart hätten. Habe der Verbraucher eine bewegliche Sache beim Unternehmer gekauft und selbst zu sich nach Hause geschafft, sei der Leistungsort der Nacherfüllung gem. § 269 I BGB beim Schuldner, also beim Verkäufer/Unternehmer. Dies sei im Einklang mit Art. 3 III der RiL 1999/44/EG, weil die dort geforderte Unentgeltlichkeit auch dadurch gewährleistet sei, dass der Käufer die Kosten des Rücktransports gem. § 439 II BGB vom Verkäufer verlangen könne – zur Not als Vorschuss (BGH, BeckRS 13399, NJW 2011, 2278, RA 2011, 342).

Meines Erachtens ist diese Sichtweise im Falle des Verbrauchsgüterkaufs durch die EUGH-Entscheidung überholt worden. Der Rückgriff auf § 269 BGB verbietet sich, weil die Parteivereinbarung für die Bestimmung des Nacherfüllungsortes nicht vorrangig vor der Richtlinienauslegung stehen darf. Dies ergibt sich eindeutig aus der EUGH-Entscheidung (so auch Augenhofer, JuS 2011, 680 ff.; a.A. Looschelders JA 2011, 783).

Zum Nacherfüllungsort, BGH NJW 2012, 1073 (Fliesenfall nach EUGH-Beschluss):

Der BGH entschied, dass der Anspruch auf Ersatzlieferung auch den Ausbau und den Abtransport der Sache zu umfassen hat. Dies begründete der Senat mit dem Argument, dass die Nacherfüllung nach dem Willen des deutschen Gesetzgebers auch dazu dienen soll, dem Verkäufer die Möglichkeit zur zweiten Andienung einzuräumen. Damit wäre nur schwer zu vereinbaren, wenn der Verkäufer innerhalb der Ersatzlieferung den Ausbau nicht selbst vornehmen dürfe, weil er diesen in vielen Fällen kostengünstiger erledigen könne. Mit diesem

Argument setzt sich der BGH zumindest beim Verbrauchsgüterkauf in Widerspruch zu seiner Entscheidung über den Nacherfüllungsort aus NJW 2011, 2278, RA 2011, 342.

Die BGH-Entscheidung NJW 2011, 2278, RA 2011, 342 kann daher nur Relevanz für das Verhältnis von Unternehmern untereinander oder von Verbrauchern untereinander entfalten.

Bei Kauf eines Unternehmers vom Unternehmer, BGH RA 2012, 660 ff.:

Die Grundsätze der Rechtsprechung des EUGH/BGH zum Umfang des Nacherfüllungsanspruchs gem. §§ 437 Nr. 1, 439 I BGB sind über den Verbrauchsgüterkauf hinaus nicht auf Verträge zwischen Unternehmern anwendbar.
Dies wäre nur bei einer „überschießenden Umsetzung" der Verbrauchsgüterkaufsrichtlinie 1999/44/EG ins deutsche Recht möglich gewesen. Hierfür könnte zunächst die „große Lösung" durch das SMG sprechen, weil anders als in Frankreich zugleich das Kaufrecht insgesamt reformiert wurde und nicht nur ein zusätzlicher Titel/Untertitel eingefügt wurde. Jedoch muss der Wille des nationalen Gesetzgebers im Gesetzgebungsverfahren zur „überschießenden Umsetzung" hervorgetreten sein.

Dies ist nicht der Fall. Den Gesetzesmaterialien ist zu entnehmen, dass dem Gesetzgeber eine so weitgehende Ausdehnung der Nachlieferungspflicht, wie sie der Gerichtshof vorgenommen hat, nicht vor Augen gestanden und er sie deshalb jedenfalls nicht für das gesamte Kaufrecht gewollt haben würde. Mit der Nacherfüllung soll nach der gesetzgeberischen Konzeption der Schuldrechtsreform lediglich eine nachträgliche Erfüllung der Verkäuferpflichten aus § 433 I 2 BGB durchgesetzt werden; der Käufer soll mit der Nacherfüllung das erhalten, was er vertraglich zu beanspruchen hat.

III. Schadensersatzanspruch des K gegen V wegen nicht wie geschuldet erbrachter Leistung / Nacherfüllung aus §§ 437 Nr. 3, 280 I, III, 281 I 1 2. Fall BGB

Der Aufbau folgt der h.M., nämlich dem „Konzept der doppelten Pflichtverletzung". Dieses ist vom BGH bisher zwar nicht offiziell bestätigt worden, jedoch folgt der BGH faktisch diesem Konzept, wie die unten zitierten Entscheidungen zeigen.

1. Wirksamer Kaufvertrag (beachte auch §§ 480; 651 BGB)
2. Mangel bei Gefahrübergang (wie bei Nacherfüllungsanspruch s.o.)
3. Kein Ausschluss der Mängelhaftung oder des Schadensersatzanspruchs (wie beim Nacherfüllungsanspruch s.o.)
4. Pflichtverletzung i.S.d. §§ 437 Nr. 3, 280 III, 281 I 1 Fall 2 BGB: Nicht wie geschuldet erbrachte Leistung gemäß §§ 433 I 2, 437 Nr. 1, 439 I BGB bis zum Ablauf einer angemessenen Pflicht zur Nacherfüllung

   Es ist umstritten, worauf sich das Vertretenmüssen bezieht. In Betracht kommen die ursprünglich mangelhafte Leistung oder das Ausbleiben einer mangelfreien Leistung bis zum Fristablauf, bzw. des Fristablaufersatzes. Wer dem „Konzept der doppelten Pflichtverletzung" folgt, muss bereits beim Aufbau des objektiven Pflichtverletzungstatbestandes Sorge tragen, dass eine Darstellung des Streitstandes beim Vertretenmüssen nachvollzogen werden kann.

   a) Lieferung einer mangelhaften Sache (s.o.)

      Deklaratorisch kann hier auf die Lieferung der mangelhaften Sache hingewiesen werden. Nötig ist dies nicht, weil der Mangel bei Gefahrübergang fest steht.

   b) Fälliger Nacherfüllungsanspruch

      Um einen Kausalzusammenhang zwischen der schuldhaften Pflichtverletzung und dem eingetretenen Schaden herzustellen, muss der Umfang des Nacherfüllungsanspruchs hier verdeutlicht werden. Dies ist insbesondere in den o.g. Einbaufällen (Parkettstäbefall, Fliesenfall, Spülmaschinenfall) unbedingt nötig, aber auch dort, wo der Leistungsort der Nacherfüllung fraglich ist.

c) Durchsetzbarer Nacherfüllungsanspruch (beachte aber §§ 440, 439 III BGB)

§ 440 BGB erlaubt das Fordern des Schadensersatzes statt der Leistung auch dann, wenn sich der Verkäufer auf §439 III BGB beruft und der Nacherfüllungsanspruch undurchsetzbar ist.

d) Erfolgloser Ablauf der Nacherfüllungsfrist, sofern nicht gem. §§ 440, 478, 281 II BGB entbehrlich

Problem: Zu kurze Frist oder unbezifferte Frist (vgl. Darstellung unten bei §§ 437, 323 BGB)

5. Vertretenmüssen

Problem: Auf welchen Zeitpunkt bezieht sich das Vertretenmüssen?

- Auf die mangelhafte Lieferung?
- Auf das Ausbleiben der mangelfreien Leistung bei Fristablauf oder dem Ersatzzeitpunkt?
- Auf beide Zeitpunkte? (Konzept der doppelten Pflichtverletzung: Faust in FS für Canaris S. 235 ff., Fest in JURA 2005. S. 734 ff., MünchKomm-Ernst, BGB, § 281 Rn 47).

Bei strenger wörtlicher Auslegung bezieht sich das Vertretenmüssen auf den Zeitpunkt der Lieferung der mangelhaften Sache. Hierfür könnte sprechen, dass § 433 I BGB in S. 2 die Pflicht zur mangelfreien Leistung normiert. Es besteht Einigkeit, dass beim Schadensersatzanspruch neben der Leistung aus § 437 Nr. 3, 280 I BGB diese Pflichtverletzung der alleinige Anknüpfungspunkt ist (MünchKomm-Ernst, BGB, § 281 Rn 47).

Dieser Gedanke kann auf § 281 I 1 BGB nicht übertragen werden.

Das Gesetz fasst in § 281 I 1 BGB die Pflichtverletzung differenzierter. Das endgültige Ausbleiben der vertragsgemäßen Leistung bei Fristablauf (bzw. beim Ersatzzeitpunkt aus den §§ 440, 478, 281 II BGB) muss ebenfalls entscheidend sein, weil sich erst dort der Pflichtverletzungstatbestand des § 281 I 1 BGB vollendet. (MünchKomm-Ernst, BGB, § 281 Rn 47; Palandt-Grüneberg, BGB, § 281 Rn 16, beachte auch die „Parkettentscheidung" BGH, NJW 2008, 2837 ff., Rn. 28).

Aus dem Recht zur zweiten Andienung des Schuldners in § 281 I 1 BGB und aus dem Recht des Gläubigers, durch seine Erklärung gem. § 281 IV BGB die Primärpflicht des Schuldners endgültig zum Erlöschen zu bringen, ergibt sich, dass die §§ 280 I, III, 281 I 1 BGB im Falle der Schlechtleistung einen einheitlichen zweigliedrigen Pflichtverletzungstatbestand enthalten. Dieser ist vollendet, wenn die Nacherfüllung endgültig gescheitert ist.

Daraus folgt, dass auch dann, wenn der Verkäufer, wenn er den Mangel bei Gefahrübergang zu vertreten hat, nicht aber den erfolglosen Fristablauf, dennoch aus §§ 437 Nr. 3, 280 III, 281 I 1 2. Fall BGB haften kann, weil er durch die mangelhafte Leistung das Risiko gesetzt hat, dass die Nacherfüllung auch aus von ihm nicht zu vertretenden Gründen ausbleiben kann. (Fest in JURA 2005. S. 736, MünchKomm-Ernst, BGB, § 281 Rn 48).

<u>Fazit</u> des „Konzepts der doppelten Pflichtverletzung" (Faust, FS für Canaris, S. 236):

Der Verkäufer haftet nicht, wenn er darlegt und beweist, dass

- er die mangelhafte Leistung bei Gefahrübergang nicht zu vertreten hat,
- der den erfolglosen Fristablauf oder das Ausbleiben der geschuldeten Nacherfüllung beim Ersatzzeitpunkt nicht zu vertreten hat.

Hat er beide Pflichtverletzungen zu vertreten, liegt ein Fall der Anspruchskonkurrenz vor.

Beachte die „Parkettentscheidung" des BGH in NJW 2008, 2837 ff. (Rn 28):

Nach dieser Entscheidung kann der Anknüpfungspunkt für das Verschulden, sowohl die ursprüngliche nicht mangelfreie Lieferung als auch das Ausbleiben der Nacherfüllung sein kann.

Beachte die „Dackelentscheidung" des BGH, Urteil vom 22.06.2005, VIII ZR 281/04:

Der BGH verneinte ausdrücklich einen Anspruch auf Schadensersatz statt der Leistung, weil der Verkäufer weder die mangelhafte Leistung bei Gefahrübergang, noch den erfolglosen Fristablauf zu vertreten hatte.

Problem: Hersteller ist nicht Erfüllungsgehilfe des Verkäufers i.S.d. § 278 BGB

Der Hersteller ist nicht der Erfüllungsgehilfe des Verkäufers, auch wenn der Gesetzgeber am 01.01.2002 in § 433 I 2 BGB die Pflicht zur mangelfreien Leistung normiert hat. Dies folgt schon daraus, dass der Gesetzgeber dies in der Gesetzesbegründung, Bt-Drs. 14/60640, S. 209, ausdrücklich geäußert hat: „Bei der Erfüllung der Verschaffungspflicht bedient sich der Verkäufer nicht des Herstellers, die Herstellung der Sache ist nicht in den Pflichtenkreis des Verkäufers einbezogen." Dies folgt ferner daraus, dass der Pflichtenkreis des Verkäufers auf die Übereignung beschränkt ist (BGH, Urteil vom 02.04.2014, VIII ZR 46/13).

6. Kein Ausschluss wegen unerheblicher Pflichtverletzung gemäß §§ 281 I 3, 281 V BGB, wenn Schaden statt der ganzen Leistung verlangt wird
7. Rechtsfolge: Schadensersatz statt der Leistung

a) Verlangen gemäß § 281 IV BGB

b) Ersatzfähiger und kausaler Schaden

Wählt der Gläubiger den Anspruch auf Schadensersatz statt der ganzen Leistung wegen des Interessefortfalls (Teilleistung gem. § 281 I 2 BGB) oder erheblicher Pflichtverletzung (nicht wie geschuldet bewirkte Leistung gem. § 281 I 3 BGB), ist § 281 V BGB zusätzlich zu beachten.

aa) Ersatzfähiger Schaden gem. §§ 249 ff. BGB

Der Schaden ist grundsätzlich auf das positive Interesse gerichtet. Jedoch bestehen beim Schadensumfang Streitstände:

Definition: **Schaden i.S.d. § 281 I 1 2. Fall BGB** (vgl. Urteil des BGH, NJW 2009, 2674 ff.):
- Jede unfreiwillige Vermögenseinbuße im Sinne der § 249 ff. BGB,
- die zum positiven Interesse gehört (seit BGH NJW 2009, 2674, Palandt-Grüneberg, BGB, § 280 Rn 18)
- adäquat kausal auf der endgültigen Schlechtleistung beruht.
- ohne Verzögerungsschaden zu sein (letzter Punkt streitig. BGH erlaubt das Einbeziehen von Schäden neben der Leistung in eine Gesamtschadensbilanz).

Problem: Ersatz des Betriebsausfallschadens / entgangenen Gewinns

Der letzte Punkt (s. Definition) ist umstritten: Der BGH erlaubt in der zitierten Entscheidung das Einbeziehen von Schäden neben der Leistung in eine Gesamtschadensbilanz. Nach dem von Ernst vertretenen „dynamischen Schadensbegriff" (MünchKomm-Ernst, BGB, § 280 Rn 64 ff. (69)), soll dies nicht der Fall sein. Danach soll strikt zwischen dem Anspruch auf Schadensersatz statt der Leistung und den Ansprüchen auf Schadensersatz neben der Leistung unterschieden werden.

Nach a.A. soll der Betriebsausfallschaden nur über den Schadensersatz neben der Leistung, aber nur unter den Voraussetzungen des Schuldnerverzugs gewährt werden. (Dauner-Lieb, Anwaltskommentar, § 280 BGB, Rn. 42 ff.; Dauner-Lieb/Heidel/Lepa/Ring: Das Neue Schuldrecht, § 2 Rn. 44).

Die holschnitzartige Einteilung der Schäden in „Äquivalenzinteresse" und „Integritätsinteresse" zur Bestimmung der richtigen Anspruchsgrundlage wird der Einteilung des § 280 BGB in Schadensersatz neben der Leistung und statt der Leistung nicht gerecht.

Grundlegende Entscheidung des BGH zum Nutzungsausfallschadens: BGH NJW 2009, 2674:

1. Den infolge der Lieferung einer mangelbehafteten Sache entstandenen Nutzungsausfallschaden kann der am Vertrag festhaltende Käufer nach §§ 437 Nr. 3, 280 I BGB ersetzt verlangen.

2. Auf die Voraussetzungen des §§ 437 Nr. 3, 281 I 1 Fall 2 (Fristsetzungserfordernis) kann es nur ankommen, wenn der Käufer ausdrücklich Schadensersatz statt der Leistung verlangt. (Anmerkung: Erneut lässt der BGH – wie in NJW 2008, 911, 912 – die im Schrifttum diskutierte Frage nach einer Eingruppierung dieses Schadens absichtlich unbeantwortet).
3. Verlangt der Käufer den Nutzungsausfall als Schaden neben der Leistung, kann er ihn unter den Voraussetzungen der §§ 437 Nr. 3, 280 I BGB ersetzt verlangen. Die Voraussetzungen des Verzuges müssen nicht gegeben sein.

bb) Kausalität zwischen ersatzfähigem Schaden und der schuldhaften Pflichtverletzung

Der geltend gemachte Schaden muss auf der zu vertretenden Pflichtverletzung beruhen.

Problem: Verhältnis zwischen §§ 437 ff. BGB und Haftung des Verkäufers aus c.i.c. gem. §§ 280 I, 311 II, 241 BGB

BGH NJW 2009, 2120, RA 2009, 304; BGH NJW 2010, 858, RA 2010, 138:

Jeder Verkäufer muss den Käufer bei den Vertragsverhandlungen über solche Umstände aufklären, die den Vertragszweck vereiteln können und daher für seinen Entschluss von wesentlicher Bedeutung sind, sofern der Käufer die Mitteilung nach der Verkehrsauffassung erwarten kann. Klärt der Verkäufer den Käufer vorsätzlich nicht auf, findet der Schadensersatzanspruch aus §§ 280 I, 311 II, 241 BGB neben den §§ 434 ff. BGB Anwendung. Der Verkäufer muss den Käufer darüber aufklären, dass er das Fahrzeug kurze Zeit vor dem Weiterverkauf von einem nicht im KFZ-Brief eingetragenen fliegenden Zwischenhändler erworben hat.

Selbstvornahme der Reparatur ohne Fristsetzung zur Nacherfüllung, BGH NJW 2005, 1348, RA 2005, 262

1. Sowohl das Recht des Käufers, gem. §§ 437 Nr. 2, 441 BGB den Kaufpreis zu mindern, als auch der Anspruch auf Schadensersatz statt der Leistung gem. §§ 437 Nr. 3, 280, 281 BGB setzen, wenn nicht einer der gesetzlich geregelten Ausnahmetatbestände eingreift, voraus, dass der Käufer dem Verkäufer erfolglos eine angemessene Frist zur Nacherfüllung bestimmt hat.
2. Beseitigt der Käufer den Mangel selbst, ohne dem Verkäufer zuvor eine erforderliche Frist zur Nacherfüllung gesetzt zu haben, kann er auch nicht gem. § 326 II 2, IV BGB (analog) die Anrechnung der vom Verkäufer ersparten Aufwendungen für die Mangelbeseitigung auf den Kaufpreis verlangen oder den bereits gezahlten Kaufpreis in dieser Höhe zurückfordern.

Zur Unmöglichkeit der Nacherfüllung nach Selbstvornahme: BVerfG JuS 2007, 181:

Die Vornahme eines Deckungskaufes führt nicht zur Unmöglichkeit der Nacherfüllung, da sie weder die Möglichkeit der Nachbesserung durch Reparatur der mangelhaften Kaufsache, noch die Möglichkeit der Ersatzlieferung durch Lieferung eines weiteren mangelfreien Stücks beeinträchtigt.

IV. Schadensersatzanspruch des K gegen V wegen Unmöglichkeit der Nacherfüllung aus §§ 437 Nr. 3, 280 I, III, 283 BGB

1. Wirksamer Kaufvertrag (beachte auch §§ 651, 480 BGB)
2. Mangel bei Gefahrübergang
3. Kein Ausschluss der §§ 434 ff. BGB
4. Unmöglichkeit der Nacherfüllung

   a) Fälliger und durchsetzbarer Anspruch aus § 437 Nr. 1, 439 I BGB

b) Unmöglichkeit gemäß § 275 I BGB

5. Vertretenmüssen

6. Rechtsfolge: Schadensersatz statt der Leistung

   Der Umfang des Anspruchs auf Schadensersatz statt der Leistung richtet sich wie beim allgemeinen Schuldrecht auf das volle positive Interesse.

V. Anspruch des K gegen V auf Schadensersatz gem. §§ 437 Nr.3, 280 I BGB

1. Wirksamer Kaufvertrag (beachte auch (§§ 651; 480 BGB)
2. Mangel bei Gefahrübergang (s.o.)
3. Kein Ausschluss der §§ 434 ff. BGB (s.o.)
4. Pflichtverletzung ist der Mangel zur Zeit des Gefahrübergangs
5. Vertretenmüssen

   Problem: Hersteller ist nicht Erfüllungsgehilfe des Verkäufers (s.o)

6. Ersatzfähiger, kausaler Schaden

   Problem: Betriebsausfallschaden (s.o. BGH, NJW 2009, 2674)

   Nach BGH, NJW 2009, 2674 (s.o.) kann der Betriebsausfallschaden neben dem Anspruch auf Nacherfüllung geltend gemacht werden. Er darf, muss aber nicht, in eine Gesamtschadensbilanz des positiven Interesses eingestellt werden.

VI. Anspruch des K gegen V auf Rückzahlung des Kaufpreises gem. § 346 I BGB i.V.m. §§ 437 Nr.2, 323 I 2.Fall BGB wegen nicht wie geschuldet erbrachter Nacherfüllung

1. Rücktrittserklärung gem. § 349 BGB
2. Rücktrittsrecht

   a) Bestehen eines Rücktrittsrechts gem. § 437 Nr. 2 BGB

   aa) Kaufvertragsschluss nach §§ 433, 145 ff. BGB

   bb) Sach- oder Rechtsmangel i.S.v. §§ 434, 435 BGB

   cc) Vorliegen des Mangels bei Gefahrübergang (s.o)

   dd) Kein vertraglicher oder gesetzlicher Ausschluss des Anspruchs auf Nacherfüllung und kein vertraglicher Ausschluss des Rechts auf Rücktritt (s.o.)

   ee) Fristsetzung zur Nacherfüllung und erfolgloser Ablauf dieser Frist (§ 437 Nr. 2 BGB i.V.m. § 323 I 1 BGB), bzw. Ausnahmen (§§ 478, 440, 323 II)

   Problem: Zu kurze Frist

   Eine zu kurz bemessene Frist setzt eine angemessen lange Frist in Gang.

   Problem: Unbezifferte Frist

   Dem Fristsetzungserfordernis i.S.d. §§ 323 I oder 281 I BGB genügt die Aufforderung zu umgehender Leistung. Eine als solche bezeichnete Fristsetzung ist nicht erforderlich. Ausreichend sind Formulierungen wie „umgehend", „so schnell wie möglich", „in angemessener Zeit" (BGH NJW 2009, 3153).

   Problem: Ersatzzeitpunkt gem. § 440 BGB wegen Unzumutbarkeit

   Zum Rücktritt nach erster Nachbesserung wegen deren Mangelhaftigkeit, OLG Hamm NJW-RR 2011, 1423:

   Ein Recht des Käufers zum Rücktritt ohne Gewährung eines zweiten Nachbesserungsversuchs kann gem. § 440 BGB wegen Unzumutbarkeit zu bejahen sein, wenn dem Verkäufer beim ersten Nachbesserungsversuch gravierende Ausführungsfehler unterlaufen oder der erste Nachbesserungsversuch von vornherein nicht auf eine nachhaltige, sondern nur eine provisorische Mängelbeseitigung angelegt war (hier: unzureichend abgedichteter Feuchtigkeitsschaden eines Wohnmobils).

Zur Arglist als außergewöhnlicher Umstand, OLG Koblenz RA 2013, 121 ff.:

Hat der Verkäufer einen Mangel der Kaufsache arglistig verschwiegen, entfallen nicht nur gem. § 444 BGB alle vertraglichen Mängelhaftungsausschlüsse, sondern auch die Pflicht zur Nachfristsetzung.

b) Kein gesetzlicher Ausschluss des Rücktrittsrechts

Zur Erläuterung des Aufbaus: Die Aufspaltung der Ausschlussgründe erfolgt nicht willkürlich. Erfassen Ausschlussgründe den Tatbestand des § 437 BGB, kann kein Rückverweis auf das allgemeine Schuldrecht, hier § 323 BGB mehr erfolgen. Die Ausschlussgründe des § 323 BGB sind davon zu unterscheiden. Nur, wenn man sich „Probleme abschneidet" und kein Hilfsgutachten schreiben will, kann man alle Ausschlussgründe ans Ende setzen.

aa) § 323 V BGB

bb) § 323 VI BGB

Zur Frage des Ausschlusses des § 323 V 2 BGB bei arglistiger Täuschung, wenn der Mangel geringfügig ist, BGH NJW 2006, 1960, RA 07/2006, 403

1. Die schuldnerschützenden Normen § 323 V 2 BGB und § 281 I 3 BGB sind grundsätzlich unanwendbar, wenn der Verkäufer dem Käufer das Vorliegen eines Mangels arglistig verschwiegen hat.
2. Dies gilt auch, wenn der Mangel geringfügig ist, weil es allein auf die Schwere der Pflichtverletzung ankommt; denn das Interesse des Verkäufers am Bestand eines Vertrages, den er nur durch seine Arglist zustande gebracht hat, steht hinter dem Wunsch des Käufers zurück, den Vertrag rückgängig zu machen

Haftungsverschärfung bei Arglist, BGH NJW 2008, 1371:

Hat der Verkäufer dem Käufer einen Mangel der Kaufsache arglistig verschwiegen, darf der Käufer gem. §§ 440 S. 1 Alt. 3, 441 IV 1 BGB sofort mindern.

Zur Frage der Erheblichkeit des Mangels, BGH RA 2008, 366 ff:

1. Die Pflichtverletzung, die in der Lieferung eines Gebrauchtwagens mit dem unbehebbaren Mangel der Eigenschaft als Unfallwagen liegt, ist iSv § 323 V 2 BGB unerheblich, wenn sich der Mangel allein in einem merkantilen Minderwert des Fahrzeugs auswirkt und dieser weniger als 1 % des Kaufpreises beträgt.
2. Bei behebbaren Mängeln besteht noch Unklarheit, ab welcher Kostenhöhe der Mangel erheblich ist. Für erheblich gehalten wurden bereits 3 % (BGH NJW 2005, 3490) und 5 % (OLG Köln NJW 2007, 1694) des Kaufpreises.

Maßgeblicher Zeitpunkt i.S.d § 323 V 2 BGB: BGH, NJW 2009, 508:

Der Zeitpunkt der Rücktrittserklärung ist maßgeblich für die Beurteilung, ob ein Mangel als geringfügig i.S.d. § 323 V 2 BGB einzustufen ist. Der Mangel wird nicht nachträglich unerheblich, wenn ihn ein gerichtlich bestellter Sachverständiger nachträglich zumindest provisorisch beseitigt.

Bestätigt durch BGH: Der Mangel wird nicht nachträglich unerheblich, wenn durch ein Gutachten während des Prozesses eine Möglichkeit offenbar wird, ihn mit geringen Aufwendungen zu beseitigen.

Zur Frage der Pflichtverletzung bei Beschaffenheitsvereinbarung, BGH, NJW 2013, 1365

Bei der im Rahmen des § 323 V 2 BGB vorzunehmenden Interessenabwägung indiziert der Verstoß gegen eine Beschaffenheitsvereinbarung in der Regel die Erheblichkeit der Pflichtverletzung (Bestätigung von Senat, NJW-RR 2010, 1298.)

3. Keine Unwirksamkeit des Rücktritts gem. §§ 438 IV 1, 218 I BGB

a) Berufen des V auf Verjährung gem. § 214 BGB

b) Recht des K auf Nacherfüllung gem. §§ 437 Nr. 1, 439 I BGB

c) Eintritt der Verjährung des Nacherfüllungsanspruchs

- Beginn der Verjährung gem. §§ 438 II, 187 I BGB
- Ende der Verjährung gem. §§ 438 I, 188 II BGB
- Hemmung (§§ 209, 203, 204 BGB)
- Neubeginn der Verjährung (§ 212 BGB)

Verhältnis der §§ 434 ff. zur c.i.c., BGH V ZR 30/08, RA 2009, 304 ff.:

Ansprüche wegen Verschuldens bei Vertragsschluss sind im Sachbereich der §§ 434 ff. ausgeschlossen, es sei denn der Verkäufer hat den Käufer arglistig über die Beschaffenheit der Sache getäuscht.

Kein Untergang eines einmal begründeten Rücktrittsrechts, BGH NJW 2006, 1198

Ein durch Ablauf der vom Gläubiger gesetzten Frist einmal begründetes Rücktrittsrecht nach § 323 I BGB geht nicht dadurch unter, dass der Gläubiger zunächst weiterhin Erfüllung verlangt. Einer erneuten fruchtlosen Fristsetzung bedarf es nicht.

C. Ansprüche des Verkäufers bei mangelhafter Leistung

I. Anspruch des V gegen K auf Kaufpreiszahlung gem. § 433 II BGB

1. Anspruch entstanden

2. Anspruch untergegangen, wegen Rücktritts des Käufers nach §§ 437 Nr. 2, 323 I oder § 326 V BGB

3. Anspruch durchsetzbar

a) Einrede der Verjährung gem. §§ 214, 187, 188 I, 195, 199 BGB

b) Mängeleinrede des K nach Gefahrübergang gem. §§ 320, 437 Nr. 1, 439 BGB oder gem. 438 IV 2 BGB nach Verjährung des Nacherfüllungsanspruchs und analog § 438 IV 2 BGB, wenn der Nacherfüllungsanspruch vor Verjährung unmöglich wird

c) Mängeleinrede des K vor Gefahrübergang gem. § 320 BGB?

Problem: Mängeleinrede vor Gefahrübergang

e.A.: Sie kann bei behebbaren Mängeln auf §§ 320, 433 I 2, 266 BGB gestützt werden. Es besteht keine Pflicht zur Entgegennahme der Sache. Die Gewährleistungsrechte aus §§ 434 ff. BGB sind grundsätzlich nicht anwendbar. Deshalb kann der Käufer ohne Nachteile die Annahme verweigern und „Nachbesserung" fordern. Der Verkäufer bleibt aus § 433 I BGB verpflichtet. Verweigert der Verkäufer die Leistung und stehen keine Ausschlussgründe entgegen, kann der Käufer nach § 323 IV BGB vor Gefahrübergang und vor Fälligkeit zurücktreten (MünchKomm-Westermann, BGB, § 434 Rn 52). Ist der Mangel unbehebbar (Nachbesserung bei Stückkauf unmöglich), wird V gem. § 275 BGB von § 433 I BGB frei. Der Käufer muss annehmen, darf aber gem. §§ 437, 326 V, 323 I BGB zurücktreten und/oder gem. § 325 BGB seine Rechte aus § 437 Nr. 3 BGB geltend machen (Lorenz, NJW 2013, 1341 ff).

a.A.: Der BGH hat in NJW 2013, 1365 ff. das Wahlrecht des Käufers vor Gefahrübergang aus § 439 BGB geschlossen, ohne die streitige Frage zu erörtern, ob die Norm vor Gefahrübergang überhaupt anwendbar ist. Schwab sieht in JUS 2013, 1031, 1032 eine Anwendbarkeit des § 439 I BGB vor Gefahrübergang, weil es wenig sinnvoll wäre, wenn der Käufer die mangelhafte Sache erst annehmen müsste, um die Wahl zwischen Ersatzlieferung (Nachlieferung) oder Ausbesserung (Nachbesserung) zu haben.

II. Anspruch des V gegen K auf Wertersatz bei Verschlechterung oder Untergang der rückzugewährenden Sache aus §§ 437 Nr. 2, 323 I 2.Fall, 346 II 1 Nr. 3 BGB

1. Bestehen eines Rückgewährschuldverhältnisses im Sinne von § 346 I BGB

   a) Rücktritt des Käufers nach § 437 Nr.2 i.V.m. § 323 oder § 326 V BGB

      aa) Rücktrittserklärung § 349 BGB

      bb) Rücktrittsrecht des Käufers aus §§ 437 Nr. 2, 323 oder § 326 V BGB

      cc) Keine Unwirksamkeit § 438 IV 1, 218 BGB

2. Verschlechterung oder Untergang des empfangenen Gegenstandes

   Problem: Verschlechterte Sache

   Aus der Formulierung „soweit" ergibt sich, dass der Käufer neben der Rückgabe der beschädigten Sache auch Wertersatz für den Wertverlust in Höhe der Beschädigung zu gewähren hat.

   Problem: „bestimmungsgemäße Ingebrauchnahme"

   Zwei Funktionen bedient § 346 II 1 Nr. 3, 2. Hs. BGB. Die Norm stellt klar, dass die durch die bestimmungsgemäße Ingebrauchnahme bedingte Wertminderung außer Betracht bleiben soll. Dies meint nach h.M. erstens die durch den gewöhnlichen bestimmungsgemäßen Gebrauch entstandene Wertminderung. Diese trägt der Gläubiger des Rückgewährsanspruchs, schließlich steht ihm ja schon das Recht auf Nutzungsvergütung aus § 346 I BGB zu. Somit stellt der Rückschluss aus § 346 II 1 Nr. 3, 2. Hs. BGB klar, dass dieser gewöhnliche, bestimmungsgemäße Gebrauch schon tatbestandlich keine Verschlechterung sein soll. Hingegen wird für Substanzverletzungen oder Abnutzungen aufgrund des nicht bestimmungsgemäßen Gebrauchs Wertersatz geschuldet. (BtDrs. 14/6040, S. 196, Oechsler, Vertragliche Schuldverhältnisse S. 201).

   Eine Gegenauffassung will diese Grundsätze schon aus der Vorrangigkeit der Nutzungsherausgabepflicht in § 346 I BGB herleiten und sieht in § 346 II 1 Nr. 3, 2. Hs. BGB nur eine Regelung für die erste Ingebrauchnahme (MünchKomm-Gaier, BGB, § 346 Rn 41, 42).

   Die Gegenauffassung verkennt, dass das Tatbestandsmerkmal der bestimmungsgemäßen Ingebrauchnahme die Rechtsgrundlage dafür bietet, dass der Käufer nach Kenntnis des Rücktrittsgrundes die Sache noch benutzen darf, gegen Erstattung der gezogenen Nutzungen.

   Er soll gem. § 346 III 1 Nr. 3 BGB nicht für den unverschuldeten Untergang haften. Ein Bedürfnis, ihn neben den Nutzungen auch noch Wertersatz wegen der bestimmungsgemäßen Abnutzung leisten zu lassen, besteht nicht. Deshalb ist der h.M. zuzustimmen.

   Merke: Die Einschränkung des Wertersatzanspruches soll dem Schutz vor doppelter Inanspruchnahme des Käufers und Mehrfachbereiherung des Verkäufers dienen.

3. Ausschluss der Wertersatzpflicht gem. § 346 III 1 BGB

   a) § 346 III 1 Nr. 2 BGB

   b) § 346 III 1 Nr. 3 BGB

      Problem: große und kleine teleologische Reduktion des § 346 III 1 Nr. 3 BGB

      Nach dem Wortlaut des § 346 III 1 Nr. 3 BGB haftet der Käufer auch nach Kenntnis des Mangels nur für die eigenübliche Sorgfalt, wenn eine Verschlechterung oder der Untergang der herauszugebenden Sache eintritt. Hierfür spricht, dass der Gesetzgeber diese Regelung gewählt hat, obwohl ihm die Problematik zu §§ 467, 351 BGB in der Fassung bis zum 31.12.2001 bekannt war.

      Diese wörtliche Auslegung wird kritisiert. Denn die Privilegierung des aufgrund eines gesetzlichen Rücktrittsrechts zum Rücktritt berechtigten, ist nach Kenntnis des Mangels nicht, oder zumindest nicht mehr vollumfänglich gerechtfertigt.

Mittels der „kleinen teleologischen Reduktion" soll der Käufer ab Kenntnis des Mangels auf Wertersatz haften, wenn er die im Verkehr übliche Sorgfalt im Sinne des § 276 BGB verletzt hat.

Mittels der „großen teleologischen Reduktion" soll ab Kenntnis des Mangels das Haftungsprivileg des § 346 III Nr. 3 BGB ganz entfallen. Diese Lösung stellt somit den Käufer einer mangelhaften Leistung dem Käufer einer mangelfreien Leistung gleich, dem ein vertragliches Rücktrittsrecht gewährt wurde. Sie verkennt, dass der Käufer der mangelhaften Sache gezwungen ist, diese bis zum Ablauf der Nacherfüllungsfrist aufzubewahren. Ferner führt sie eine ähnliche Rechtslage wie bei den Widerrufsfolgen gem. § 357 VIII BGB herbei.

III. Anspruch des V gegen K auf Schadensersatz bei Verschlechterung oder Untergang der zurückzugewährenden Sache aus § 346 IV i.V.m. §§ 280 ff. BGB

1. Rückgewährschuldverhältnis i.S.v. 346 I BGB
2. Verletzung einer Pflicht aus dem Rückgewährschuldverhältnis gem. §§ 280 ff. BGB
3. Vertretenmüssen des K gem. §§ 276 280 I 2 BGB

   Problem: Keine Anwendbarkeit, wenn die Pflichtverletzung vor Rücktritt erfolgte

   e.A.: Schwebezeithaftung analog §§ 160, 820, 989 BGB:

   Analog §§ 160, 820, 989 BGB soll den Käufer ab Kenntnis des Rücktrittsrechts (ab Kenntnis des Mangels) die Sorgfaltspflicht gem. § 241 II BGB zur Rücksichtnahme auf die Vermögensinteressen des Verkäufers treffen. Verletzt er in der Schwebezeit bis zur Rücktrittserklärung die verkehrsübliche Sorgfalt beim Umgang mit der Sache, tritt er aber dennoch zurück, manifestiert sich die Sorgfaltspflichtverletzung in der Pflicht aus § 346 I BGB, den Gegenstand mangelfrei herauszugeben.

   a.A.: Keine Schwebezeithaftung:

   § 346 IV BGB verweist nicht auf § 311a BGB. Daraus folgt, dass eine Vorverlagerung des Zeitpunktes des Vertretenmüssens nicht gewünscht war.
4. Ersatzfähiger und kausal auf der Pflichtverletzung beruhender Schaden

IV. Unternehmerrückgriff des V gegen den Lieferanten auf Aufwendungsersatz wegen Nacherfüllungskosten nach § 439 II BGB aus § 478 II BGB

1. Zugrunde liegender Verbrauchsgüterkauf gem. § 474 BGB
2. Neu hergestellte Sache
3. Aufwendungen nach § 439 II BGB
4. Bei Gefahrübergang auf den Unternehmer vorhandener Mangel (beachte aber §§ 476, 478 III BGB)
5. Ausschluss des Anspruchs § 478 VI BGB, § 377 HGB
6. Einrede der Verjährung
   a) Verjährungsfrist
   b) Ablaufhemmung des § 479 II BGB

D. Ansprüche bei Verbraucherdarlehn und verbundenen Verträgen (§ 358 BGB)

Anspruch der B-Bank gegen den Schuldner (und Käufer) K auf Zahlung der Darlehensraten nach§ 488 I 2 BGB

I. Wirksame Entstehung des Anspruchs
   1. Vertragsschluss nach §§ 488 I, 145 ff. BGB
   2. Nichtigkeit des Darlehens nach § 494 I BGB
      a) Formmangel nach § 494 I BGB i.V.m. Art. 247, §§ 6, 9 bis 13 EGBGB
      b) Heilung nach § 494 II BGB mit Sanktion (§ 246 BGB: 4 % Zinsen, § 352 HGB: 5 % Zinsen)
   3. Auszahlung des Darlehens
   4. Fälligkeit der Raten

II. Kein Erlöschen (ex nunc) nach § 495 I i.V.m. § 355 I 1 BGB

Problem: Widerrufsfrist

Wurden die Voraussetzungen nach § 494 I BGB i.V.m. Art. 247, §§ 6, 9 bis 13 EGBGB bei Vertragsschluss nicht eingehalten, das Darlehen aber nachträglich ausgezahlt, tritt Heilung ein. Jedoch läuft die Widerrufsfrist in diesem Fall erst, wenn die Pflichtangaben aus § 494 I BGB i.V.m. Art. 247, §§ 6, 9 bis 13 EGBGB nachgeholt werden, § 492 VI BGB. Die Frist beträgt dann einen Monat, § 492 VI 4 BGB.

III. Erlöschen des Rückzahlungsanspruchs gem. § 362 I BGB

IV. Einrede nach § 359 S.1 BGB (Einwendungsdurchgriff)
   1. Anwendbarkeit von § 359 BGB: verbundener Vertrag i.S.v. § 358 III BGB
   2. Einwendungen des K aus dem Kaufvertrag (Nichtigkeitseinwand, Unwirksamkeitseinwand, Einrede des nicht erfüllten Vertrags gem. §§ 320, 433 I 2 oder §§ 320, 437 BGB oder Mängeleinrede analog § 438 IV BGB; beachte außerhalb des Kaufrechts die Einwendungen aus §§ 656 I 2, 762 I 2 BGB).
   3. Kein Ausschluss des Einwendungsdurchgriffs nach § 359 S. 2 und 3 BGB
   4. Kein Ausschluss/ Keine Einschränkung des Einwendungsdurchgriffs gemäß § 242 BGB (s.o., Schuldrecht AT)

E. Unternehmerregress gem. § 478 BGB

I. Fallkonstellation: § 478 I BGB

§ 478 I BGB stellt eine Ausnahme vom Fristsetzungserfordernis im Verhältnis zwischen Unternehmer und Lieferant dar, wenn der Unternehmer an den Verbraucher beim Verbrauchsgüterkauf gem. §§ 437 Nr.1, 439 I BGB nachgeliefert oder der Verbraucher gegenüber dem Unternehmer gem. § 441 BGB den Kaufpreis gemindert hat.

Die Norm findet Anwendung, wenn der Unternehmer gegenüber dem Lieferanten zurücktritt und Rückzahlung des an diesen geleisteten Kaufpreises verlangt.

§ 478 I BGB <u>setzt voraus</u>:

1. Verbrauchsgüterkauf zwischen Unternehmer und Verbraucher gem. § 474 BGB.
2. Verkauf einer neu hergestellten beweglichen Sache.
3. Unternehmer musste entweder die gelieferte Sache zurücknehmen, weil
   - er an den Verbraucher nachgeliefert hat oder
   - der Verbraucher zurückgetreten ist und
   - dies auch zu Recht geschah (der Unternehmer also nicht aus Kulanz gehandelt hat) <u>oder</u>

     der Verbraucher hat berechtigterweise den Kaufpreis gegenüber dem Unternehmer gemindert.
4. Der Mangel muss schon beim Gefahrübergang vom Lieferanten auf den Unternehmer vorhanden gewesen sein (beachte §§ 478 III, 476 BGB)
5. Der Anspruch darf nicht ausgeschlossen sein (beachte auch § 478 VI BGB, 377 HGB).

Der Anspruch darf nicht gem. § 479 BGB verjährt sein.

II. Fallkonstellation 2: § 478 II BGB

Der Anspruch aus § 478 II BGB setzt voraus, dass der Unternehmer Nachbesserung gem. §§ 437 Nr. 1, 439 I BGB an den Verbraucher geleistet hat.

§ 478 II BGB setzt voraus:

1. Verbrauchsgüterkauf zwischen Unternehmer und Verbraucher gem. § 474 BGB.
2. Verkauf einer neu hergestellten beweglichen Sache.
3. Unternehmer tätigte berechtigterweise Aufwendungen im Sinne des § 439 II BGB an den Verbraucher innerhalb einer Nachbesserung (keine Kulanz).
4. Der Mangel muss schon beim Gefahrübergang vom Lieferanten auf den Unternehmer vorhanden gewesen sein (beachte §§ 478 III, 476 BGB).
5. Der Anspruch darf nicht ausgeschlossen sein (beachte auch § 478 VI BGB, 377 HGB).
6. Der Anspruch darf nicht gem. § 479 BGB verjährt sein.

Schuldrecht BT II

A. Rechte im Werkvertragsrecht

I. Ansprüche des Bestellers B gegen den Werkunternehmer U auf Herstellung des geschuldeten Werkes gem. § 631 I BGB

1. Werkvertrag

Problem: Abgrenzung zu § 651 BGB und § 611 BGB und zum Bauträgervertrag

Der Dienstvertrag ist gem. § 611 BGB tätigkeitsbezogen, der Werkvertrag erfolgsbezogen. Der Erfolg kann in einem Sachwerk oder einem unkörperlichen Werk bestehen. Steht beim unkörperlichen Werk die geistige Schöpfung im Vordergrund, spricht man vom Geisteswerk.

Wird eine unbewegliche Sache hergestellt oder ausgebessert, liegt ein Werkvertrag vor. Soll eine bewegliche Sache hergestellt werden, handelt es sich um einen Werklieferungsvertrag gem. § 651 BGB.

Der Bauträgervertrag ist ein gemischttypischer Vertrag, der aus der kaufrechtlichen Verpflichtung der Übereignung des Grundstücks, sowie aus der Errichtung eines schlüsselfertigen Bauwerks besteht.

Problem: Nichtigkeit des Vertrages gem. § 134 BGB i.V.m. § 1 II Nr. 2 SchwarzArbG bei „Ohne-Rechnung-Abrede".

Wer vorsätzlich beim Werkvertrag eine „Ohne-Rechnung-Abrede" zur Umsatzsteuerhinterziehung trifft, verstößt gegen § 1 II Nr. 2 SchwarzArbG. Dann ist der Werkvertrag gem. § 134 BGB nichtig. Es können keine Gewährleistungsrechte geltend gemacht werden. Im Unterschied zur alten Rechtslage (BGH BeckRS 2008, 10172) kommt es nicht mehr darauf an, ob die „Ohne Rechnung Abrede" gem. § 139 BGB den Vertragsschluss erfasst und ob der Werkunternehmer, der sich auf § 139 BGB beruft, gegen § 242 BGB verstößt. Denn § 1 II Nr. 2 SchwarzArbG berührt unmittelbar den vertragswesentlichen Bestandteil der Werklohnvereinbarung (Beachte die Entscheidung des BGH vom 1.8.2013, RA 2013, 709, bestätigt von BGH, Urteil vom 10.04.2014, VII ZR 241/13, RA 2014, 389).

2. Erlöschen des Anspruchs

a) durch Abnahme gem. §§ 362 I, 640 I BGB

Definition: Unter **Abnahme** versteht man grundsätzlich die körperliche Entgegennahme des Werkes zuzüglich seiner Billigung. Ist die körperliche Entgegennahme unstatthaft, genügt die Billigung.

Der Besteller billigt, wenn er das hergestellte Werk als im Wesentlichen vertragsgemäß hergestellt akzeptiert. Ist die Billigung nicht zu erwarten, genügt gem. § 646 BGB die Vollendung (z.B.: Theaterstück).

b) Erlöschen wegen Unmöglichkeit gem. § 275 I BGB

c) Erlöschen wegen Kündigung gem. § 649 S.1 BGB

d) Erlöschen wegen Rücktritt gem. § 349 BGB

e) Erlöschen wegen Minderung gem. § 638 BGB

Problem: Erlöschen vor Abnahme, wenn Werk offensichtlich mangelhaft hergestellt und nur durch Neuerrichtung mangelfrei errichtet werden kann.

Erlöschen vor Abnahme, wenn Werk offensichtlich mangelhaft hergestellt und nur durch Neuerrichtung mangelfrei errichtet werden kann.

Dies wird von einer M.M. mit dem wenig überzeugenden Argument vertreten, der Unternehmer dürfe sein Wahlrecht aus § 635 I BGB und seine Einrede aus § 635 III BGB nicht verlieren. Gegen diese Mindermeinung spricht die Rechtsunsicherheit, die sie erzeugt. Denn nur die Abnahme lässt die Verjährungsfrist des § 634 BGB beginnen, siehe § 634a II BGB. Man kann zur Wahrung der Rechte des Unternehmers im Fall eines unverhältnismäßigen Kostenaufwandes ergänzend zu § 275 II BGB die Einrede des § 635 III BGB analog anwenden.

3. Einreden

a) Analog § 635 III BGB (wohl h.M.) wenn Werk offensichtlich mangelhaft hergestellt

b) Einrede gem. § 275 II BGB

c) Einrede der Verjährung gem. § 214 BGB

II. Anspruch des Besteller B gegen Werkunternehmer U auf Nacherfüllung gem. §§ 634 Nr. 1, 635 I BGB

1. Werkvertrag

Problem: Nichtigkeit des Vertrages gem. § 134 BGB i.V.m. § 1 II Nr. 2 SchwarzArbG bei „Ohne-Rechnung-Abrede" (s.o)

2. Mangel i.S.d. § 633 BGB
3. Nacherfüllungsverlangen des Bestellers
4. Wahlrecht hinsichtlich der Art der Nacherfüllung
5. Kein Ausschluss

a) Gesetzlicher Ausschluss gem. § 640 II BGB

b) Vertraglicher Ausschluss

Beachte die Klauselverbote aus §§ 134, 138, 242, 309 Nr. 8b, 309 Nr. 7, 307 I BGB

6. Einreden

a) Einrede gem. § 635 III BGB

b) Einreden gem. § 275 II BGB

c) Verjährung des Nachbesserungsanspruchs gem. §§ 214, 634a BGB

III. Sonstige Ansprüche des Besteller B gegen Werkunternehmer U aus § 634 BGB

- Ersatz der Kosten der Selbstvornahme §§ 634 Nr. 2, 637 BGB
- Rücktrittsrecht §§ 634 Nr. 3, 323 I 2. Fall oder 326 V BGB
- Minderung §§ 634 Nr. 3, 638 BGB
- Schadensersatz statt der Leistung gem. § 634 Nr. 4, 311a II 1 1. Fall BGB
- Schadensersatz statt der Leistung gem. § 634 Nr. 4, 280 I, III, 283 BGB
- Schadensersatz statt der Leistung gem. § 634 Nr. 4,280 I, III, 281 I 1 2. Fall BGB
- Schadensersatz wegen Verzögerung der Nacherfüllung §§ 634 Nr. 4, 280 I, II, 286 BGB
- Schadensersatz neben der Leistung §§ 634 Nr. 4, 280 I BGB
- Aufwendungsersatz gem. §§ 634 Nr. 4, 284 BGB

Die obigen AGL und Rechte entsprechen im Aufbau weitgehend den kaufrechtlichen. Auf eine gesonderte Ausführung wird hier verzichtet – mit einer Ausnahme: Dargestellt wird kurz der im Kaufrecht nicht besonders geregelte Anspruch auf Ersatz der Kosten der Selbstvornahme (läuft im Kaufrecht über den Anspruch auf Schadensersatz statt der Leistung).

- Anspruch auf Ersatz der Kosten der Selbstvornahme aus §§ 634 Nr. 2, 637 BGB
  1. Werkvertrag
  2. Werkmangel gem. § 633 BGB
  3. Kein Ausschluss des Nacherfüllungsanspruchs oder des Anspruchs aus §§ 634 Nr. 2, 637 BGB
  4. Fälligkeit und Durchsetzbarkeit des Anspruchs auf Nacherfüllung (beachte § 636 BGB)
  5. Erfolgloser Ablauf der angemessenen Nacherfüllungsfrist
  6. Erforderlichkeit der getätigten Selbstvornahme

Zur Erforderlichkeit, OLG Stuttgart RA 2012, 549, NJW 2012, 3792:

1. Ein Werk (hier: Personenaufzug) ist mangelhaft, wenn wegen Schadensfällen an Maschinen der gleichen Bauart zum Fortbestehen der Betriebserlaubnis Sonderprüfungen angeordnet werden.
2. Ob ein Mangel vorliegt, ist nach den Erkenntnismöglichkeiten zum Zeitpunkt der Selbstvornahme zu beurteilen. Spätere Erkenntnismöglichkeiten durch einen Fortschritt der Wissenschaft, die das Vorliegen eines Mangels in Frage stellen, stehen einem Kostenerstattungsanspruch nicht entgegen.
3. Ersatzfähig sind die aus Sicht ex ante erforderlich erscheinenden Mängelbeseitigungskosten. Abzustellen ist auf den Aufwand, den der Besteller bei verständiger Würdigung im Zeitpunkt der Mängelbeseitigung als vernünftiger, wirtschaftlich denkender Bauherr aufgrund sachkundiger Beratung oder Feststellung für erforderlich halten durfte oder konnte. Der Auftraggeber darf den sichersten Weg der Mängelbeseitigung wählen. Zu besonderen Anstrengungen zwecks Reduzierung der Beseitigungskosten ist er gegenüber dem Bauunternehmer nicht verpflichtet.

IV. Kündigungsrecht des Bestellers § 649 S. 1 BGB

V. Ansprüche des Unternehmers

- Abnahme gem. § 640 BGB
- Vergütung §§ 641 I, 631, 632 BGB
- Abnahmezins § 641 IV BGB
- Entgangener Gewinn § 649 S. 2 BGB

Zum Erfordernis der Abnahme bei § 649 Satz 2, BGH NJW 2006, 2475, RA 2006, 527:

Kündigt der Besteller den Werkvertrag, steht dem Unternehmer der Anspruch aus § 649 Satz 2 BGB hinsichtlich der bereits abgenommenen Teile des Werks zu (Änderung der bisherigen Rechtsprechung). Andernfalls stünde der Unternehmer in einem Fall, in dem er durch sein Verhalten selbst Anlass zur Kündigung gegeben hat, besser als im Falle der ordnungsgemäßen Beendigung des Vertrags (aufgrund dieser Entscheidung, Gesetzesänderung § 649 S. 3 BGB).

- § 632a BGB auf Abschlagszahlung
- §§ 642, 643 BGB
- § 645 BGB
- § 645 BGB analog

Haftung eines Tierarztes wegen fehlerhafter Ankaufsuntersuchung, BGH NJW-RR 2012, 540:

Ein Tierarzt, der seine Pflichten aus einem Vertrag über die Ankaufsuntersuchung eines Pferdes verletzt und deshalb einen unzutreffenden Befund erstellt hat, haftet unabhängig von einer etwaigen Haftung des Verkäufers seinem Vertragspartner auf Ersatz des Schadens, der diesem dadurch entstanden ist, dass er das Pferd auf Grund des fehlerhaften Befundes erworben hat.

Den Käufer trifft grundsätzlich im Verhältnis zum Tierarzt keine Schadensminderungsobliegenheit zur gerichtlichen Inanspruchnahme des Verkäufers.

B. Rechte im Mietvertrag

I. Anspruch des Mieters gegen den Vermieter auf Überlassung der Mietsache in einem zum vertragsgemäßen Gebrauch geeigneten Zustand gem. § 535 I BGB

Problem: Anspruch auf Mängelbeseitigung aus § 535 I BGB

Der Mieter kann gem. § 535 I S.2 BGB vom Vermieter die Beseitigung der Mietmängel fordern.

Problem: Schönheitsreparaturen (s.u.)

Eigentlich obliegen Schönheitsreparaturen dem Vermieter. Sie können aber durch AGB auf den Mieter abgewälzt werden (vgl. ausführliche Darstellung unten in Rechtsprechungsauswertung).

Problem: Energieversorgung nach Beendigung des Mietverhältnisses

Grundlegende Entscheidungen zur Einstellung der Energieversorgung:
Zulässige Einstellung der Energieversorgung durch den Vermieter: NJW 2009, 1947:

1. Nach Beendigung des Mietverhältnisses ist der Vermieter gegenüber dem die Mieträume weiterhin nutzenden Mieter grds. nicht mehr zur Gebrauchsüberlassung und zur Fortsetzung vertraglich übernommener Versorgungsleistungen (Belieferung mit Heizenergie) verpflichtet.
2. Dies gilt gem. § 242 ausnahmsweise nicht, wenn dem Mieter eine Räumungsfrist gem. §§ 721, 765a, 794a ZPO eingeräumt wurde und dem Vermieter wegen der Nutzungsentschädigung kein Schaden droht (Problem, wenn Vermieter Vorauszahlungen etwa an die Stadtwerke leisten muss).
3. Die Unterbrechung der Versorgungsleistung ist keine Besitzstörung gem. §§ 862, 858 BGB, weil die Versorgungsleistungen nicht Teil des Besitzes sind und daher nicht Gegenstand des Besitzschutzes sein können (str.)

KG Berlin, NJW-RR 2012, 15:

Ebenfalls darf der Vermieter gem. § 242 BGB nicht die Wasserversorgung stoppen, wenn ihm durch die Aufrechterhaltung der Versorgung kein Schaden droht. Dies ist der Fall, wenn der (ehemalige) Mieter mit den Zahlungen nicht im Rückstand ist.

II. Ansprüche des Vermieters V gegen den Mieter M auf Zahlung des Mietzinses gem. § 535 II BGB

1. Entstehung des Anspruchs
2. Erlöschen des Anspruchs wegen Minderung gem. § 536 I BGB

   a) Überlassung der Mietsache

   b) Sachmangel nach § 536 I BGB oder Rechtsmangel nach § 536 III BGB

   aa) Mietmangel nach § 536 I BGB

Definition: Nach dem **subjektiven Fehlerbegriff** ist ein Fehler jede Abweichung der vertraglich geschuldeten Soll-Beschaffenheit von der Ist-Beschaffenheit, die den vertragsgemäßen Gebrauch mindert oder aufhebt. Hierzu zählen auch nicht behebbare Mängel oder vom Vermieter nicht zu vertretene Mängel.

Beispiele und Problemgruppen:

- Qualitätsmängel, d.h. der Mangel haftet der Mietsache selbst an.
- Konkrete Gefahrenquelle außerhalb der Mietsache, die diese jederzeit schädigen kann.
- Umweltfehler, d.h., äußere Einwirkungen, die den vertragsgemäßen Gebrauch unmittelbar beeinträchtigen
- Öffentlich-rechtliche Beschränkungen

- Wohnflächenabweichung von mehr als 10 %, gilt auch bei „ca.“ Angabe im Vertrag

Zum Mietmangel, BGH NJW 2011, 3151:

Kein Mangel, wenn sich der Verpächter weigert, auf Verlangen des Pächters durch bauliche Maßnahmen die Voraussetzungen zu schaffen, dass dieser einen gesetzlich erlaubten Raucherbereich einrichten kann. Nichtrauchergesetz fällt allein ins Betriebsrisiko des Pächters und hängt nicht mit der Sachbeschaffenheit zusammen.

Wohnflächenabweichung als Mietmangel - Kein Vortrag zu verminderter Tauglichkeit, BGH NJW 2004, 1947,RA 2004, 477:

Weist eine gemietete Wohnung eine Wohnfläche auf, die mehr als 10% unter der im Mietvertrag angegebenen Fläche liegt, stellt dieser Umstand grundsätzlich einen Mangel der Mietsache i.S. des § 536 I 1 BGB dar, der den Mieter zur Minderung der Miete berechtigt. Einer zusätzlichen Darlegung des Mieters, dass infolge der Flächendifferenz die Tauglichkeit der Wohnung zum vertragsgemäßen Gebrauch gemindert ist, bedarf es nicht.

Zur „ca.“ Angabe bei der Wohnfläche, BGH RA 2010, 266:

Auch wenn die als Beschaffenheit vereinbarte Wohnfläche mit einer „ca.“ – Angabe versehen ist, liegt ein zur Mietminderung berechtigender Mangel dann vor, wenn die tatsächliche Fläche mehr als 10 % unter der vereinbarten Quadratmeterzahl liegt. Bei der Beurteilung der Erheblichkeit des Mangels ist nicht eine zusätzliche Toleranzspanne anzusetzen.

Zum Mietmangel wegen Beeinträchtigungsgefahr, BGH RA 2012, 665, NJW-RR 2012, 1480:

Der Mieter hat aus §§ 535 I, 133, 157, 242 BGB keinen Anspruch auf Haltung eines Milieuniveaus. Deshalb besteht in einer Gewerbeimmobilie kein Anspruch auf Unterlassung des Vermietens an einen Gewerbebetrieb, der sexuelle Dienstleistungen anbietet, wenn aus diesem nur eine „abstrakte Beeinträchtigungsgefahr“ ausgeht. Daran ändert nicht die Lage des Objekts im Sperrbezirk, weil die Regelungen der Sperrbezirksverordnung ebenfalls nur abstrakt generelle Regelungen zur Gefahrenabwehr treffen.

bb) Rechtsmangel nach § 536 III BGB

(1)Entziehung des vertragsgemäßen Gebrauchs der gemieteten Sache

(2)Durch das Recht eines Dritten

cc) Bei oder nach Überlassung der Mietsache § 536 BGB

c) Kein Ausschluss der Minderung

aa) kraft Gesetz

- Etwa § 536 Ia BGB wegen der dort genannten Sanierung
- § 536b BGB: Grob fahrlässige Unkenntnis
- § 536c II Nr.1 BGB: Unterlassene Mängelanzeige oder nach § 242 BGB

bb) Kraft Rechtsgeschäft

Beachte aber die Grenzen des Ausschlusses durch Rechtsgeschäft:

- Unwirksamkeit bei Wohnraum (§ 536 IV BGB) und bei Arglist (§ 536d BGB)
- §§ 307 ff. BGB

3. Untergang des Mietzinsanspruches durch Kündigung des Mieters (z.B. fristlose Kündigung nach §§ 543, 569 BGB oder ordentliche Kündigung § 542 BGB)

4. Untergang des Mietzinsanspruches gem. § 326 I BGB wegen Unmöglichkeit
   a) Entfallen einer im Gegenseitigkeitsverhältnis stehenden Verpflichtung des D
   b) Entfallen der Leistungspflicht gem. § 275 I - III BGB
   c) Rechtsfolge
   d) Kein Ausschluss des § 326 I BGB durch Vertragsklausel
5. Allgemeine Einwendungen
6. Einreden

Problem: § 320 BGB

Einrede des Mieters nach § 320 BGB aufgrund eines Erfüllungsanspruchs auf Beseitigung des Mangels nach § 535 I 2 BGB, welcher grundsätzlich neben § 536 BGB bestehen bleibt (h.M.). Jedoch muss der Mieter bei der Ausübung des Zurückbehaltungsrechtes gem. § 242 BGB den Grundsatz der eigenen Leistungstreue beachten. In der Praxis urteilen die Amts- und Landgerichte diesbezüglich uneinheitlich.
Teilweise wird vertreten, der Mieter dürfe den geminderten Mietzins nur bis zur Höhe der erforderlichen Reparaturkosten zurückbehalten. Problematisch ist, dass der Mieter diese schwer einschätzen kann. Teilweise wird vertreten, der Mieter dürfe den Betrag bis zu drei Monatsmieten zurückbehalten. Auch dies erscheint willkürlich.

Tipp: Entscheidend ist, dass Sie dem Mieter das Zurückbehaltungsrecht aus § 320 BGB grundsätzlich zuerkennen, es aber durch das Gebot der eigenen Leistungstreue gem. § 242 BGB dann wieder einschränken. Danach ist jeder pragmatische Vorschlag gut vertretbar.

Problem: Ausschluss des § 320 BGB per AGB

Zuerst ist § 309 Nr. 2a BGB zu beachten. Auch in Geschäftsraummietverträgen wird das Recht des Mieters aus § 320 BGB eingeschränkt. Wegen § 310 I BGB ist aber die Grenze des § 307 I BGB zu beachten. Das Zurückbehaltungsrecht muss bei rechtskräftig festgestellten oder anerkannten Mängeln bestehen bleiben.

III. Ansprüche des Mieters bei Mängeln der Mietsache auf Zahlung von Schadensersatz gem. § 536a I Fall 1 BGB

1. Mietvertrag
2. Überlassung der Mietsache bei Sachmangel nach § 536 I, II BGB (bei Rechtsmangel gilt § 536 III BGB nach h.M. schon vor der Überlassung)
3. Sach- oder Rechtsmangel gem. § 536 BGB bei Vertragsschluss vorhanden

Problem: Anfänglicher Mangel

Er ist auch dann gegeben, wenn bei Vertragsschluss die gefahrbringende Beschaffenheit gegeben war, diese sich aber erst später realisiert.

4. Kein Ausschluss (siehe § 536 I BGB, mit Ausnahme des § 536 IV BGB; beachte bei Ausschluss durch AGB den § 309 Nr. 7 BGB)
5. Schadensersatz
6. Keine Einreden

Problem: Ersatzfähigkeit von Begleitschäden

Nach einer früher vertretenen M.M. sollte § 536a I 1. Fall BGB wegen der verschuldensunabhängigen Haftung nicht auf den Ersatz von Begleitschäden anwendbar sein. Diese sollten gem. § 280 I BGB gefordert werden dürfen. Diese Auffassung wurde aufgegeben. Gegen sie spricht auch, dass Begleitschäden die typischen Schäden des Mieters sind und das Äquivalenzinteresse bereits durch die Minderung geschützt ist.

IV. Ansprüche des Mieters bei Mängeln der Mietsache auf Zahlung von Schadensersatz gem. § 536a I Fall 2 BGB

1. Mietvertrag
2. Überlassung der Mietsache bei Sachmangel nach § 536 I, II BGB (bei Rechtsmangel gilt § 536 III BGB nach h.M. schon vor der Überlassung)
3. Sach- oder Rechtsmangel gem. § 536 BGB entsteht nach Vertragsschluss
4. Vertretenmüssen des Vermieters
5. Kein Ausschluss (s.o.)
6. Schadensersatz
7. Keine Einreden

VI. Ansprüche des Mieters bei Mängeln der Mietsache auf Zahlung von Schadensersatz gem. § 536a I Fall 3 BGB

1. Mietvertrag
2. Überlassung der Mietsache bei Sachmangel nach § 536 I, II BGB (bei Rechtsmangel gilt § 536 III BGB nach h.M. schon vor der Überlassung)

Mangel >

3. Verzug des Vermieters gem. § 286 BGB mit Mängelbeseitigung
4. Kein Ausschluss (s.o.)
5. Keine Einreden
6. Schadensersatz

VII. Aufwendungsersatzanspruch gemäß § 536 a II BGB

Bei Verzug des Vermieters (§ 286 BGB) mit der Mängelbeseitigung.

VIII. Rückzahlungsansprüche des Mieters gegen den Vermieter wegen überzahlten Mietzinses wegen Mängel der Mietsache gem. § 812 I 1 1. Fall BGB

VIII. Aufwendungsersatzanspruch des Mieters gem. §§ 539, 677, 683 S.1, 670 BGB

1. Mietvertrag
2. Aufwendungen des Mieters auf die Mietsache
3. Kein Anspruch aus § 536a II BGB gegen den Vermieter

   Problem: Konkurrenz zu § 536a BGB

   Mieter darf jenseits des § 536a II BGB nicht zur Mängelbeseitigung gehandelt haben. Gemeint sind vielmehr Aufwendungen, die der Erhaltung oder Verbesserung dienen (BT-Drs. 14/4553, S. 42). Ferner soll der Vermieter durch Mängelbeseitigung des Mieters nicht vor vollendete Tatsachen gestellt werden (BGH, NJW 2008, 1216 ff.).
4. Voraussetzungen des § 677 BGB (inklusive Fremdgeschäftsführungswille BGH NJW 2009, 2590)
5. Voraussetzungen des § 683 S.1 BGB
6. Voraussetzungen des § 670 BGB
7. Keine Verjährung gem. § 548 BGB

X. Anspruch des Vermieters auf Rückgabe gem. § 546 BGB

1. Mietvertrag
2. Beendigung des Mietvertrages

XI. Anspruch des Vermieters auf Schadensersatz wegen verspäteter Rückgabe gem. § 546a BGB

XII. Anspruch des Vermieters auf Schadensersatz wegen verspäteter Rückgabe §§ 546a II, 546, 280 I, II, 286 BGB

XIII. Anspruch des Vermieters auf Schadensersatz wegen mangelhafter Rückgabe: §§ 280 I, 241 II BGB

1. Schuldverhältnis: Mietvertrag
2. Pflichtverletzung gem. § 241 II BGB

Zur Art der Pflichtverletzung bei mangelhafter Rückgabe, BGH ZMR 10, 431:

Die Rückgabe im mangelhaften Zustand ist keine Leistungspflichtverletzung, sondern eine Nebenpflichtverletzung gem. § 241 II BGB. Weitere Konsequenz: Der Vermieter kommt in Annahmeverzug, wenn er die Annahme wegen eines Mangels verweigert (OLG Düsseldorf NJOZ 2009, 3742, aktuell bestätigt LG Saarbrücken, Urteil vom 21.11.14 10S60/14).

3. Vertretenmüssen des Mieters gem. §§ 280 I 2, 276, 278
4. Kausaler und ersatzfähiger Schaden
5. Keine Verjährung gem. § 548 BGB (Beginn mit tatsächlicher Besitzerlangung BGH NJW 2006, 2399)

Rechtsprechungsauswertung zu Schönheitsreparaturen :

Gem. § 535 I BGB trägt der Vermieter die volle Instandhaltungslast. Nach h.M. darf der Vermieter allerdings die Pflicht zur Vornahme der Schönheitsreparaturen per AGB auf den Mieter abwälzen. Dies ist gem. § 307 I BGB keine unangemessene Benachteiligung, sofern der Vermieter drei Punkte beachtet:

1. Der Mieter darf durch die Klausel nicht inhaltlich überfordert werden. Deshalb darf von ihm zwar eine fachgerechte Schönheitsreparatur verlangt, ihm jedoch nicht die Pflicht auferlegt werden, die Schönheitsreparaturen durch eine Fachfirma „ausführen zu lassen“ (BGH, VIII 294/09, Urteil vom 09.06.2010 Fachhandwerkerklausel). Die Reparaturen müssen in Eigenleistung möglich sein. Zur Unwirksamkeit einer „verkappten“ Fachhandwerkerklausel das OLG Düsseldorf, NZM 2011, 244.
2. Der Mieter darf durch die Klausel nicht zu nicht erforderlichen Schönheitsreparaturen herausgefordert werden. Deshalb stellen starre Fristenpläne genauso eine unangemessene Benachteiligung wider Treu und Glauben dar, wie Klauseln, die eine Schönheitsreparaturpflicht unabhängig von ihrer Erforderlichkeit spätestens bei Auszug fordern.
3. Die Art und der Umfang sowie der Zeitpunkt der Schönheitsreparaturen dürfen nicht im Ermessen des Vermieters liegen. Deshalb sind Farbwahlklauseln sehr problematisch. Keinesfalls darf der Vermieter dem Mieter während der Dauer des Mietverhältnisses seinen eigenen Geschmack aufzwingen. Generelle Farbwahlklauseln, oder solche, die während der Mietzeit gelten, sind unwirksam (BGH, BeckRS 2009, 8507; BGH VIII ZR 47/11). Zur Zulässigkeit der „Hamburger Holzklausel“ vgl. BGH NJW 2009, 62 ff.

Fälligkeit von Schönheitsreparaturen „in der Regel“ – BGH NJW 2005, 3416

1. Die in einem Wohnraummietvertrag enthaltene Klausel, nach der Schönheitsreparaturen „in der Regel in Küchen, Bädern und Toiletten spätestens nach drei Jahren, in Wohnräumen, Schlafräumen, Dielen ... spätestens nach fünf Jahren und in sonstigen Räumlichkeiten ... spätestens nach sieben Jahren“ durchzuführen sind, enthält keinen starren Fristenplan; sie ist deshalb nicht wegen unangemessener Benachteiligung des Mieters unwirksam.
2. Auch die Kombination der Worte „in der Regel“ und „spätestens“ macht einen Fristenplan in einer Klausel Schönheitsreparaturen betreffend nicht „starr“ im Sinne der BGH-Rechtsprechung, sondern lässt, ebenso wie die Formulierung „im Allgemeinen“ (so Mustermietvertrag 1976 des BMJ), für die Beurteilung des Einzelfalls genügend Raum, um eine Anpassung der tatsächlichen Renovierungsintervalle an das objektiv Erforderliche zu ermöglichen.

Unwirksamkeit „starrer" Schönheitsreparaturfristen, BGH NJW 2004, 2586, JuS 2004, 1008

Vorformulierte Fristenpläne für die Ausführung von Schönheitsreparaturen müssen, um der Inhaltskontrolle standzuhalten, so abgefasst sein, dass der durchschnittliche, verständige Mieter ohne weiteres erkennen kann, dass der Fristenplan nur ein Näherungswert ist, von dem wegen des guten Erhaltungszustands der Mieträume - namentlich wegen Verwendung „langlebiger" Materialien - auch nach oben abgewichen werden kann. Die Formulierung „im Allgemeinen" aus dem Mustermietvertrag 1976, die die Verständnismöglichkeiten des Mieters nicht überfordert (s. Senat, NJW 2004, 2087 = NZM 2004, 497), ist für diesen Zweck ausreichend.

Verbot einer Tapetenentfernungsklausel, BGH NJW 2006, 2115

1. Die in einem Wohnraummietvertrag enthaltene Klausel,

   „Der Mieter ist verpflichtet, die während der Dauer des Mietverhältnisses notwendig werdenden Schönheitsreparaturen ordnungsgemäß auszuführen. Auf die üblichen Fristen wird insoweit Bezug genommen (z.B. Küchen/Bäder: drei Jahre, Wohnungen und Schlafräume: vier bis fünf Jahre, Fenster/Türen/Heizkörper: sechs Jahre." enthält einen starren Fristenplan und ist deshalb gem. § 307 I BGB unwirksam.

2. Eine vorformulierte Klausel, nach der der Mieter verpflichtet ist, bei seinem Auszug alle von ihm angebrachten oder vom Vormieter übernommenen Tapeten zu beseitigen, ist wegen unangemessener Benachteiligung des Mieters unwirksam.

   Begründung: Dem Mieter darf nicht unabhängig von der Dauer des Mietverhältnisses und vom Zeitpunkt der letzten Schönheitsreparatur die Beseitigung aller in der Wohnung vorhandenen Tapeten auferlegt werden. Die Klausel verpflichtet ihn aber sogar dann dazu, wenn er im Zuge einer Schönheitsreparatur diese gerade erst erneuert hat.

3. Dem Vermieter steht gegen den Mieter auch kein Anspruch aus § 546 BGB auf Entfernen der Tapeten zu, wenn der Mieter die Tapeten als Schönheitsreparatur angebracht hat.

Unzulässigkeit der Abwälzung von Schönheitsreparaturen, BGH NJW 2003, 2234, RA 2003, 556

Wenn der Mieter zur regelmäßigen Durchführung der Schönheitsreparaturen verpflichtet ist, kann er durch Formularvertrag nicht noch zusätzlich zu einer Endrenovierung ohne Rücksicht darauf verpflichtet werden, wann die letzten vertraglich geschuldeten Schönheitsreparaturen durchgeführt worden sind.

Starrer Schönheitsreparaturen-Fristenplan bei Formulierung „ist verpflichtet", BGH NJW 2006, 2113:

„Der Mieter ist verpflichtet, die während der Dauer des Mietverhältnisses notwendig werdenden Schönheitsreparaturen ordnungsgemäß auszuführen. Auf die üblichen Fristen wird insoweit Bezug genommen (z.B. Küchen/Bäder: drei Jahre, Wohnungen und Schlafräume: vier bis fünf Jahre, Fenster/Türen/Heizkörper: sechs Jahre." enthält einen starren Fristenplan und ist deshalb gem. § 307 I GBG unwirksam.

Begründung: Aus Sicht eines durchschnittlichen Mieters soll die Bezugnahme in Satz 2 auf die üblichen sowie die beispielhaften Fristen verbindlich sein; der durchschnittliche Mieter bezieht die Einschränkung „notwendig werdend" aus Satz 1 nicht auf Satz 2.

Nachteiliger Summierungseffekt von Schönheitsreparaturklausel und Endrenovierungsvereinbarung, BGH NZM 2005, 504:

Auch im Falle der Geschäftsraummiete ist eine Endrenovierungsvereinbarung gem. § 307 I BGB unwirksam, wenn sie zusätzlich zu einer Schönheitsreparaturpflicht des Mieters vereinbart wird.

Unwirksame Schönheitsreparaturklausel im Formularmietvertrag wirkt sich nicht auf nachträglich getroffene Endrenovierungsvereinbarung aus, BGH 14.01.2009, VIII ZR 71/08:

Soweit aus dem Zusammentreffen einer Individualvereinbarung und einer Formularklausel eine unangemessene Benachteiligung des Mieters folgt, führt das nur zur Unwirksamkeit der Formularklausel. Die Individualvereinbarung unterliegt dagegen nicht der Inhaltskontrolle nach § 307 BGB. Ebenso wenig kann eine Nichtigkeit der Individualvereinbarung gemäß § 139 BGB angenommen werden, wonach bei Nichtigkeit eines Teils im Zweifel das ganze Rechtsgeschäft als nichtig anzusehen ist. Das gilt jedenfalls dann, wenn die Individualvereinbarung wie hier nachträglich getroffen wurde.

Dagegen BGH vom 09.07.2008 VIII ZR 181 / 07: Vermieter sind nicht berechtigt, gem. § 558 Abs.1 S.1 BGB einen Zuschlag zur ortsüblichen Miete zu verlangen, wenn der Mietvertrag eine unwirksame Klausel zur Übertragung der Schönheitsreparaturen enthält. Mangels wirksamer Abwälzung der Schönheitsreparaturen hat der Vermieter als Klauselverwender nach § 535 Abs.1 S.2 BGB die Instandhaltungslast in vollem Umfang zu tragen. Grund: Der begehrte Zuschlag im vorliegenden Fall orientiert sich aber an den Kosten für die Vornahme der Schönheitsreparaturen. Mit der Anerkennung eines Zuschlags würde deshalb im nicht preisgebundenen Mietwohnraum ein Kostenelement zur Begründung einer Mieterhöhung ohne Rücksicht darauf herangezogen, ob diese Kosten am Markt durchsetzbar wären. Genauso wenig darf eine Anpassung nach §§ 133, 157, 242 BGB im Wege der ergänzenden Vertragsauslegung oder gem. § 313 BGB erfolgen, weil die es eine dispositive gesetzliche Regelung gibt und diese dem Vermieter eindeutig die Instandhaltungspflicht zuweist.

Vermieter können bei unwirksamer Klausel über Schönheitsreparaturen einen Zuschlag zur Miete verlangen, OLG Karlsruhe NJW 2007, 3004, RA 10/2007, 588:

Haben die Mietvertragsparteien vereinbart, dass der Mieter für die Durchführung von Schönheitsreparaturen zuständig ist, und erweist sich diese Klausel später als unwirksam, kann der Vermieter im Rahmen eines Mieterhöhungsverlangens einen entsprechenden Zuschlag zur Miete verlangen. Denn die Verpflichtung zur Durchführung von Schönheitsreparaturen hat Entgeltcharakter und wird regelmäßig bei der Bemessung der Miethöhe einkalkuliert.

Zur Unwirksamkeit einer Farbwahlklausel gem. § 307 I BGB, BGH NJW 2008, 2499:

Eine Farbwahlklausel verstößt zumindest dann gegen § 307 I BGB, wenn sie dem Mieter bereits während der Mietzeit die Verwendung heller, denkender, neutraler Farben vorschreibt.

Beispiel für eine wirksame Klausel inklusive „Hamburger Holzklausel", BGH NJW 2009, 62:

Der Mieter verpflichtet sich, während der Mietzeit die erforderlichen Schönheitsreparaturen innerhalb der Wohnung durchzuführen. Zu den Schönheitsreparaturen gehören: Das Tapezieren, Anstreichen der Wände und der
Decken, das Pflegen und Reinigen der Fußböden, das Streichen der Innentüren, der Fenster und Außentüren von innen sowie das Streichen der Heizkörper und Versorgungsleitungen innerhalb der Wohnung. Die Arbeiten sind handwerksgerecht auszuführen. Üblicherweise werden Schönheitsreparaturen in den Mieträumen in folgenden Zeiträumen erforderlich sein: in Küchen, Bädern und Duschen alle drei Jahre, in Wohn- und Schlafräumen, Fluren, Dielen und Toiletten alle fünf Jahre, in anderen Nebenräumen alle sieben Jahre. Demgemäß sind die Mieträume zum Ende des Mietverhältnisses in dem Zustand zurückzugeben, der bestehen würde, wenn der Mieter die ihm nach Nr. 2 obliegenden Schönheitsreparaturen durchgeführt hätte. Lackierte Holzteile sind in dem Farbton zurückzugeben, wie er bei Vertragsbeginn vorgegeben war; farbig gestrichene Holzteile können auch in Weiß oder hellen Farbtönen gestrichen zurückgegeben werden.

Aktuell zur Auslegung der Schönheitsreparaturklausel BGH NJW-RR, 2012, 907:

1. Die formularvertragliche Verwendung des Begriffs „regelmäßig" in Fristenplänen für Schönheitsreparaturen hat zur Folge, dass ein zur Unwirksamkeit der Schönheitsreparaturklausel führender „starrer" Fristenplan nicht gegeben ist.

2. Ist die Formulierung „Streichen der Türen“ eingebettet in eine vorformulierte Passage, die mit „Innenanstrich der Fenster“ beginnt und mit „sowie sämtliche anderen Anstriche innerhalb der gemieteten Räume …“ endet, kann sie aus der maßgeblichen Sicht eines verständigen Mieters nur dahingehend verstanden werden, dass auch hinsichtlich der Türen allein die Innentüren der Wohnung und die Innenseite der nach außen führenden Türen, und zwar unter Ausschluss der Außenseite, die in jedem Falle in der Dekorationszuständigkeit des Vermieters verbleibt, umfasst sind. Eine Überforderung des Mieters scheidet dann aus.

Zu Schönheitsreparaturen und benachteiligendem Summierungseffekt, BGH XII ZR 108/13, RA 2014, 226 ff.:

Wird in einem Formularmietvertrag über gewerblich genutzte Räume der Mieter neben der bedarfsabhängigen Vornahme von Schönheitsreparaturen auch dazu verpflichtet, die Räume bei Beendigung des Mietverhältnisses in einem bezugsfertigen Zustand zurückzugeben, ergibt sich daraus kein Summierungseffekt, der zur Unwirksamkeit der beiden Klauseln führt.

XIV. Kündigung

1. Außerordentliche fristlose Kündigung durch den Vermieter
   a) Kündigungserklärung: Beachte § 568 I BGB und § 578 BGB
   b) Kündigungsgrund
      aa) § 543 II Nr. 3a BGB (Beachte ergänzend: § 569 BGB)
         (1) Verzug mit der Miete
            Problem: Auslegung des § 556b BGB
            Samstag ist zwar Werktag, aber kein Banktag.
         (2) Nicht unerheblicher Teil der Miete: Muss sich auf eine Monatsmiete summieren
      bb) § 543 II Nr. 3b BGB
      cc) § 543 II Nr. 2 BGB
   c. Keine Verlängerung gem. § 545 BGB
2. Außerordentliche fristlose Kündigung durch den Mieter
   a) Kündigungserklärung: Beachte § 568 I BGB und § 578 BGB
   b) Kündigungsgrund: § 543 I und II BGB (Beachte § 569 BGB)
   c) Keine Verlängerung gem. § 545 BGB
3. Ordentliche Kündigung von Wohnraum durch den Vermieter
   a) Unbefristeter Mietvertrag (Beachte aber §§ 550, 575 I 2 BGB)
   b) Kündigungserklärung: § 568 I BGB
   c) Kündigungsgrund: §§ 573, 573a, 575, 549 II BGB
   d) Kündigungsfrist : § 573c BGB (Beachte § 573c IV BGB)
   e) Kein erfolgreicher Widerspruch gem. § 574, 574a BGB
      aa) Form und fristgerechte Widerspruchserklärung (Beachte §§ 568 II, 574b II 2 BGB)
      bb) Widerspruchsgrund §§ 574 II, III BGB
      cc) Abwägung gem. §§ 574 III, 573 III BGB
   f) Keine Verlängerung gem. § 545 BGB

Aktuell zur Eigenbedarfskündigung BGH RA 2013, 341

Vor Abschluss eines Mietvertrages hatte V zu M gesagt, eine Eigenbedarfskündigung werde nicht in Betracht kommen, allenfalls könne das Haus verkauft werden. V und M schlossen

daraufhin einen Mietvertrag ohne Kündigungsausschluss, weil auch M flexibel bleiben wollte. Ein Jahr später kündigte V und machte für den Enkel Eigenbedarf geltend. M widersprach der Kündigung.
Das Gericht sah keinen Rechtsmissbrauch und urteilte:
Eine Kündigung von Wohnraum wegen Eigenbedarfs für einen Familienangehörigen ist nicht rechtsmissbräuchlich, wenn der Eigenbedarf zwar nur kurze Zeit nach Abschluss des Mietvertrages entstanden ist, bei Abschluss des Mietvertrages aber noch nicht absehbar war.
Konsequenz: Wer die Kündigung nicht ausschließt, ist vor der Eigenbedarfskündigung nicht geschützt.

Aktuell zu § 550 BGB, BGH RA 2013, 714 ff., BeckRS 2013, 16367:

Zur Wahrung der Schriftform des § 550 BGB ist erforderlich, dass sich der Mietbeginn aus der Urkunde ergibt. Dies kann durch einen abstrakten Hinweis erfüllt sein. Ausreichend ist die Formulierung „Übergabe der Mietsache".
Relevanz: Eine außerordentliche fristlose Kündigung kann in eine ordentliche Kündigung gem. § 140 BGB umgedeutet werden, wenn der unbedingte Wille zur Kündigung aus der Erklärung hervorgeht. Eine ordentliche Kündigung ist gem. § 542 BGB nur bei unbefristeten Mietverträgen möglich. Ist § 550 BGB gewahrt, gilt der Vertrag nicht als unbefristet und eine unwirksame fristlose Kündigung kann nicht umgedeutet werden, weil die Voraussetzungen der befristeten Kündigung nicht vorlägen.

Aktuell zum Kündigungsgrund des § 573a BGB, BGH RA 2013, 827 ff., BeckRS 2013 19175:

Ein vereinbarter Ausschluss des Kündigungsgrundes nach § 573a BGB wirkt gem. § 566 BGB auch gegenüber dem neuen Eigentümer. Dies gilt auch dann, wenn der Kaufvertrag zwischen Vermieter und Käufer keinen Hinweis auf den Ausschluss enthält. Der Käufer ist nicht schutzwürdig, weil er es versäumt hat, sich den Mietvertrag vorlegen zu lassen.

4. Ordentliche Kündigung von Wohnraum durch den Mieter
    a) Unbefristeter Mietvertrag (Beachte aber §§ 550, 575 I 2 BGB)
    b) Kündigungserklärung: § 568 I BGB
    c) Kündigungsfrist : § 573c BGB (Beachte § 573c IV BGB)
    d) Keine Verlängerung gem. § 545 BGB

XVI. Schadensersatz nach außerordentlicher fristloser Kündigung gem. § 543 BGB aus § 280 I BGB

Kündigungsfolgeschaden, Grundsatz gem. BGH NJW 2007, 2474:

Veranlasst eine Partei durch Pflichtverletzung die andere Partei zu einer wirksamen außerordentlichen, fristlosen Kündigung aus wichtigem Grund (§ 543 BGB), so hat diese der anderen den durch die Kündigung entstandenen Schaden zu ersetzen.

1. Anspruch des Vermieters gegen den Mieter auf Schadensersatz nach außerordentlicher fristloser Kündigung gem. § 543 BGB aus § 280 I BGB

   Problem: Kündigungsfolgeschaden des Vermieters

   Der Schaden umfasst die entgangene Miete bis zur Weitervermietung. Der Vermieter hat gem. § 254 BGB seine Schadensminderungspflicht zu beachten.

   Problem: Klage auf zukünftige Leistung

   Der Vermieter darf gem. § 259 ZPO dann auf zukünftige Leistung klagen, wenn der Mieter einen Rückstand an Miete und Nebenkosten in einer die Bruttomiete mehrfach übersteigenden Höhe hat auflaufen lassen (BGH BeckRS 2011, 15432, wichtig für Referendare).

2. Anspruch des Mieters gegen den Vermieter auf Schadensersatz nach außerordentlicher fristloser Kündigung gem. § 543 BGB aus § 536a I BGB oder § 280 I BGB

   Problem: Kündigungsfolgeschaden des Mieters

   Der Schaden umfasst die Umzugskosten und die Kosten für die Anmietung der Ersatzräume nur, wenn gerade die Pflichtverletzung des Vermieters zur Kündigung berechtigt hat.

Aktuell zur Form der Kündigung beim Anspruch auf Kündigungsfolgeschaden, BGH RA 2013, 659, NJW Spezial 2013, 578:

Bei gesundheitsgefährdenden Mängeln der Mietsache kann der Mieter den Vertrag kündigen und Schadensersatz fordern. Letzteres ist nicht davon abhängig, dass die Kündigung formal wirksam ist.

XVII. Schadensersatzansprüche des Wohnraummieters nach unberechtigter Eigenbedarfskündigung

1. §§ 280 I, 241 II BGB (Treuepflichtverletzung).
2. § 823 I BGB (berechtigter Besitz des Wohnraummieters ist sonstiges Recht).
3. §§ 823 II, 263 BGB
4. § 826 BGB

Der Schaden umfasst die Such-, Renovierungs- und Umzugskosten, sowie den Mehraufwand für die höhere Miete der neuen Wohnung.

C. Leasing

I. Anspruch des Leasinggebers gegen den Leasingnehmer auf Zahlung der Leasingraten analog § 535 II BGB

1. Wirksamer Leasingvertrag

a) **Problem**: Leasingvertrag § 535 BGB analog

- Teilweise wird vertreten, Leasing sei ein atypischer Darlehensvertrag mit Geschäftsbesorgungscharakter.
- Teilweise wird vertreten, Leasing sei ein atypischer Abzahlungskauf, auf den Kaufrecht Anwendung finde.
- Nach h.M. ist Leasing ein atypischer Mietvertrag mit leasingtypischen Besonderheiten.

Entscheidend für diese Einstufung spricht die Sachnähe der Mietvertragsnormen, denn Hauptleistungspflicht des Leasinggebers ist die entgeltliche Überlassung einer Sache auf Zeit.

b) Nichtigkeit eines Finanzierungsleasingvertrages nach §§ 506, 492 ff. BGB

aa) Sachlicher Anwendungsbereich der §§ 506, 492 ff. BGB

bb) Persönlicher Anwendungsbereich gem. §§ 506, 492 BGB i.V.m. §§ 13, 14 BGB

2. Kein Erlöschen des Anspruchs

a) Kein Widerruf gem. §§ 506, 495 BGB

b) Keine Minderung analog § 536 BGB

aa) Voraussetzungen der Minderung analog § 536 BGB

bb) Kein Ausschluss der Minderung

Problem: Freizeichnung

Ausschluss der Rechte aus §§ 535 I 2, 536 f. BGB durch AGB. Die Freizeichnung ist gem. § 307 BGB nur wirksam bei unbedingter und unbefristeter Abtretung der aus § 437 BGB resultierenden, uneingeschränkten Ansprüche des Leasinggebers gegen den Hersteller an den Leasingnehmer. Fehlt es an einem dieser Erfordernisse ist die Freizeichnung gem. § 307 I BGB unwirksam und der Leasingnehmer hat die Rechte analog §§ 535 ff. BGB gegen den LG. § 475 BGB findet keine Anwendung, weil der Leasingvertrag kein Kaufvertrag ist. Die Freizeichnung ist auch keine Umgehung kaufrechtlicher Regeln gem. § 475 I 2 BGB, weil dem LN kein Nachteil droht, wenn er uneingeschränkte Rechte aus dem Kaufvertrag mit dem Hersteller abgetreten erhält.

cc) Keine Fristlose Kündigung analog § 543 BGB

Problem: Umfang der Freizeichnung

Ein Gewährleistungsausschluss erfasst auch § 543 BGB (BGH NJW 93, 122), ist aber nach § 307 BGB unwirksam, wenn nicht für die Fälle des Untergangs oder einer erheblichen Beschädigung (mehr als ca. 60 % des Zeitwertes) ein kurzfristiges Kündigungsrecht eingeräumt wurde.

c) Kein Erlöschen durch Rücktritt gemäß § 313 III 1 BGB

aa) Rücktrittserklärung

bb) Rücktrittsgrund: Wegfall der Geschäftsgrundlage gemäß § 313 I BGB

(1) Geschäftsgrundlage ist der Kaufvertrag zwischen LG und Hersteller. Dieser ist Grundlage der Freizeichnung (s.o.), denn nur dann kann sich der LN aus abgetretenem Recht gem. §§ 413, 398, 437, 439 BGB zwecks Nacherfüllung an den Hersteller halten.

(2)Wegfall:

- Hersteller ist nicht mehr existent oder insolvent – Freizeichnung sinnlos.
- LN tritt aus abgetretenem Recht §§ 398, 413, 437 Nr. 2 BGB zurück, weil
  - die Nacherfüllung unmöglich ist
  - die Nacherfüllung verweigert wird
  - die Nacherfüllungsfrist erfolglos abgelaufen ist
  - die Nacherfüllung fehlgeschlagen ist.

Akzeptiert der Lieferant den Rücktritt nicht, muss der LN ihn verklagen. Erst dann ist der LN berechtigt, die Leasingrate gegenüber dem LG vorläufig zu verweigern.

Zur vorläufigen Einstellung der Zahlung der Leasingraten, BGH, NJW 2010, 2798:

Akzeptiert der Lieferant den Rücktritt nicht, muss der LN ihn verklagen. Erst dann ist der LN berechtigt, die Leasingrate gegenüber dem LG vorläufig zu verweigern.

3. Keine Einreden

Beachte: Einwendungsdurchgriff gem. §§ 506, 358, 359 BGB, wenn LN Verbraucher und LG Unternehmer ist.

Rücktritt vom Leasingvertrag, OLG Frankfurt Beck RS 2009 05390:

1. Nach Rücktritt vom Kaufvertrag kann der Leasingnehmer vom Leasingvertrag aufgrund des § 313 III, S. 1 BGB zurücktreten.
2. Das Rücktrittsrecht steht unbeschadet der Regelung des § 313 III 2 BGB zu, der eine Kündigungsmöglichkeit eröffnet.
3. Die Rückabwicklung zwischen Leasinggeber und Leasingnehmer erfolgt gem. §§ 346 ff. über die Regelungen des Rücktritts.

II. Anspruch des Leasinggebers bei Zahlungsverzug des Leasingnehmers auf Zahlung von Schadensersatz aus §§ 280 I, III, 281 I 1 1. Fall BGB

1. **Problem**: Schadensersatz eigener Art

In den Fällen, in denen der Leasinggeber den Leasingvertrag wegen Zahlungsverzuges gem. § 543 II Nr. 3 BGB fristlos kündigen kann, steht dem Leasinggeber einen Schadensersatzanspruch gerichtet auf Ersatz des durch die Kündigung verursachten Schadens zu.

Der BGH sah als Anspruchsgrundlage vor der Schuldrechtsreform in ergänzender Auslegung des Leasingvertrages einen Schadensersatzanspruch eigener Art analog § 543 II Nr. 3 BGB. Die Analogie ist nicht mehr nötig, denn mit dem Anspruch aus §§ 280 I, III, 281 I 1 1. Fall BGB lassen sich bei entsprechender Schadensberechnung treffende Ergebnisse finden.

a) Schuldverhältnis: Leasingvertrag

b) Pflichtverletzung (s.o.)

c) Vertretenmüssen (s.o.)

d) Schaden: Vom Betrag, den der Leasingnehmer bei ungestörter Abwicklung des Vertragsverhältnisses bis zum Ablauf der unkündbaren Leasingvertrages hätte zahlen müssen, ist der Restwert bei Rückgabe abzuziehen und die laufzeitabhängigen Zinsen, die bei staffelmäßiger Berechnung auf die Zeit nach der Kündigung entfallen, herauszurechnen (BGH NJW 1995, 1541). Bei Unmöglichkeit der Rückgabe stehen dem LG die abgezinsten Raten und der kalkulierte Restwert zu (BGH aaO.).

Schadensersatzanspruch des Leasingsgebers nach Kündigung, OLG Düsseldorf, NJOZ 2010, 143, RA 2010, 84 ff:

Bei Kündigung des Leasingvertrages wegen Zahlungsverzuges des Leasingnehmers (§ 543 II Nr 3 BGB analog) steht dem Leasinggeber ab Zugang der Zugang der Kündigungserklärung ein Schadensersatzanspruch gem. §§ 280 I, III, 281 I 1 1. Fall BGB auf Ersatz des Amortisationsschadens und des Unternehmensgewinns zu. Der LG muss sich jedoch die Vorteile anrechnen lassen, die er durch die vorzeitige Rückgabe des Leasinggegenstandes erspart („Abzinsung").

D. Ansprüche aus Vertrag zugunsten Dritter (VzD)

Primär- oder Sekundäranspruch des Dritten gegen den Schuldner (z.B. § 433 I BGB i.V.m. § 328 BGB)

I. Wirksamer Vertrag zwischen Gläubiger (Versprechensempfänger) und Schuldner (Versprechendem)

Heterologe Insemination in der NELG, OLG Stuttgart, Urteil vom 14.9.2014, 13 U 30/14, RA 11/2014, 573:

Auch eine Vereinbarung, mit der ein nicht verheirateter Mann sein Einverständnis zu einer heterologen Insemination erteilt, enthält, insbesondere wenn er die dafür erforderliche Samenspende eines Dritten beschafft, regelmäßig zugleich einen von familienrechtlichen Besonderheiten geprägten berechtigenden Vertrag zugunsten des aus der heterologen Insemination hervorgehenden Kindes, mit welchem sich der Mann verpflichtet, für den Unterhalt dieses Kindes wie ein leiblicher Vater zu sorgen.

II. Echter (berechtigender) Vertrag zugunsten Dritter

1. Auslegung gem. §§ 133, 157 BGB (Zweifelsregelung § 330 BGB)
   a) Abgrenzung vom unechten (ermächtigenden) Vertrag zugunsten Dritter (Erfüllungsübernahme § 329 BGB)
   b) Abgrenzung vom Vertrag mit Schutzwirkung zugunsten Dritter (VSD)
2. Keine Einwendungen
   a) Der Schuldner kann gem. § 334 BGB ihm gegen den Gläubiger zustehende Einwendungen und Einreden aus dem zugrundeliegenden Vertrag (Deckungsverhältnis) auch dem Dritten entgegen halten
   b) § 333 BGB: Kein VzD bei Zurückweisung des Dritten gegenüber dem Versprechendem (Schuldner).

III. Rechtsfolgen

1. Der Dritte hat einen Erfüllungsanspruch.
2. Auch der Gläubiger kann im Zweifel Leistung an den Dritten verlangen (§ 335 BGB).
3. Dem Dritten stehen nach h.M. die Sekundäransprüche mit Ausnahme der SE-Ansprüche statt der Leistung gem. §§ 281 - 283 BGB zu, es sei denn, diese wurden ihm (konkludent) abgetreten.

E. Ansprüche beim Vertrag mit Schutzwirkung zugunsten Dritter (VSD)

Anspruch des Dritten D gegen den Schuldner S aus einem zwischen dem Gläubiger G und dem S geschlossenen Vertrag (etwa 280 I BGB als Vertrag mit Schutzwirkung zugunsten Dritter).

I. Vertrag zwischen Gläubiger G und Schuldner S

II. Einbeziehung des D in den Schutzbereich des Vertrages

1. Leistungsnähe des Dritten

Definition: Der Dritte muss so nah beim Gläubiger stehen, dass er mit den Gefahren der Leistung bestimmungsgemäß genauso in Berührung kommen kann wie der Gläubiger (**Leistungsnähe**). Das ist der Fall, wenn er erlaubtermaßen den Gefahren von Pflichtverletzungen zwangsläufig ebenso ausgesetzt ist wie der Gläubiger des Anspruchs.

2. Gläubigerinteresse am Schutz des Dritten (auch „Gläubigernähe" oder „Einbeziehungsinteresse" genannt)

a) Der Gläubiger ist für das "Wohl und Wehe" des Dritten verantwortlich (aus einem Vertrag mit personenrechtlichen Einschlag, z.B. Arbeitsvertrag oder Mietvertrag oder aus einer. familienrechtlichen Fürsorgebeziehung)

oder

b) es ergeben sich gemäß §§ 133, 157 BGB besondere Anhaltspunkte dafür, dass er sonst nach Vertragszweck, Vertragsabsprachen oder sonstigen Umständen des Falles in den Schutz des Vertrages miteinbezogen werden soll (Weiterentwicklung des Vertrages mit Schutzwirkung für Dritte seit dem „Testamentsurteil" des BGH).

Problem: Gegenläufigkeit der Interessen zwischen dem Vertragsgläubiger und dem Dritten

Der Verkäufer ist an der Einbeziehung des Käufers in den Schutzbereich des Verkaufsgutachten (Werkvertrages) interessiert, dass der Verkäufer von einem Experten erstellen ließ (BGH, Urteil vom 20.04.04 X ZR 250/02).

3. Erkennbarkeit für den Schuldner

Dem Schuldner muss die Schutzpflicht des Gläubigers bzw. die Drittbezogenheit der Leistung erkennbar sein (klar abgrenzbarer Personenkreis)

4. Schutzbedürftigkeit

Der Dritte darf keinen eigenen inhaltsgleichen vertraglichen Anspruch gegen den Schuldner und keinen inhaltsgleichen vertraglichen Anspruch gegen den Gläubiger der Leistung haben.

Zur fehlenden Gleichwertigkeit, BGH NJW 2004, 3420 ff.:

Ein Anspruch gegen den Schuldner, der nicht gleichwertig ist, schließt die Anwendung des Instituts des Vertrages mit Schutzwirkung für Dritte nicht aus. Der Anspruch ist z.B. nicht gleichwertig, wenn er in kürzerer Frist verjährt oder wenn beide Ansprüche unterschiedliche Zielrichtungen beim Schadensersatz verfolgen. Wer aus Prospekthaftung haftet, haftet, weil er einem Gutachten Glaubwürdigkeit verliehen hat, wer aus VSD haftet, haftet wegen der inhaltlichen Mängel einer Leistung, ihrer Nichterbringung oder einer Rücksichtspflichtverletzung.

Zur Inhaltsgleichheit, BGH NJW-RR 2003, 100 f.:

Der Gläubiger einer Gutachter-GmbH kann im Falle eines fehlerhaften Gutachtens nur gegen die GmbHm nicht aber gegen den dort angestellten Gutachter aus Vertrag mit Schutzwirkung für Dritte vorgehen, weil die vertraglichen Ansprüche inhaltsgleich wären. Beide richten sich auf die Erstellung mangelfreier Gutachten, bzw. auf Ersatz der Schäden aufgrund des mangelhaften Gutachtens.

Grundlegend zur Schutzbedürftigkeit bei der Sachwalterhaftung, BGH BeckRS 2011, 02581 („Standheizungsfall"):

Ein Kraftfahrzeugsachverständiger, der ein Fahrzeug im Auftrag des Eigentümers begutachtet und zum Verkauf in eine Internet-Restwertbörse eingestellt hat, ist gegenüber dem Käufer, der das Fahrzeug aufgrund eines im Internet abgegebenen Gebots erwirbt, zum Schadensersatz wegen eines Sachmangels aus einem Vertrag mit Schutzwirkung für Dritte nicht verpflichtet, wenn der Käufer gegen den Verkäufer im Wege der Nacherfüllung vorgehen kann. Für den vertraglichen Drittschutz fehlt dem Käufer dann die Schutzbedürftigkeit. Grund: Eine uferlose Haftung von am Vertrag nicht beteiligten Dritten soll vermieden werden (BGH aaO. Rnrn 10 – 12)

Bestätigung dieser Rechtsprechung bei der Tierarzthaftung, OLG Hamm RA 2013, 349;

Der Verkäufer (V) eines Pferdes hatte einen Tierarzt (T) mit einer Ankaufsuntersuchung per Werkvertrag beauftragt. Per AGB vereinbarten V und T, dass Dritte nicht in den Vertrag einbezogen werden sollten. Der Tierarzt erstellte das Gutachten mangelhaft. Das mangelhafte Gutachten wurde dem Käufer (K) des Pferdes vor dem Vertragsschluss vorgelegt. Aufgrund des Mangels übersah K einen Tiermangel, der Folgekosten verursachte. K verlangte von T Schadensersatz aus §§ 634 Nr. 4, 280 I BGB in Verbindung mit den Grundsätzen des VSD.
Das Gericht wies die Klage ab.

Erstens beurteilte es den Ausschluss der Grundsätze des VSD durch AGB für zulässig:

„Ob und welche Dritte sie in den Schutzbereich des von ihnen geschlossenen Vertrages einbeziehen, unterliegt im Rahmen der Vertragsfreiheit grundsätzlich der freien Disposition der Vertragsschließenden. Dies schränkt nicht die Kardinalpflicht zur Erstellung eines richtigen Gutachtens ein. Ferner hat der Werkunternehmer ein schutzwürdiges Interesse an der Beschränkung der Haftung für Dritte."

Zweitens verneinte das Gericht die Schutzwürdigkeit des K, weil dieser Ansprüche auf Nacherfüllung aus §§ 437 Nr. 1, 439 I BGB hat.

III. Pflichtverletzung

IV. Vertretenmüssen

V. Schaden beim Dritten

VI. Einwendungen analog § 334 BGB -Verschulden des Gläubigers § 254 I BGB, jedoch nicht bei „Expertenhaftung"

Grundlegend zum VSD und ungewollter Schwangerschaft, BGH JuS 2007, 282:

In den Schutzbereich eines auf Schwangerschaftsverhütung gerichteten Vertrages zwischen Arzt und Patientin ist nicht nur ein ehelicher, sondern auch der jeweilige nichteheliche Partner einbezogen, der vom Fehlschlagen der Verhütung betroffen ist. (Prüfen bei Leistungsnähe und Einbeziehungsinteresse kraft Auslegung des Vertrages)

F. Ansprüche aus Bürgschaft

I. Anspruch des Gläubigers G gegen den Bürgen B auf Zahlung aus dem Bürgschaftsvertrag gem. § 765 I BGB i.V.m. einem Anspruch des G gegen den Schuldner S (etwa aus § 488 I 2 BGB)

1. Wirksame Hauptverbindlichkeit (z.B. § 488 I 2 BGB)
2. Fälligkeit der Hauptverbindlichkeit
3. Wirksamer Bürgschaftsvertrag

a) Vertragsschluss

aa) Bürgschaftserklärung:

(1) Abgrenzung zum Garantievertrag gem. §§ 311, 241 BGB

Definition: Der Garant übernimmt eine verschuldensunabhängige Verpflichtung zur Schadloshaltung, falls der garantierte Erfolg nicht eintritt oder auch aus atypischen Gründen vereitelt wird. Der Garant will eine unmittelbare, gleichrangige oder primäre Haftung, was durch einen Eigennutz an der Erfüllung der Verbindlichkeit indiziert wird. Er hält sich beim Regress aufgrund vertraglicher Abreden an den Schuldner.

(2) Abgrenzung zum Schuldbeitritt gem. §§ 311, 241 BGB (Schuldmitübernahme/ kumulative Schuldübernahme)

Definition: Der Schuldmitübernehmer will für eine eigene Verbindlichkeit gem. §§ 421, 427 BGB als Gesamtschuldner gleichrangig neben dem Schuldner haften.

Abgrenzungsindizien:
- Wortlaut
- Form
- Motiv
- Regresswille, Haftungswille (vgl. § 771 und § 426 I BGB)
- Akzessorietät

(3) Abgrenzung zur befreienden Schuldübernahme gem. § 414 BGB

bb) Annahmeerklärung des Gläubigers

Problem: Theorie vom Zwangsvertrag

Darf der Vollstreckungsgläubiger gem. § 108 I 2 ZPO die Sicherheitsleistung des § 709 S. 1 ZPO durch Bankbürgschaft stellen, kommt wegen § 751 II ZPO der Bürgschaftsvertrag zustande, wenn er dem Vollstreckungsschuldner die Bürgschaftserklärung formgemäß zugestellt hat. Ansonsten könnte der Vollstreckungsschuldner (Gläubiger des potentiellen Anspruchs aus § 717 II ZPO) die Vollstreckung durch Nichtannahme der Bürgschaft vereiteln (wichtig für Referendare).

b) Umfang der Bürgschaftsverpflichtung gem. § 767 I BGB

Problem: Unwirksamkeit von AGB Klauseln bei Erweiterung der Haftung durch eine formularmäßige Bürgschaftserklärung:

Soll der Bürge für einen Dispositionskredit des Schuldners bürgen, kann die Vereinbarung durch AGB gegen das Leitbild des Bürgschaftsvertrages aus § 767 I 3 BGB verstoßen. Dies führt zur Annahme einer überraschenden Klausel gem. § 305c BGB und zu einem Verstoß gegen § 307 I BGB.

c) Bestimmtheitserfordernis § 765 II BGB

2. Keine Nichtigkeit der Bürgschaft

a) Keine Formnichtigkeit - Schriftform gem. §§ 125 S.1, 766 S.1 BGB

Problem: § 350 HGB

§ 766 BGB findet im Falle des § 350 HGB keine Anwendung.

Problem: Blankettbürgschaft

Als Ausnahme von § 167 II BGB muss die Ausfüllungsbefugnis, die der Bürge dem Schuldner oder dem Gläubiger zur Ausfüllung eines Bürgschaftsblanketts erteilt ebenfalls der Schriftform entsprechen, weil ansonsten die Warnfunktion der Formvorschrift verletzt wäre (BGH NJW 1996, 1467 ff.)

Problem: Analoge Anwendbarkeit der §§ 494, 507 BGB auf die Bürgschaft

Mangels planwidriger Regelungslücke finden die §§ 494, 507 BGB keine analoge Anwendung auf die Bürgschaftserklärung, weil der Gesetzgeber die Bürgschaft bewusst nicht in den §§ 491 ff. BGB normiert hat.

b) Sittenwidrigkeit nach § 138 I BGB

Problem: Nähe- und Überforderungstatbestand

- Auffälliges Missverhältnis zwischen Leistungsvermögen des Bürgen und Haftungsumfang (krasse finanzielle Überforderung des Bürgen)
- Persönliche Nähe zwischen Schuldner und Bürge
- Kenntnis des Gläubigers
- Kein vorgetragenes berechtigtes Interesse des Gläubigers (Abwendung der Vermögensverschiebung auf den Bürgen durch den Schuldner)

Problem: Verharmlosungstatbestand

- Auffälliges Missverhältnis zwischen Leistungsvermögen des Bürgen und Haftungsumfang (krasse finanzielle Überforderung des Bürgen)
- Verharmlosung des Haftungsrisikos
- Kenntnis des Gläubigers

Sittenwidrigkeit einer Arbeitnehmerbürgschaft, BGH NJW 2004, 161, JuS 2004, 159

Eine von einem Arbeitnehmer mit mäßigem Einkommen aus Sorge um den Erhalt seines Arbeitsplatzes für einen Bankkredit des Arbeitgebers übernommene Bürgschaft ist sittenwidrig, wenn sie den Arbeitnehmer finanziell krass überfordert und sich der Arbeitgeber in einer wirtschaftlichen Notlage befindet.

Zur Sittenwidrigkeit einer Mithaftung trotz Bestellung einer Grundschuld, BGH NJW 2009, 2671:

1. Die zur Sittenwidrigkeit von Bürgschaften entwickelten Grundsätze gelten auch für andere Arten der Mithaftung, z.B. Schuldbeitritt oder Mitunterzeichnung eines Darlehensvertrages, wenn der Unterzeichner nicht gleichberechtigter Mitdarlehensnehmer ist, z.B., weil er über die Verwendung des Geldes nicht mitbestimmen darf. Auf den mittelbaren Vorteil aus der Besserstellung als Lebenspartner kommt es nicht an.
2. Eine anderweitige Sicherheit (hier: Sicherungsrundschuld) schließt die Sittenwidrigkeit der Verpflichtung eines krass überforderten Ehepartners, Lebenspartners usw. nur aus, wenn sichergestellt ist, dass den Betroffenen allenfalls eine „Ausfallhaftung“, die ihn nicht überfordert.

3. Bei der Frage, ob die Grundschuld nach dem Inhalt der vorformulierten AGB auch künftige Forderungen gegen den Darlehensnehmer sichert, darf eine Unklarheit i.S.v. 305c II BGB nicht zu Lasten des finanziell überforderten Bürgen oder Mithaftenden gehen.

Anwendbarkeit auf Gesellschafterbürgen, OLG Celle, Entscheidung vom 01.03.2007, 3 W 29/07:

Die Grundsätze zur Unwirksamkeit ruinöser Bürgschaften naher Angehöriger (so genannte Ehegatten-Bürgschaften) sind nicht auf Gesellschafterbürgen anwendbar. Dies gilt selbst dann, wenn der Gesellschafter nur Minderheitsgesellschafter der Kredit suchenden GmbH und nicht mit der Geschäftsführung betraut ist. Weder eine krasse finanzielle Überforderung eines bürgenden Gesellschafters noch seine emotionale Verbundenheit mit einem die Gesellschaft beherrschenden Dritten können daher die Vermutung der Sittenwidrigkeit nach § 138 BGB begründen. Der BGH lässt Ausnahmen für die Fälle zu, in denen der Geschäftsführer nur über eine Splitterbeteiligung verfügt, sein Anteil also weniger als zehn Prozent ausmacht, oder wenn für die Bank klar ersichtlich ist, dass derjenige, der bürgen soll, finanziell nicht beteiligt ist und die Stellung eines Gesellschafters ohne eigenes wirtschaftliches Interesse nur aus persönlicher Verbundenheit mit einer die GmbH wirtschaftlich beherrschenden Person übernommen hat.

Problem: Anwendbarkeit von §§ 312, 312b, 312g, 355 BGB auf die Bürgschaft

Haustürsituation, BGH NJW 2006, 845 (Abkehr von der früheren Rechtsprechung BGH NJW 1998, 2356):

Für das Bestehen einer Widerrufssituation im Sinne § 312 BGB a.F. (§§ 312, 312b, 312g BGB n.F.) kommt es bei akzessorischen Sicherungsgebern nicht darauf an, ob der persönliche Schuldner Verbraucher ist, maßgeblich ist vielmehr, ob sich der Sicherer (oder auch ein Bürge!) in einer Haustürsituation befunden hat: Der Bürgschaftsvertrag begründet ein eigenes Schuldverhältnis und daher unter den Voraussetzungen des § 312 ein eigenes Widerrufsrecht des Bürgen. Der Bürge, der in einer Haustürsituation einen gewerblichen Zwecken dienenden Kredit verbürgt, darf nicht schlechter stehen als derjenige, der den Kreditvertrag als Mithaftender unterzeichnet, gleiches gilt für den, der an der Haustür Sachen verpfändet. Dieser neuen BGH-Rechtssprechung steht das Urteil des EUGH (NJW 1998, 1295) nicht entgegen, da § 8 der Richtlinie 577/85/EWG den Mitgliedsstaaten erlaubt, günstigere Verbraucherschutzbestimmungen zu erlassen.

3. Untergang des Anspruch wegen Einwendungen aus dem Hauptforderungsverhältnis (z.B. Erlöschen durch Erfüllung oder Widerruf des zugrundliegenden Vertrages)

4. Untergang wegen Einwendungen gegen die Bürgschaftsverpflichtung

   Problem: Keine Anwendung des § 776 BGB bei Mitbürgen

   § 776 BGB findet keine Anwendung, wenn ein Mitbürge aus der Haftung entlassen wird, weil der Rückgriff des Mitbürgen gegen den entlassenen Bürgen aus §§ 774 II, 426 BGB durch das Entlassen des Mitbürgen aus der Haftung nicht beschränkt werden kann.

5. Einreden des Bürgen

   a) § 768 BGB (Denkbar insbesondere § 320 BGB wegen eines Anspruches auf Nacherfüllung aus Hauptforderungsverhältnis)

   b) § 771 BGB

   c) § 770 BGB

   d) § 770 analog BGB in Verbindung mit § 355 BGB

II. Regressansprüche des Bürgen gegen den Schuldner nach Zahlung des Bürgen an den Gläubiger

1. Anspruch aus § 774 I 1 BGB i.V.m. der übergegangenen Forderung (z.B.: § 488 I 2 BGB)
2. Anspruch aus §§ 662, 670 BGB, wenn zwischen Bürgen und Schuldner ein Auftragsverhältnis bestand (Regelfall).
3. Anspruch aus §§ 675, 670 BGB, wenn sich der Bürge entgeltlich beim Gläubiger verbürgt hat (Beispiel: Aval der Bank).

III. Regressansprüche des Mitbürgen gegen den Mitbürgen nach Inanspruchnahme des Mitbürgen durch den Gläubiger

1. §§ 774 II, 426 I BGB
   a) Mitbürgschaft gem. § 769 BGB
   b) Befriedigung des Gläubigers durch einen Mitbürgen
   c) Ausgleichspflicht i.S.d. § 426 I BGB
   d) Kein (anteiliger) Untergang der Bürgenverpflichtung gem. §§ 769, 423 I, 397 BGB
      aa) Erlassvertrag zwischen Gläubiger und Mitbürgen
      bb) Gewollte Gesamtwirkung oder gewollte beschränkte Gesamtwirkung

   Problem: Keine Anwendbarkeit des § 776 BGB auf die Mitbürgschaft

   § 776 BGB findet keine Anwendung, wenn ein Mitbürge aus der Haftung entlassen wird, weil der Rückgriff des Mitbürgen gegen den entlassenen Bürgen aus §§ 774 II, 426 BGB durch das Entlassen des Mitbürgen aus der Haftung nicht beschränkt werden kann.

2. §§ 774 II, 426 II, 426 I BGB
   a) Mitbürgschaft gem. § 769 BGB
   b) Befriedigung des Gläubigers durch einen Mitbürgen
   c) Ausgleichspflicht i.S.d. § 426 I BGB
   d) Kein (anteiliger) Untergang der Bürgenverpflichtung gem. §§ 769, 423 I, 397 BGB
      aa) Erlassvertrag zwischen Gläubiger und Mitbürgen
      bb) Gewollte Gesamtwirkung oder gewollte beschränkte Gesamtwirkung
      Kein Einwand aus § 774 I 3 BGB oder aus § 774 II 2 BGB

   Problem: Keine Anwendbarkeit des § 776 BGB auf die Mitbürgschaft (s.o)

IV. Ansprüche des Bürgen gegen andere Sicherer nach Inanspruchnahme des Bürgen durch den Gläubiger

1. Gegen Besteller akzessorischer Sicherheiten gem. §§ 412, 401 BGB

   Problem: Wettlauf der Sicherer

   h.M.: analoge Anwendung des § 426 BGB auf § 401 BGB,
   M.M.: Privilegierung des Bürgen

2. Gegen Besteller abstrakter Sicherheiten
   a) Anspruch des Bürgen gegen den Grundschuldbesteller (Eigentümer) analog § 401 in Verbindung mit § 426 I BGB analog auf Abtretung eines dem § 426 I BGB entsprechenden Teils der Grundschuld nach Übergang der Forderung gem. § 412 BGB oder § 398 BGB
   b) Anspruch analog § 426 I BGB gegen den mithaftenden, das Darlehen sichernden Mitschuldner (Schuldbeitritt)

Zur Person des Schuldners bei der Bürgschaft, OLG Frankfurt NJW-RR 2012, 149::

Aktuell zur Person des Schuldners bei der Bürgschaft - OLG Frankfurt NJW-RR 2012, 149: Die Bürgschaft sichert nur Verbindlichkeiten bestimmter Personen. Eine Bürgschaftsverpflichtung, die für die Verbindlichkeiten einer KG gegeben wurde, die sich aus einem Werkvertrag ergeben können, besteht nicht, wenn die KG zur Erfüllung der werkvertraglichen Leistungen zusammen mit einer anderen KG eine GbR gründet und diese dann den Werkvertrag abschließt.

G. Ansprüche aus Geschäftsführung ohne Auftrag (GoA) gem. §§ 677 ff. BGB

Überblick über die Anspruchsgrundlagen

- Ansprüche aus echter, berechtigter Geschäftsführung ohne Auftrag
  - Anspruch des Geschäftsherrn auf Herausgabe des Erlangten §§ 677, 681 S. 2, 667 BGB
  - Anspruch des Geschäftsherrn auf Schadensersatz gem. §§ 280 I, 241 II BGB
  - Anspruch des Geschäftsführers auf Aufwendungsersatz §§ 677, 683 S. 1, 670 BGB
  - Anspruch des Geschäftsführers auf Befreiung von der Verbindlichkeit gem. § 257 BGB

- Ansprüche aus echter, unberechtigter Geschäftsführung ohne Auftrag
  - Anspruch des Geschäftsherrn auf Schadensersatz §§ 677, 678 BGB
  - Anspruch des Geschäftsherrn auf Herausgabe des Erlangten (str.)
- Nur aus § 812 BGB (h.M.)
- Aus §§ 677, 681 S. 2, 667 (M.M.: Erst- Recht-Schluss)
  - Anspruch des Geschäftsführers auf Aufwendungsersatz §§ 677, 684 S. 1, 818 II BGB

- Ansprüche aus unechter, angemaßter Eigengeschäftsführung
  - Anspruch des Geschäftsherrn auf Schadensersatz §§ 687 II 1, 678 BGB
  - Anspruch des Geschäftsherrn auf Herausgabe des Erlangten §§ 687 II, 681 S. 2, 667 BGB
  - Anspruch des Geschäftsführers §§ 687 II 2, 684 S. 1, 818 II BGB

I. Anspruch des Geschäftsführers F gegen den Geschäftsherrn auf Zahlung von Aufwendungsersatz aus §§ 677, 683 S.1, 670 BGB (berechtigte GoA)

1. Geschäftsbesorgung

2. Fremdes Geschäft

Definition: Ein Geschäft ist **fremd**, wenn es in den Pflichten-, Rechts-, oder Interessenkreis des anderen fällt.

a) Objektiv fremdes Geschäft

Ein objektiv fremdes Geschäft liegt vor, wenn die Tätigkeit nach seinem objektiven Inhalt und seinem äußeren Erscheinungsbild ausschließlich dem Geschäftsherrn zugutekommt, indem dessen Pflicht erfüllt, dessen Recht verteidigt oder dessen Interessen verfolgt werden.

Beispiel:
F erkennt, dass das von G abgestellte Cabrio aufgrund einer von G im Fahrzeug vergessenen glimmenden Zigarette Feuer gefangen hat. F löscht den Brand durch einen mitgeführten Feuerlöscher. G traf die Verkehrssicherungspflicht, den Brand zu löschen. Diese hat F erfüllt. F traf keine Pflicht zum Löschen.

b) Objektiv auch-fremdes Geschäft
Das objektiv auch-fremde Geschäft ist ein Begriff, der durch richterliche Rechtsfortbildung entstanden ist. Seine Abgrenzung ist durch die Unschärfe des Begriffes schwierig. Es liegt vor, wenn die Tätigkeit nach seinem objektiven Inhalt und seinem äußeren Erscheinungsbild nicht nur dem Geschäftsführer durch Erfüllung seiner Pflichten oder Verteidigung seiner Rechte oder Interessen, sondern auch dem Geschäftsherrn zugutekommt.

Beispiel:
F und G gehören benachbarte Eigentumswohnung. Die Wohnung des G hat durch ein nicht gewartetes Elektrogerät des G Feuer gefangen. F verschafft sich Zugang und löscht den Brand. Als Eigentümer oblag G die Verkehrssicherungspflicht, Brände zu verhüten und zu löschen. Diese Pflicht erfüllte F, der aber auch zur Verteidigung des eigenen Eigentums handelte, indem er ein Übergreifen der Flammen verhinderte. Diese Verteidigung des

eigenen Rechts ordnet sich aber mit der Figur des auch-fremden Geschäfts der fremden Geschäftsbesorgung unter.

Problem: Den Geschäftsführer trifft eine abstrakte öffentlich rechtliche Pflicht

Wenn F dem G erste Hilfe leistet und Aufwendungen tätigt, führt er grundsätzlich ein ausschließlich fremdes Geschäft, weil § 323c StGB als abstraktes Gefährdungsdelikt keinen konkreten Normadressaten nennt und keine spezielle Pflicht auferlegt.

Problem: Den Geschäftsführer trifft eine spezielle öffentlich rechtliche Pflicht

Wenn F eine Ersatzvornahme tätigt, drohen die Regeln der GoA die speziellen öffentlich rechtlichen Pflichten der Störer Inanspruchnahme zu unterlaufen. Deshalb sollte man die GoA hier sehr kritisch sehen und allenfalls anwenden, wenn solche Regelungen nicht existieren.

Problem: Der Geschäftsführer und der Geschäftsherr sind Gesamtschuldner eines Dritten

Die Figur des auch fremden Geschäfts droht durch Anwendung der GoA die einzelfallgerechten Regelungen des Gesamtschuldnerinnenausgleichs aus § 426 BGB zu unterlaufen. Richtigerweise hat der leistende Gesamtschuldner den Willen zur Eigengeschäftsführung, nämlich zur Befreiung von der eigenen Verbindlichkeit.

Problem: Nichtiger Vertrag mit Geschäftsbesorgungscharakter

Diese sehr umstrittene Fallkonstellation wird durch sittenwidrigen Titelhandel, Schwarzarbeit oder Beamtenbestechung ausgelöst. Die h.L. sieht bei demjenigen, der im Sinne des § 812 BGB leistet, einen Eigengeschäftsführungswillen und lehnt die GoA ab. Die berühmte BGH-Entscheidung zur Schwarzarbeit nahm ein auch fremdes Geschäft und einen Auch-Fremdgeschäftsführungswillen an, lehnte die GoA aber in der Rechtsfolge ab, weil niemand gem. § 670 BGB Aufwendungen aus Schwarzarbeit für erforderlich halten dürfe.

Problem: Erbensucher

Das OLG hatte einen Fremdgeschäftsführungswillen des Erbensuchers verneint und die GoA abgelehnt. Der BGH ging in der Revision (BGH NJW 2000, 72 ff.) noch weiter und erklärte die GoA als von vornherein unanwendbar, damit solche Aufwendungen auch bei zufälliger Bejahung eines Fremdgeschäftsführungswillens unvergütet bleiben: „Eigene Aufwendungen im Vorfeld eines Vertragsschlusses bleiben, sofern es nicht zu einem Abschluss kommt, nach den Regeln des Privatrechts unvergütet; jede Seite trägt das Risiko eines Scheiterns der Vertragsverhandlungen selbst. Diese im Gefüge der Vertragsrechtsordnung angelegte und letztlich auf die Privatautonomie zurückzuführende Risikoverteilung würde durch Zulassung von Aufwendungsersatzansprüchen aus Geschäftsführung ohne Auftrag unterlaufen."

Problem: Selbstaufopferung im Straßenverkehr

Der mit dem Kfz ausweichende führt ein eigenes Geschäft, wenn er im Falle eine Kollision nach § 7 StVG gehaftet hätte. Hätte er hypothetisch nicht gehaftet, war es fremd.

c) Neutrales oder subjektives (auch-) fremdes Geschäft
Es liegt vor, wenn die Tätigkeit nach äußeren Merkmalen weder in den Pflichten-, Rechts-Geschäfts- und Interessenbereich des Geschäftsführer noch den des Geschäftsherrn fällt (neutrales Geschäft) aber mit nach außen erkennbaren Fremdgeschäftsführungswillen vorgenommen wurde.

3. Fremdgeschäftsführungswille

Problem: Fremdgeschäftsführungswillen bei nichtigem Vertrag mit Geschäftsbesorgunscharakter (s.o.)

4. Keine Beauftragung
5. Übereinstimmung mit dem Interesse und Willen des Geschäftsherren

   a) Interesse

Definition: Das Geschäft entspricht dem **Interesse**, wenn es objektiv nützlich (und subjektiv auf die Verhältnisse des Geschäftsherrn bezogen) ist.

   b) Wirklicher Wille oder nur soweit wirklicher Wille nicht feststellbar

   c) Mutmaßlicher Wille darf nicht entgegenstehen

6. Unbeachtlichkeit des entgegenstehenden Willens gem. § 679 BGB

Problem: Abschleppfälle

Umstritten ist, ob die Nutzung fremder Parkplätze das öffentliche Interesse berührt. In BW ist dies aufgrund landesrechtlichen Sonderregelung des § 12 II L-OWiG BW zu bejahen. Ansonsten leitet die M.M. dies aus der öffentlich-rechtlichen Pflicht, Kundenparkplätze bereitzuhalten, her. Die h.M. befürwortet es nur, wo Gefahrenabwehr betroffen ist (Rettungswege) oder Behindertenparkplätze blockiert werden (BGH, JUS 2009, 762 und BGH RA 2012, 601 oder NJW 2012, 3373).

Problem: § 679 BGB analog beim Suizidwillen

Der geäußerte Suizidwille darf vom Retter nicht beachtet werden, weil die Befolgung des Suizidwillens gegen § 679 BGB verstößt. Nach der M.M. ist ein Suizidwille entweder nicht ernst gemeint oder wegen § 105 BGB nichtig.

7. Rechtsfolgen

   a) Aufwendungsersatz

   b) Risikotypische Begleitschäden analog § 670 BGB

   c) Ersatzfähigkeit der Arbeitsleistung nur analog § 1835 III BGB

Zu Abmahnkosten aus §§ 677, 683 S. 1, 670: BGH RA 2010, 324:

1. Inhaber eines W-Lan Anschlusses sind verpflichtet, die marktüblichen Sicherungsmaßnahmen zu ergreifen, um Dritten den Zugriff auf den W-Lan Anschluss zu verwehren. Dazu gehört die Verschlüsselung durch ein marktübliches WPA2-Verschlüsselungskennwort.
2. Unterlässt er es, ist er Störer i.S.v §§ 97 I, II UrhG oder § 1004 I BGB analog, wenn vom ungesicherten W-Lan-Anschluss Urheberrechtsverletzungen geschehen, indem geschützte Werke in Tauschbörsen eingestellt werden.
3. Dem Rechtsinhaber stehen als Kosten der Rechtsverfolgung Abmahnkosten gem. §§ 677, 683 S. 1, 670 BGB zu.
4. <u>Wichtig für Referendare</u>: Den Inhaber des Anschlusses trifft die sekundäre Darlegungslast.

II. Anspruch des Geschäftsherrn H gegen den Geschäftsführer F auf Rechnungslegung und Herausgabe des durch die Geschäftsführung Erlangten gem. §§ 677, 681 S.2, 666 - 668 BGB (berechtigte GoA)

1. Geschäftsführung
2. Fremdheit des Geschäfts
3. Fremdgeschäftsführungswillen
4. Ohne Auftrag
5. Geschäftsführung im Interesse des GH und nicht wider dessen Willen
6. Rechtsfolge: Herausgabe des Erlangten § 667 BGB, Rechnungslegung § 666 BGB

III. Anspruch des Geschäftsherrn H gegen den Geschäftsführer F auf Schadensersatz bei berechtigter, aber schlecht ausgeführter GoA gem. § 280 I BGB

1. Schuldverhältnis = Echte berechtigte GoA aus §§ 677, 683 S. 1 BGB. Beachte § 682 BGB!
2. Pflichtverletzung
3. Vertretenmüssen wird gem. § 280 I 2 BGB vermutet. Zu beachten ist die Haftungserleichterung gem. § 680 BGB bei Geschäftsführung zur Gefahrenabwehr
4. Rechtsfolge: Schadensersatz

IV. Anspruch des Geschäftsherrn H gegen den Geschäftsführer F auf Schadensersatz gem. § 678 BGB (unberechtigte GoA)

1. Fremdes Geschäft
2. Fremdgeschäftsführungswille
3. Keine Beauftragung
4. Keine Übereinstimmung mit dem Interesse oder Willen des Geschäftsherren und kein Fall des § 679 BGB
5. Fahrlässiges Verkennen des entgegenstehenden Willens
6. Rechtsfolge: Schadensersatz auch ohne Ausführungsverschulden

V. Anspruch des Geschäftsherrn H gegen den Geschäftsführer F bei angemaßter GoA gerichtet auf Zahlung von Schadensersatz gem. §§ 687 II, 678 BGB oder auf Herausgabe des Erlangten gem. §§ 687 II, 681 S.2, 667 BGB

1. Objektiv fremdes Geschäft
2. Eigengeschäftsführungswillen
3. Vorsätzliches Handeln des Geschäftsführers (Kenntnis der Nichtberechtigung)
4. Rechtsfolgen

   Beispiel:
   Dieb D stiehlt das Auto des E und veräußert es an einen Zerleger zur Hälfte des Listenpreises. Dann klicken die Handschellen und D wird verhaftet. D schuldet E gem. §§ 687 II, 681 S. 2, 667 BGB Herausgabe des Erlöses und gem. §§ 687 II, 678 BGB Schadensersatz.

H. Ansprüche gem. §§ 280 I, 311 II, 241 II BGB (culpa in contrahendo; c.i.c.)

Schadensersatzanspruch aus §§ 280 I, 311 II, 241 II BGB wegen der Verletzung einer sonstigen Pflicht

I. Problem: Anwendbarkeit neben §§ 434 ff., § 123 BGB (s.o. im Teil Kaufrecht)

II. Gesetzliches Schuldverhältnis

1. durch Aufnahme von Vertragsverhandlungen (§ 311 II Nr.1 BGB),
2. durch Vertragsanbahnung (§ 311 II Nr.2 BGB)
   - gilt auch beim Aufwärmen im Kaufhaus
   - gilt gem. § 242 BGB nicht, wenn sich der Ladendieb im Kaufhaus verletzt
3. durch ähnliche geschäftliche Kontakte (§ 311 II Nr.3 BGB),
4. auch mit einem Dritten, der besonderes Vertrauen in Anspruch nimmt (§ 311 III BGB)
   - Sachwalterhaftung gem. § 311 III 2 BGB
   - Bei Expertenhaftung verdrängt § 311 III 2 nicht den Vertrag mit Schutzwirkung für Dritte (h.M.)

III. Verletzung einer Pflicht nach § 241 II BGB

- Schutz-, Obhuts-, oder Fürsorgepflicht.
- Aufklärungspflicht.
- Treuepflicht

Problem: Abstandnahme von Vertragsverhandlungen ohne triftigen Grund

Grundsätzlich darf sich der Ungebundene aus den Verhandlungen schadensersatzfrei verabschieden. Ausnahmsweise treffen ihn Schadensersatzpflichten, wenn
- die Vertragsverhandlungen hinreichend weit fortgeschritten waren und
- der andere im Vertrauen auf den Vertragsschluss erkennbar Aufwendungen getätigt hat und
- die Lösung von den Vertragsverhandlungen ohne triftigen Grund erfolgt.

IV. Vertretenmüssen §§ 276, 278 (Vermutung § 280 I 2 BGB)

V. Rechtsfolge: Schadensersatz gem. §§ 249 ff. BGB

Zur Sachwalterhaftung, BGH BeckRS 2011, 02581 („Standheizungsfall“):

Solange der Käufer eines KfZ, für das ein Sachverständiger ein Gutachten angefertigt hat und das der Verkäufer mit Angabe dieses Gutachtens im Internet angeboten hat, gegen den Verkäufer einen Anspruch auf Nacherfüllung hat, kann er nicht gegen den Sachverständigen im Wege der Sachwalterhaftung aus §§ 280 I, 311 III, 241 II BGB vorgehen.

Zur Nichtnominierung eines Sportlers, LG FFM JUS 2012, 352:

Stellt ein nationaler Verband Richtlinien zur Nominierung von Sportlern für die Olympischen Spiele auf und erbringt ein Sportler die geforderte Norm hat er einen Nominierungsanspruch. Weigert sich der Verband schuldhaft, steht ihm ein Schadensersatzanspruch aus vorvertraglicher Sonderverbindung gem. §§ 280 I, 311 II Nr. 2, 241 II BGB zu. Zum Vorsatz gehört im Zivilrecht auch das Bewusstsein der Pflichtwidrigkeit des Handelns. Zumindest die Fahrlässigkeit gem. § 276 II BGB war hier zu bejahen, weil der Verband die Richtlinien selbst aufgestellt hatte und daher verstehen musste (vermeidbarer Verbotsirrtum.)

Bereicherungsrecht

A. Überblick

Das Bereicherungsrecht enthält zehn Anspruchsgrundlagen, fünf aus Leistungskondiktion und fünf aus Nichtleistungskondiktion. Eine Leistungskondiktion ist zu prüfen, wenn der Anspruchssteller behauptet, an den Anspruchsgegner geleistet zu haben.

Leistungskondiktion	Nichtleistungskondiktion
§812 I 1 1. Fall BGB (condictio indebiti)	§ 816 I 1 BGB
§ 812 I S. 2, 1. Fall BGB (condictio ob causam finitam)	§ 816 I 2 BGB
	§ 816 II BGB
§ 812 I 2 2. Fall BGB (condictio ob rem)	§ 822 BGB
§ 813 I BGB	§ 812 I 1 2. Fall BGB
§ 817 S. 1 BGB	

B. Ansprüche aus Leistungskondiktion

I. Anspruch des Bereicherungsgläubigers gegen den Bereicherungsschuldner gem. § 812 I 1 1. Fall BGB

Problem: Anwendbarkeit neben EBV, § 993 I a E. BGB s.u.

1. Der Anspruchsgegner muss etwas erlangt haben.

Definition: Etwas im Sinne des § 812 I S. 1, 1. Fall BGB ist jede vermögenswerte Position.

a) Rechte

Definition: Als Recht bezeichnet man die Zuordnung eines Rechtsobjektes zu einem Rechtssubjekt.

Dingliche Rechte:

- Eigentum
- Volleigentum, Miteigentum, Gesamthandseigentum, Sondereigentum an einer Wohneinheit nach WEG, Treuhandeigentum und Vorbehaltseigentum

Beschränkt dingliche Rechte:

- Dienstbarkeit
- Grunddienstbarkeit § 1018 BGB
- Beschränkte persönliche Dienstbarkeit § 1090 BGB
- Nießbrauch § 1032 BGB; § 1059 BGB
- Wohnrecht § 1093 BGB
- Dingliches Vorkaufsrecht § 1094 BGB
- Reallast § 1105 BGB
- Pfandrecht
- Hypothek § 1113 BGB
- Grundschuld § 1191 BGB
- Rentenschuld § 1199 BGB
- Faustpfandrecht § 1204 BGB
- Erbbaurecht nach dem ErbbaurechtsG
- Anwartschaftsrecht (Nur sofern man es als beschränkt dingliches Recht ansieht. Nach BGHZ 10, 68 ff. handelt es sich nicht um ein beschränkt dingliches Recht, sondern um ein wesensgleiches Minus zum Eigentum).

Obligatorische Rechte:
- Forderung (Vollinhaberschaft oder Treuhand)
- Option
- Vorkaufsrecht § 463 BGB

Immaterialgüterrechte:
- Patentrechte
- Markenrechte
- Geschmacksmusterrechte
- Gebrauchsmusterrechte
- Lizenzen
- Persönlichkeitsgüterrechte (Recht am Wort, Bild und Namen)

b) Tatsächliche Positionen
- Besitz
- Grundbuchpositionen
- Vormerkung

c) Befreiung von Lasten und Verbindlichkeiten

Beispiel:

Der Gläubiger erlässt dem Schuldner schenkweise nach § 397 BGB die Schuld. Kurz darauf beleidigt der ehemalige Schuldner den Gläubiger in der Öffentlichkeit tätlich. Dieser widerruft die Schenkung wegen groben Undanks gemäß §§ 530, 531 II BGB. Der Erlass wird gem. § 812 I 2 1. Fall BGB kondiziert.

d) Nutzungen, Dienst- und Gebrauchsvorteile

Der BGH prüft schon im Tatbestand, ob die Bereicherung des Vorteilsnehmers noch besteht und verlangt die Ersparnis eigener Aufwendungen. Daran ist problematisch, dass dies eine Frage der Entreicherung gemäß § 818 III BGB ist, die oftmals die Frage der verschärften Haftung gemäß § 819, 818 IV BGB aufwirft. Deshalb müsste man im TB-Merkmal analog § 819 I, 818 IV BGB prüfen, ob die Bereicherung noch besteht.

Ich schlage vor, der h.L. zu folgen und grundsätzlich den Dienstvorteil als etwas Erlangtes anzusehen und die Entreicherung als Einwendung gem. § 818 III BGB später zu prüfen.

3. Durch Leistung des Anspruchsstellers

Definition: Leistung ist jede bewusste und zweckgerichtete Vermehrung fremden Vermögens.

a) Bewusste Mehrung des Vermögens

Problem: Leistungsbewusstsein und genereller Leistungswille

Ein genereller Leistungswille kann trotz fehlendem aktuellen Leistungsbewusstseins gegeben sein. Einen solchen kann z.B. die Deutsche Bahn in ihren Fernzügen bezüglich aller noch nicht kontrollierter Reisender haben.

Problem: § 166 I BGB analog

Der Wille der zur Stellvertretung bestellten Personen wird zugerechnet.

Problem: Geschäftsunfähige

Sie haben keinen Leistungswillen.

b) Leistungszweck
- Solvendi causa: In Erfüllung einer (vermeintlichen) Verbindlichkeit.

- Donandi causa: Schenkweise.

Problem: Leistung nach Anweisung: Veranlassungslehre.

Bei der bereicherungsrechtlichen Rückabwicklung im Mehrpersonenverhältnis verbieten sich schematische Lösungen. Der Leistungsbegriff ist durch Wertungen zu ergänzen. Ob der Anweisende an den Anweisungsempfänger geleistet hat, ist aus Sicht des Anweisungsempfängers zu beurteilen. Aus dessen Sicht muss ein Rechtsschein einer Anweisung vorliegen, auf den der Anweisungsempfänger analog §§ 173, 122 II BGB gutgläubig vertraut hat. Schließlich muss die Rechtsscheinsetzung dem Anweisenden zuzurechnen sein. Daran fehlt es z.B. im Fall seiner Geschäftsunfähigkeit.

Problem: Leistung nach Abtretung (s. Zessionsfälle unten)

4. Ohne Rechtsgrund

Definition: Rechtsgrund ist jeder materiell rechtliche Grund zum Behaltendürfen des erlangten Etwas.

Die wichtigsten Rechtsgründe:

- Verträge

Problem: Dissens oder andere rechtshinderne Einwendungen (s.o.)

Problem: Anfechtung

Die Wirkung der Anfechtung umstritten.
Nach einem Teil der Lehre soll die Anfechtung zur condictio ob causam finitam führen, weil der Vertrag geschlossen worden und nachträglich weggefallen sein soll.
Der BGH differenziert: Grundsätzlich führt die Anfechtung aufgrund der ex tunc Fiktion des § 142 I BGB zur condictio indebiti. Dies sollte in der Klausur auch kurz begründet werden.
Bei in Gang gesetzten Dauerschuldverhältnissen soll die Anfechtung nur ex nunc wirken und zur Anwendung der condictio ob causam finitam gem. § 812 I 2 1. Fall BGB führen.

- Berechtigte GoA §§ 677, 683 S. 1 BGB
- Gesetzliche Schuldverhältnisse, wenn zu ihrer Erfüllung geleistet wurde
- Naturalobligationen § 762 I 2 und § 656 I 2 BGB
- § 241a II BGB (str.)
- § 661a BGB
- § 105a BGB
- Genehmigung durch den echten Gläubiger nach Zahlung an den falschen Gläubiger.

5. Kein Ausschluss

a) Deklaratorisches Schuldanerkenntnis

Zum Schuldanerkenntnis des Versicherers, LG Saarbrücken RA 2012, 605:
Regelmäßig liegt in der vom Haftpflichtversicherer erteilten Regulierungszusage ein deklaratorisches Schuldanerkenntnis gegenüber dem Geschädigten (BGH, NJW-RR 2009, 382). Davon kann aber Ausnahmsweise nicht ausgegangen werden, wenn das Schreiben keinen rechtsgeschäftlichen Willen erkennen lässt, auf Einwendungen hinsichtlich der Haftungsquote zu verzichten. Insbesondere liegt kein Anerkenntnis vor, wenn der Versicherer die Haftungsquote gerichtlich klären lassen will. (Für Referendare wichtig!)

b) § 814 BGB: Die Wirkung des § 814 ist ausgeschlossen durch

aa) Tatsachenirrtum

bb) Rechtsirrtum

cc) **Zahlung unter Vorbehalt der Rückforderung**
Vorbehaltlose Zahlung einer Rechnung: BGH NJW RR 2007, 530:
Die vorbehaltlose Zahlung einer Rechnung rechtfertigt für sich genommen nicht die Annahme eines deklaratorischen Anerkenntnisses der beglichenen Forderung.

c) § 817 S.2 BGB

Problem: § 817 S.2 analog BGB

Allgemeiner Ausschlussgrund für sämtliche Leistungskondiktionen

Problem: Teleologische Reduktion bei Schwarzarbeit, Bestechung, Schenkkreis, Titelhandel

Für die wörtliche Anwendung des § 817 S. 2 BGB, BGH, Urteil vom 10.04.2014, VII ZR 241/ 13: zusammen:
Das Gesetz zur Bekämpfung der Schwarzarbeit verfolgte bereits mit seiner Erstfassung in erster Linie die Wahrung öffentlicher Belange. Dem Schutz des Schwarzarbeiters diente das Gesetz zur Bekämpfung der Schwarzarbeit gerade nicht. Daran hat auch das Schwarzarbeitsbekämpfungsgesetz von 2007 nichts geändert. Eine teleologische Reduktion kann aber geboten sein, wenn die Aufrechterhaltung des verbotswidrig geschaffenen Zustandes mit dem Sinn und Zweck des Verbotsgesetzes unvereinbar ist. Das wäre der Fall, wenn der verbotswidrig geschaffene Zustand selbst gegen das Verbotsgesetz verstößt. Dies ist aber nicht der Fall, weil von § 1 II Nr. 2 SchwArbG nur die zur Ausführung der Elektroinstallation durchgeführten Arbeiten, nicht aber deren Erfolg, nämlich die vorgenommene Elektroinstallation erfasst wird.

d) § 675u I 1 BGB, wenn der Zahler den Zahlungsauftrag nicht autorisiert hat. Die Bank kann ihre Aufwendungen weder nach §§ 675c, 670 BGB, noch nach § 812 I BGB vom Kunden fordern (LG Hannover ZIP 2011, 1406).

6. Umwandlung in Anspruch auf Herausgabe stellvertretender Surrogate (nicht aber rechtsgeschäftlicher), § 818 I 2. Fall BGB

7. Umwandlung bei Unmöglichkeit der Herausgabe in Wertersatz, § 818 II BGB

Problem: Aufgedrängte Bereicherung

Normalerweise wird der Wertersatz nach objektiven Kriterien bestimmt.
Ausnahmsweise wird ein subjektiver Maßstab an den Wert der Bereicherung angelegt.

8. Entreicherungseinwand gem. § 818 III BGB

a) Wegfall der Bereicherung

Es dürfen keine eigenen Aufwendungen erspart worden sein (Abgrenzung zu Luxusaufwendungen), es darf kein Gegenwert ins Vermögen geflossen sein.

b) Keine verschärfte Haftung nach §§ 818 IV, 819, 820 BGB,

aa) Kenntnis vom Mangel des Rechtsgrunds

bb) Kenntnis der Anfechtbarkeit gem. §§ 123 I , 142 II, 819 I, 818 IV BGB

cc) Problem: Kenntnis bei Minderjährigen (s.o.)

9. Erlöschen des Anspruchs nach der Saldotheorie

Ist ein gegenseitiger Vertrag nichtig und wird er bereicherungsrechtlich rückabgewickelt, besteht ein faktisches Synallagma. Nach der Saldotheorie ist bei der Rückabwicklung zu <u>unterscheiden</u>:

- Bei ungleichartigen Kondiktionsansprüchen bewirkt die Saldotheorie ohne Erhebung der Einrede aus § 273 BGB die Verurteilung zur Zug – um – Zug Leistung.

- Bei gleichartigen Kondiktionsansprüchen bewirkt die Saldotheorie ohne Aufrechnungserklärung die automatische Saldierung der Ansprüche.

Wenn sich bei ungleichartigen Kondiktionsansprüchen der Wert der herauszugebenden Sache in der Hand des Sachschuldners verringert hat oder diese gar untergegangen ist, bewirkt die Anwendung der Saldotheorie neben der Verurteilung zur Zug-um-Zug Leistung, dass der Wert der Entreicherung vom Rückzahlungsanspruch des Sachschuldners subtrahiert wird.

Nach der Zweikondiktionenlehre stehen die Ansprüche unverbunden nebeneinander. Werden sie separat eingeklagt, beeinflussen sie sich erst, wenn eine Partei aufrechnet oder die Einrede des § 273 BGB erhebt.

Im Falle der Verringerung des Wertes in der Hand des Schuldners sucht die moderne modifizierte Zweikondiktionenlehre die Antwort auf das Problem in der Beschränkung der Einwendung der Entreicherung. Der Sachschuldner soll sich analog § 346 III 1 Nr. 3 BGB nur § 818 III BGB berufen dürfen, wenn er die eigenübliche Sorgfalt eingehalten hat.

Gegen die Saldotheorie wird eingewendet, dass sie Prozessmaximen verletzt. Der Beibringungsgrundsatz legt dem Beklagten auf, sich durch Bestreiten oder das Erheben von Gegenrechten zu wehren. Die Saldotheorie nimmt ihm das Aufrechnungs- und Zurückbehaltungsrecht faktisch aus der Hand. Materiell-rechtliche Rechtfertigung für die Saldotheorie ist die Fortwirkung der ursprünglichen do-ut-des – Beziehung im faktischen Synallagma. Ferner spricht aus Sicht der Rechtsprechung der Grundsatz der Prozessökonomie für die Anwendung der Saldotheorie.

10. Keine unzulässige Rechtsausübung gem. § 242 BGB

11. Weitergehende Haftung nach §§ 819, 818 IV, 292, 989 BGB

Zum Bereicherungsumfang bei Schuldentilgung: BGH NJW 1998, 2354
Hat der Bereicherungsschuldner das erlangte Geld zur Tilgung von Schulden verwandt, hat er die dadurch ersparten Zinszahlungen entsprechend §§ 818 I, II BGB als Vorteile aus dem Gebrauch des Geldes an den Bereicherungsgläubiger herauszugeben.

Zessionsfälle:

Examensrelevante Probleme im Mehrpersonenverhältnis treten bei der condictio indebiti vor allem in den Zessionsfälle auf. Die folgenden Übungsfälle fassen die Problemlagen zusammen.

Schuldner ------Deckungsverhältnis------Zedent
I
I
Valutaverhältnis
I
I
Zessionar

Die Rückabwicklung in den Zessionsfällen kann nur durch Falltraining erlernt werden.

1. Fall:

Die Forderung im Deckungsverhältnis besteht, jedoch erfolgte die Abtretung zwischen Zedent und Zessionar ohne Rechtsgrund.

S hat erfüllt und der Zedent muss beim Zessionar kondizieren. Je nachdem kann es sich um eine Leistungskondiktion oder um eine Nichtleistungskondiktion handeln.

2. Fall:

Der Schuldner zahlt an den Zessionar, obwohl das Deckungsverhältnis unerkannt fehlt.

Nach der M.M. (s.o.) muss sich der Schuldner aus condictio indebiti an den Zessionar halten, weil dieser der neue Gläubiger ist.

Nach der h.M. (grundlegend BGH NJW 1989, 161 ff.) hat der Schuldner seine Tilgungsbestimmung zur Tilgung der Schuld gesetzt, die er beim Zedenten eingegangen ist. Deshalb hat er an den Zedenten gehalten und muss sich gem. § 812 I 1 1. Fall BGB an den Zedenten halten.

3. Fall:

Doppelmangel: Die Abtretung im Valutaverhältnis erfolgt ohne Rechtsgrund und die Forderung im Deckungsverhältnis fehlt.

Nach der h.M. hat der Schuldner an den Zedenten geleistet und muss sich gem. § 812 I 1 1. Fall BGB an diesen halten, der Zedent muss sich gem. § 812 I 1 1. Fall an den Zessionar halten.

4. Fall:

Die Abtretung ist unwirksam, der Zedent hat die Abtretung angezeigt.

Gem. § 409 BGB ist der Schuldner von der Zahlungspflicht frei geworden. Der Zedent muss gem. § 816 II BGB beim Zessionar kondizieren.

5. Fall:

Die Abtretung ist unwirksam, der Zedent hat die Abtretung nicht angezeigt.

Dieser Fall wird unterschiedlich, nämlich nach Wertungsgesichtspunkten gelöst. Grundsätzlich besteht ein Anspruch des Schuldners gegen den Zessionar aus § 812 I 1 1. Fall BGB, weil der Mangel im Valutaverhältnis liegt, und der Schuldner nicht mit Einwendungen aus diesem Rechtsverhältnis behelligt werden soll, an dem er nicht beteiligt ist. Dies gilt insbesondere für die Überzahlung (BGH NJW 1989, 161 ff. BGB). Anders entschied der BGH im o.g. Abschleppfall, weil es dem Schuldner nicht zuzumuten sei, das Insolvenzrisikos des Abschleppunternehmers zu tragen, den der Supermarkt ausgesucht habe.

Bereicherungsausgleich in Zessionsfällen, BGH NJW 2005, 1369:

Die Grundgedanken der Rechtsprechung zum Bereicherungsausgleich in Zessionsfällen sind über die bereicherungsrechtliche Rückabwicklung zu Unrecht gezahlter Versicherungsleistungen hinaus auch auf andere Zessionsfälle (hier: Factoring) übertragbar. Dies gilt jedenfalls dann, wenn der abgetretene Scheinanspruch wie bei einem bestehenden Versicherungsverhältnis aus einem grundsätzlich intakten Rechtsverhältnis zwischen dem Scheinschuldner und dem Zedenten stammen soll. Nach den Gesichtspunkten der Risikoverteilung und des Vertrauensschutzes ist nämlich in diesem Verhältnis der scheinbare Rechtsgrund zu suchen, was die Annahme einer Leistungskondiktion rechtfertigt.

Ausnahme:
Direktkondiktion aus § 812 I 1 2. Fall, wenn Forderung besteht, aber Irrtum über den Gläubiger (BGH NJW 2006, 1731, RA 07/2006, 410): Hier hatte der Schuldner und jetzige Bereicherungsgläubiger auf eine bestehende, aber scheinbar abgetretene Forderung an den scheinbaren Zessionar gezahlt. Den Irrtum hatte der Scheinzessionar und nicht der wahre Gläubiger verursacht. Deshalb war der Rechtsschein dem wahren Gläubiger nicht zuzurechnen.

II. Anspruch des Bereicherungsgläubigers gegen den Bereicherungsschuldner gem. § 812 I 2 1. Fall BGB auf Herausgabe des Erlangten (condictio ob causam finitam)

1. Anspruchsgegner muss etwas erlangt haben.
2. Durch Leistung des Anspruchsstellers.
3. Späterer Wegfall des rechtlichen Grundes.
   - § 158 II BGB
   - Aufhebungsvertrag, Auflösungsvertrag
   - § 531 II BGB
   - § 628 I 3 BGB
   - Anfechtung des Arbeitsvertrages (des in Vollzug gesetzten Dauerschuldverhältnisses)
   - M.M.: Generell bei Anfechtung. (a.A.: BGH, s.o.)
4. Kein Ausschluss analog § 817 S. 2 BGB
5. § 818 I 2. Fall BGB
6. § 818 II BGB
7. § 818 III BGB
8. Saldotheorie
9. Keine Einreden
10. Keine unzulässige Rechtsausübung gem. § 242 BGB
11. Weitergehende Haftung nach §§ 819, 818 IV, 292, 989 BGB

III. Anspruch des Bereicherungsgläubigers gegen den Bereicherungsschuldner gem. § 812 I 2 2. Fall BGB auf Herausgabe des Erlangten (condictio ob rem)

1. Der Anspruchsgegner muss etwas erlangt haben.
2. Durch Leistung des Anspruchsstellers.
3. Nichteintritt des mit der Leistung bezweckten Erfolges

   Nicht gemeint ist mit der Zweckverfehlung die verfehlte Erfüllung der Verbindlichkeit, denn dies fällt bereits unter den spezielleren Fall der condictio indebiti - § 812 I 1 1. Fall BGB.

   Nötig ist:
   - Besondere Zweck-Grund-Vereinbarung (ausreichend für Zweck-Grund-Vereinbarung ist: Empfänger muss die Erwartung des Leistenden positiv kennen und billigen),
   - Leistung causa data, causa non secuta (Leistung, um den Empfänger zu einem nicht geschuldeten, aber rechtlich erheblichen Verhalten zu bewegen) und
   - Zweckverfehlung.

Auswirkung des grundlegenden Urteils zur nichtehelichen Lebensgemeinschaft, BGH, NJW 2008, 3277:

Eine gemeinschaftsbezogene Zuwendung innerhalb der nichtehelichen Lebensgemeinschaft erfolgt nicht unentgeltlich i.S.d. § 516 BGB, weil sie nicht zur freien Verfügung des Empfängers, sondern in Erwartung des Fortbestehens der Gemeinschaft erfolgt ist (Konsequenz: Kein Anspruch aus §§ 530, 531 II, 812 BGB).

Rückabwicklungsansprüche nach Auflösung einer GbR sind möglich, wenn die Partner der nichtehelichen ausdrücklich oder konkludent einen Gesellschaftsvertrag geschlossen haben. Dazu genügt keine faktische Willensübereinstimmung. Es reicht aber aus, wenn die Partner die Absicht verfolgt haben, mit dem Erwerb eines Vermögensgegenstandes einen gemeinschaftlichen Wert zu schaffen, der ihnen nach gemeinsamer Vorstellung auch – wirtschaftlich – gemeinsam gehören sollte.

Für die besondere Zweckvereinbarung i.S.d. § 812 I 2 2. Fall BGB genügt keine nur einseitige Vorstellung. Eine stillschweigende Übereinkunft kann aber angenommen werden, wenn der eine Teil mit seiner Leistung einen Erfolg bezweckt hat und der andere Teil dies erkannt und die Leistung entgegengenommen hat, ohne zu widersprechen (z.B. Begründung eines lebenslangen Wohnrechts).

Ein Ausgleichsanspruch aus § 313 BGB ist möglich, wenn mangels gemeinsamem Vermögenswert Ausgleichsansprüche aus Gesellschaftsrecht oder mangels Zweckabrede aus condictio ob rem fehlen.

4. Kein Ausschluss
   - § 815 BGB
   - § 817 S. 2 BGB analog
5. § 818 I 2. Fall BGB
6. § 818 II BGB
7. § 818 III BGB
8. Saldotheorie
9. Keine Einreden
10. Keine unzulässige Rechtsausübung gem. § 242 BGB
11. Weitergehende Haftung nach §§ 819, 818 IV, 292, 989 BGB

Aktuell zur condicito ob rem, BGH RA 2013, 765, NJW 2013, 2264:

Wenn ein berechtigter Besitzer (Pächter) ein Grundstück mit einem Gebäude bebaut, weil er erwartet, zu seinen Gunsten werde ein Erbbaurecht am Grundstück bestellt und ins Grundbuch eingetragen, und wenn diese Erwartung enttäuscht wird, soll ihm ein Anspruch aus § 812 I 2 2. Fall BGB zustehen. § 951 I 1 BGB verweist auch auf die Leistungskondiktion, weil sich aus dem Wortlaut keine Einschränkung ergibt.
Kritik: Der Fall muss über § 812 I 1 2. Fall BGB gelöst werden. Denn es fehlt an einer Zweck-Grund-Abrede und an einer Leistung causa data, causa non secuta. Der zu erwartende Eigentumserwerb am Gebäude ist nicht der zu erwartende Erfolg, der mit dem Bau bezweckt werde, sondern nur das Motiv (Larenz/Canaris, Schuldrecht II/2 § 68 I 3e). Es wird auch keine Pflicht aus einem künftigen Vertrag vorab erfüllt, denn diese bestünde in der Errichtung des Erbbauzinses und nicht in der Errichtung des Gebäudes (Omlor LMK 2013, 532013).

IV. Anspruch aus § 813 I BGB

1. Der Anspruchsgegner muss etwas erlangt haben.
2. Durch Leistung des Anspruchsstellers solvendi causa.
3. Dem Anspruch des Anspruchsgegners auf Erfüllung stand eine dauernde Einrede entgegen.
4. Kein Ausschluss

   § 813 II BGB

   § 817 S. 2 BGB analog BGB
5. § 818 I, 2. Fall BGB
6. § 818 II BGB
7. § 818 III BGB
8. Saldotheorie
9. Keine Einreden

10. Keine unzulässige Rechtsausübung gem. § 242 BGB
11. Weitergehende Haftung nach §§ 819, 818 IV, 292, 989 BGB

V. Anspruch aus § 817 S. 1 BGB

Umstritten ist, ob es sich bei § 817 S. 1 BGB nur um einen Auffangtatbestand handelt, der zur Anwendung kommt, wenn

- die condictio indebiti an § 814 BGB scheitert,
- oder die condictio ob rem an § 815 BGB scheitert,
- oder ein Rechtsgrund für § 812 I 1 1. Fall BGB aufgrund einer Schenkung besteht, die Annahme des Geschenks aber gegen § 331 StGB verstößt,
- oder nur der Bereicherte gegen das Verbotsgesetz nach § 134 BGB verstoßen hat und der Vertrag damit wirksam ist und einen Rechtsgrund darstellt.

Klausurtipp: Man kann durch klugen Aufbau vermeiden, diesen dogmatischen Streit führen zu müssen. Prüft man § 817 S. 1 BGB in den oben genannten Fällen als letzten Tatbestand der Ansprüche aus Leistungskondiktion, legt man eine vollständige Bearbeitung vor, ohne sich Probleme abzuschneiden.

1. Der Anspruchsgegner muss etwas erlangt haben.
2. Durch Leistung des Anspruchsstellers
   - solvendi causa, oder
   - donandi causa, oder
   - causa data, causa non secuta.
3. Die Annahme der Leistung durch den Bereicherten verstößt gegen ein gesetzliches Verbot oder gegen die guten Sitten.
4. Kein Ausschluss gem. § 817 S. 2 BGB.
5. § 818 I 2. Fall BGB
6. § 818 II BGB
7. § 818 III BGB
8. Saldotheorie
9. Keine Einreden
10. Keine unzulässige Rechtsausübung gem. § 242 BGB
11. Weitergehende Haftung nach §§ 819, 818 IV, 292, 989 BGB

C. Ansprüche aus Nichtleistungskondiktion

I. Anspruch gem. § 816 I 1 BGB

1. Der Anspruchsgegner muss als Nichtberechtigter Verfügung getroffen haben.

Definition: Verfügung ist jedes Rechtsgeschäft, durch welches auf ein Recht unmittelbar eingewirkt wird (aufgehoben, übertragen, inhaltlich verändert oder belastet).

Definition. Nichtberechtigter ist, wer nicht zur Verfügung berechtigt ist. Zur Verfügung berechtigt ist der nicht verfügungsbeschränkte Eigentümer, wie ein Berechtigter verfügt, wer gem. § 185 I BGB ermächtigt wurde oder wer kraft Gesetz zur Verfügung befugt ist (Testamentsvollstrecker § 2205, Insolvenzverwalter § 80 InsO, Nachlassverwalter § 1985 BGB, Zwangsverwalter § 152 ZVG).

Problem: Keine analoge Anwendung bei Verpflichtungsgeschäften

2. Entgeltlichkeit (Gegenschluss zu § 816 I 2 BGB)
3. Die Verfügung müsste gegenüber dem Berechtigten G wirksam gewesen sein.
   a) Wirksamkeit kraft Gesetz (etwa §§ 932 ff., 892 ff., 1207, 2366 f. BGB, § 366 HGB)
   b) Wirksamkeit kraft rechtsgeschäftlicher Genehmigung § 185 II 1, 1. Fall BGB
4. Rechtsfolge: Herausgabe des Erlangten

   Problem: Herausgabepflicht bezüglich eines erzielten Übererlöses

   M.M.: Erlangt sei nur die Befreiung von der der Verfügung zugrundeliegenden Verbindlichkeit. Diese kann nicht in Natur herausgegeben werden und muss gem. § 818 II BGB ersetzt werden. Der Wert der Verbindlichkeit richte sich nach dem objektiven Wert der Sache.

   h.M.: Erlangt wird der unmittelbar aus der Verfügung erzielte Erlös.

5. § 818 I 2. Fall BGB
6. § 818 II BGB
7. § 818 III BGB
8. Saldotheorie
9. Keine Einreden
10. Keine unzulässige Rechtsausübung gem. § 242 BGB
11. Weitergehende Haftung nach §§ 819, 818 IV, 292, 989 BGB

II. Anspruch des Bereicherungsgläubigers aus § 816 I S. 2 BGB

1. Der Anspruchsgegner muss als Nichtberechtigter Verfügung getroffen haben.
2. Unentgeltlichkeit der Verfügung
3. Die Verfügung müsste gegenüber dem Berechtigten G wirksam gewesen sein.
   a) Wirksamkeit kraft Gesetz (etwa §§ 932 ff., 892 ff, 1207, 2366 f. BGB, § 366 HGB)
   b) Wirksamkeit kraft rechtsgeschäftlicher Genehmigung § 185 II 1, 1. Fall
4. Rechtsfolge: Durchgriffskondiktion: Der unentgeltlich Bereicherte muss das Erlangte herausgeben oder sogar zurückübereignen
5. § 818 I 2. Fall BGB
6. § 818 II BGB
7. § 818 III BGB
8. Keine Einreden
9. Keine unzulässige Rechtsausübung gem. § 242 BGB
10. Weitergehende Haftung nach §§ 819, 818 IV, 292, 989 BGB

III. Herausgabeanspruch des Gläubigers G gegen den nichtberechtigten N, der vom Schuldner eine Leistung bekommen hat, gem. § 816 II BGB

1. Leistung an einen Nichtberechtigten
   a) Vorliegen einer Leistung
   b) Erwerb des Nichtberechtigten aufgrund der Leistung

   Problem: Wer ist Forderungsinhaber, wenn dieselbe Forderung mehrfach nacheinander im Voraus an unterschiedliche Zessionare abgetreten wird?

- h.M.: Prioritätsprinzip, eingeschränkt durch die Vertragsbruchslehre: Gläubiger wird der Zessionar der ersten wirksamen Abtretung
- M.M.: Surrogationslehre: Der Vorbehaltsverkäufer hat immer Vorrang ohne Rücksicht auf den Zeitpunkt der Abtretung
- M.M.: Teilungslehre: Zunächst gehen alle Abtretungen ins Lehre. Bei der späteren Entstehung der Forderung teilt sie sich auf die Zessionare auf.

2. Dem Berechtigten G gegenüber wirksam

- Wirksamkeit kraft Gesetz (etwa 407 ff. BGB, § 808 I BGB (Sparbuch), § 851 BGB, § 893 Fall 1 BGB, 2367 1. Fall BGB, § 836 II ZPO, § 354a S. 2 HGB, wenn Schuldner an Zedent befreiend leistet)
- Wirksamkeit kraft rechtsgeschäftlicher Genehmigung gem. § 362 II i.V.m. § 185 II 1 1. Fall BGB

Problem: Durch die Genehmigung darf der Insolvenzmasse keine Forderung entzogen werden.

Droht diese Rechtsfolge, ist die Genehmigung unwirksam.

3. § 818 I 2. Fall BGB
4. § 818 II BGB
5. § 818 III BGB
6. Keine Einreden
7. Keine unzulässige Rechtsausübung gem. § 242 BGB
8. Weitergehende Haftung nach §§ 819, 818 IV, 292, 989 BGB

IV. Anspruch gem. § 822 BGB

1. Der Anspruchssteller muss einen Bereicherungsanspruch gegen denjenigen haben, der unentgeltlich zugewendet hat.
2. Unentgeltliche Zuwendung durch den Schuldner des Kondiktionsanspruchs gegen den Dritten D
3. Hierdurch tritt Entreicherung gem. § 818 III BGB bei S ein.

Mit dem Wort „ausgeschlossen" meint § 822 BGB grundsätzlich rechtlich ausgeschlossen im Sinne des § 818 III BGB. Das Gesetz bezweckt hier, die Doppelbereicherung des Gläubigers zu verhindern. Dieser soll nur dann per Durchgriff kondizieren dürfen, wenn sich sein Schuldner im Zweipersonenverhältnis auf den Einwand der Entreicherung berufen kann. Daraus ergeben sich typische Probleme:

Problem: Ersparnis eigener Aufwendungen.

Hat sich der Beschenkte durch den Erhalt der unentgeltlichen Zuwendung eigene Aufwendungen erspart – er hat schenkweise erhalten, was er ohnehin käuflich erwerben wollte – ist er, wenn er das schenkweise ihm Zugewendete einem Vierten schenkweise zuwendet, nicht gem. § 818 III BGB entreichert.

Problem: Verschärfte Haftung des S gem. §§ 819 I, 818 IV BGB

Haftet der Zuwendende verschärft, steht ihm kein Entreicherungseinwand aus § 818 III BGB zu.

Problem: Analoge Anwendung des § 822 BGB bei Vermögenslosigkeit

Teilweise wird eine teleologische Extension analog § 822 BGB, wenn der Zuwendende verschärft haftet, aber vermögenslos ist. Denn in diesem Fall ist seine Haftung zwar nicht rechtlich, aber faktisch ausgeschlossen.

4. Rechtsfolge
5. § 818 I 2. Fall BGB
6. § 818 II BGB
7. § 818 III BGB
8. Keine Einreden
9. Keine unzulässige Rechtsausübung gem. § 242 BGB
10. Weitergehende Haftung nach §§ 819, 818 IV, 292, 989 BGB

Bereicherungsanspruch gegen den Zweitbeschenkten, BGH NJW 2004, 1314, JuS 2004, 624:
Ist die Verpflichtung des Beschenkten zur Herausgabe des Geschenks ausgeschlossen, weil er damit eine Sache erworben und diese seinerseits unentgeltlich einem Dritten zugewendet hat, so haftet der Dritte nicht auf Herausgabe der ihm zugewendeten Sache, sondern auf Wertersatz, kann sich jedoch durch Herausgabe der Sache befreien.

V. Anspruch des Bereicherungsgläubigers gegen den Bereicherungsschuldner gem. §§ 812 I 1 2. Fall BGB (Nichtleistungskondiktion)

1. Der Anspruchsgegner muss etwas erlangt haben

Es kommen alle bei der condictio indebiti gezeigten Vermögenswerte in Betracht.

Problem: Hinzu kommt die Sperrposition (str.: Palandt-Sprau, BGB, § 812 Rn 22)

Diese kommt bei der Leistungskondiktion nicht, wohl aber bei der Eingriffskondiktion vor. Es handelt sich dabei um die Möglichkeit, durch Verweigerung einer Einwilligung zu verhindern, dass ein anderer sein Recht ausübt. Als Beispiel sei genannt, dass ein Geldbetrag von einem Dritten an den Kondiktionsgläubiger ausgezahlt werden soll, der Dritte dazu aber das Einverständnis des Schuldners fordert.

Beispiel 1: Der Prätendentenstreit:

Der Schuldner hat gem. §§ 372, 378 BGB den Geldbetrag zu Recht beim Amtsgericht hinterlegt. Die Gläubiger G1 und G2 behaupten gegenüber dem Schuldner S jeweils, Forderungsinhaber zu sein. Tatsächlich hat Gl 1 die Forderung an Gl 2 gemäß § 398 BGB abgetreten. Gl 1 bestreitet gegenüber S aber die Wirksamkeit der Abtretung. S weiß deshalb nicht, ob er an Gl 1 oder Gl 2 leisten soll. Vorsichtshalber hinterlegt S gemäß §§ 372, 376 II, 378 BGB beim Amtsgericht. Die Hinterlegungsstelle verfügt den Geldbetrag auf Antrag heraus. Jedoch muss der die Auszahlung verlangende Gläubiger seine Forderungsinhaberschaft, d.h. seine Berechtigung, nachweisen. Die Art des Nachweises und seine Anforderungen werden in den Hinterlegungsgesetzen beschrieben. Seit 2010 sind die Hinterlegungsgesetze Ländersache. Allen Regelungen ist gemein, dass die Hinterlegungsstelle nur an denjenigen auszahlt, der seine Berechtigung nachgewiesen hat. Das heißt, er muss nachweisen, Gläubiger der Forderung vor der Hinterlegung gewesen zu sein. Der Nachweis kann geführt werden, indem entweder die Einwilligung der anderen an dem Hinterlegungsverhältnis Beteiligten vorgelegt wird. Diese muss der Schuldner, der selbst auf die Rücknahme verzichtet, gegenüber der Hinterlegungsstelle im Zeitpunkt der Hinterlegung benennen. Alternativ kann der die Auszahlung verlangende Gläubiger ein Urteil vorlegen, aus dem sich ergibt, dass er auch der berechtigte Gläubiger ist.

Dies ergibt sich für Rheinland-Pfalz aus § 13 II Hinterlegungsordnung (Bund), der nach Art. 125 GG so lange weiter gilt, bis das Bundesland eine landesrechtliche Regelung getroffen hat. Dies ergibt sich in Baden-Württemberg gem. § 22 I, II, III Nr. 1 HintG BW, in Hessen gem. § 22 I, II Nr. 1 HintG Hessen und in Nrw gem. § 22 I, II, III HintG NW.

Weil der andere Gläubiger in der Regel nicht in die Auszahlung an den fordernden Gläubiger einwilligt, muss der Berechtigte den nicht einwilligenden Gläubigers auf Auszahlung verklagen.

Im Beispielsfall muss Gl 2 von Gl 1, dem das Recht ja nicht mehr zusteht, die Zustimmung zur Auszahlung verlangen. Die richtige Anspruchsgrundlage ist hier § 812 I 1 2. Fall BGB.

Das Zustimmungserfordernis ist eine Sperrposition und damit ein erlangtes Etwas.

Beispiel 2: Das Sparbuch auf den Todesfall:

Die Erblasserin hat mit der Sparkasse einen Sparbuchvertrag im Sinne der §§ 700 I, 488 BGB zugunsten ihres Enkels gemäß §§ 328, 331 BGB geschlossen. Grundlage ist eine Schenkung des Forderungsrechts an den Enkel. Der Todesfall tritt ein, der Enkel erfährt von der Schenkung und nimmt gemäß §§ 130 II, 153 BGB an. Der Erbe der Erblasserin, ihr Gesamtrechtsnachfolger, sagt zur Sparkasse: „Zahle nicht an den Enkel aus, denn ich widerrufe." Nun verweigert die Sparkasse vorsichtshalber die Auszahlung bis die Forderungsberechtigung feststeht. Hier muss der Enkel den Erben auf Herausgabe der Sperrposition verklagen. Anspruchsgrundlage ist erneut § 812 I 1 2. Fall BGB.

2. In sonstiger Weise auf Kosten des Anspruchstellers

a) Anwendbarkeit der Nichtleistungskondiktion

Es darf weder eine Leistung des Bereicherungsgläubigers noch die Leistung eines Dritten vorliegen.

Dies ist im Zweipersonenverhältnis unproblematisch.

In Mehrpersonenverhältnissen verbieten sich schematische Lösungen. Der Leistungsbegriff bedarf der Ergänzung durch Wertungen.

Problem: Subsidiarität bei Einbau- und Verarbeitungsfällen (§§ 951 I 1, 812 I 1 2. Fall, 818 II BGB; Lehre vom kondiktionsfesten Erwerb nach dem Wertungsmodell der §§ 816, 932, 935 BGB).

Problem: Leistungsbeziehungen bei Anweisungsverhältnissen und Durchlieferungsfällen (Veranlassungslehre: s.o.)

b) Eingriff in den Zuweisungsgehalt eines fremden Rechts

Definition: Zuweisungsgehalt bezeichnet die wirtschaftliche Nutzungs- und Verwertungsbefugnis.

Problem: Fiktive Lizenzgebühr bei Eingriff in das Allgemeine Persönlichkeitsrecht

Wird ohne Lizenzierung ein Bild eines Menschen zu Werbezwecken gebraucht, erhält dieser wegen des Eingriffs in den wirtschaftlichen Zuweisungsgehalt eine fiktive Lizenzgebühr in der Höhe, die er am Markt hätte erzielen können.

Problem: Unberechtigte Untervermietung

Mit der Vermietung an den Mieter hat sich der Vermieter seines wirtschaftlichen Zuweisungsgehaltes begeben. Die Untervermietung stellt deshalb keinen Eingriff in den Zuweisungsgehalt des Eigentums mehr dar.

BGH NJW 2007, 216:
Ein Sicherungseigentümer, dem nach der Sicherungsabrede mit dem Sicherungsgeber kein Nutzungsrecht zusteht, kann von einem Dritten die durch die Vermietung des Sicherungsgutes gezogenen Nutzungen nicht gem. § 812 I 1, 2. Alt BGB heraus verlangen.
Grund: Weil nur Treuhandeigentum besteht, greift der Sicherungsgeber nicht in den Zuweisungsgehalt des Eigentumsrechts des Sicherungsnehmers ein. Wirtschaftlich betrachtet ist die Sicherungstreuhand wie ein besitzloses Pfandrecht zu behandeln. Beim Pfandrecht muss abgeleitet aus § 1213 BGB das Nutzungsrecht des Pfandgläubigers ausdrücklich vereinbart sein. Ebenfalls scheiden aus §§ 687 II, 681 S.2, 667 BGB.

Problem: Eingriff in den eingerichteten und ausgeübten Gewerbebetrieb

Wer wettbewerbswidrig Kunden eines Konkurrenten abwirbt, greift nicht in den Zuweisungsgehalt des Rechts am eingerichteten und ausgeübten Gewerbebetrieb ein. In der Wettbewerbsgesellschaft ist der Kundenstamm im bereicherungsrechtlichen Sinne niemandem allein zugewiesen.

3. Ohne rechtlichen Grund

Als Rechtsgründe zum Behaltendürfen gelten alle bei der condictio indebiti aufgeführten.

Folgende kommen hinzu:

- Pfandrechte sind wegen der dinglichen Surrogation gemäß § 1247 S.2 BGB Gründe zum Behaltendürfen.
- §§ 946 – 950 BGB: Wegen § 951 I 2 BGB darf der Bereicherte das Eigentum nur gegen Entschädigung behalten, wenn der Bereicherte nicht kondiktionsfest erworben hat.
- Zuschlag 90 I ZVG
- Hoheitsakte gemäß § 817 II ZPO, § 825 ZPO oder § 1568b BGB
- Vermächtnis gem. §§ 1939, 2147 BGB

4. Rechtsfolge: Herausgabe des Erlangten nach § 812 I 1 2.Fall BGB
5. § 818 I 2. Fall BGB
6. § 818 II BGB
7. § 818 III BGB
8. Saldotheorie
9. Keine Einreden
10. Keine unzulässige Rechtsausübung gem. § 242 BGB
11. Weitergehende Haftung nach §§ 819, 818 IV, 292, 989 BGB

Sonderproblem: § 812 I 1 2. Fall BGB nach Zahlung auf eine fremde Schuld

Das klassische Problem nach BGH NJW 1986, 2700:
Irrtümliche Zahlung auf eine eigene Schuld und nachträgliche Tilgungsbestimmung

Deliktsrecht

A. Schadensersatzanspruch des Geschädigten G gegen den Schädiger S gem. § 823 I BGB

I. Rechtsgutverletzung bei G

1. Persönliche absolute Rechte

- **Leben**: Beachte im Falle der Tötung die §§ 844, 845 BGB.
  Das Leben selbst hat keinen materiell bezifferbaren Wert, dessen Verlust einen in Geld bezifferbaren Schaden begründet, woraus ein vererbbarer Schadensersatzanspruch entsteht. Jedoch kann ein Schmerzensgeldanspruch wegen der dem Tod vorangegangen Körperverletzung vererbbar entstanden sein, wenn dem Tod ein qualvolles Sterben vorausging (Verbrennen, langsames Ertrinken, Ersticken).
- **Körper und Gesundheit:** Nach einer M.M. soll der ärztliche Heileingriff, keine Körperverletzung sein, wenn er de lege artis ausgeführt wird. Nach der h.M. liegt eine Körperverletzung vor, die aber unter den Voraussetzungen der §§ 630d, 630e BGB nicht rechtswidrig ist. Aufgrund der klaren Regelung in den §§ 630d, 630e BGB dürfte der M.M. der Boden entzogen worden sein.

  Problem: Kind als Schaden: "wrongful life" – Problematik
  Kommt ein behindertes Kind trotz vom Arzt versuchtem Schwangerschaftsabbruch zur Welt, kann das Kind weder seine Existenz (= Leben), noch seine Körperverletzung oder Gesundheitsbeschädigung als Schadensersatz auslösende Rechtsgutsverletzung geltend machen. Der unterhaltspflichtige Elternteil ist nicht in seinem Rechtsgut verletzt. Umstritten ist jedoch die vertragliche Haftung des Arztes für die durch die Behinderung veranlassten Mehraufwendungen des Unterhaltspflichtigen.

- **Freiheit**: Gemeint ist nur die körperliche Fortbewegungsfreiheit.

2. Eigentumsverletzung

- durch Einwirkung auf das Recht
  (z.B. durch Entziehung des Rechts oder durch Beschädigung/ Zerstörung der Sache)
  Problem: beachte die Sperrwirkung des § 993 I 2. Hs. BGB (s.u.)

- durch Einwirkung auf den Besitz(Entziehung oder Vorenthaltung des Besitzes oder Verlängerung der Besitzkette)
  Problem: beachte die Sperrwirkung des § 993 I 2 Hs. BGB (s.u.)
- durch Einwirkung auf den bestimmungsgemäßen Gebrauch

  Problem: sog. „Weiterfressender Mangel“

  Wenn bei einer zusammengesetzten Sache im Zeitpunkt des rechtsgeschäftlichen Erwerbs ein wirtschaftlich leicht austauschbares Teil mangelhaft ist, dessen Fehler nach dem Erwerb die anderen Teile der Sache beschädigt, liegt nach h.M eine Eigentumsverletzung an diesen anderen Teilen vor, weil das Äquivalenzinteresse (= Mangelunwert bei Erwerb der Sache) und das Integritätsinteresse (= Schaden an den anderen Teilen, die zuvor unversehrt waren) stoffungleich sind).

- Rahmenrechte: Allgemeines Persönlichkeitsrecht und Recht am eingerichteten und ausgeübten Gewerbebetrieb
- Recht am Namen
- Postmortales Persönlichkeitsrecht

Namensrecht und postmortales Persönlichkeitsrecht, BGH NJW 2007, 684, JuS 2007, 776
Das Namensrecht einer Person aus § 12 BGB, das auch ihren Künstlernamen schützt, erlischt mit dem Tod des Namensträgers. Die vermögenswerten Bestandteile des postmortalen Persönlichkeitsrechts sollen es nicht dem Erben ermöglichen, die öffentliche Auseinandersetzung mit Leben und Werk des Verstorbenen zu kontrollieren oder gar zu steuern. Die Schutzdauer der vermögenswerten Bestandteile des postmortalen Persönlichkeitsrechts ist wie das Recht am eigenen Bild (§ 22 S. 3 Kunsturhebergesetz) auf 10 Jahre nach dem Tod der Person begrenzt. Der postmortale Schutz der ideellen Bestandteile des allgemeinen Persönlichkeitsrechts endet damit nicht insgesamt nach Ablauf von zehn Jahren.

- Beschränkte dingliche Rechte
- Anwartschaftsrecht
- Berechtigter Besitz
- Elterliche Sorge
- Umgangsrecht des nicht zur elterlichen Sorge Berechtigten
- Räumlich-gegenständlicher Bereich der Ehe

II. Verhalten des Schädigers

- Unmittelbar schädigendes Verhalten
- Mittelbar schädigendes Verhalten
- Unterlassen

III. Haftungsbegründende Kausalität: Adäquat kausales und zurechenbares Verhalten

1. Verletzung einer Verkehrssicherungspflicht

Immer prüfen bei Unterlassen oder mittelbar schädigender Handlung
Bei unmittelbar schädigendem Verhalten nur prüfen, wenn beide Parteien Träger auferlegter Pflichten sind, z.B. im Straßenverkehr oder auf der Skipiste oder auf dem Golfplatz.

Verkehrssicherungspflichten entstehen entweder kraft Gesetz oder durch das Eröffnen einer Gefahrenquelle, nämlich aus

- Ingerenz oder
- aus Beruf oder
- aus der Beherrschung von Sachen, Tieren, Anlagen oder Produktionen oder
- aus faktischer Übernahme einer bei einem anderen entstandenen, übertragbaren Verkehrssicherungspflicht

Problem: Haftung eines Geschäftsführers/Vorstands für die Verletzung einer Organisa-tions-/Überwachungspflicht
In der „Baustofflieferungsentscheidung“ (BGH, Urteil v. 05.12.1989 VI ZR 335/88) sah der BGH eine Verkehrssicherungspflicht des Geschäftsführers der GmbH zur Gefahrenabwendung. Die Verletzung dieser Pflicht wurde analog § 31 BGB der GmbH zugerechnet. Nach anderer Ansicht soll es gem. § 13 II GmbH G zu einer Haftungstrennung kommen.

Problem: Produzentenhaftung
Den Produzenten treffen
- Konstruktionspflichten
- Fabrikationspflichten
- Instruktionspflichten
- Produktbeobachtungspflichten

Weitere Einzelfallrechtsprechung zu den Verkehrssicherungspflichten:

BGH NJW 2006, 2262, RA 2006, 452:

Ein Gast hatte im Restaurant einen Grillteller bestellt, herzhaft ins Fleisch gebissen und sich einen Zahn abgebrochen. Einen Fremdkörper konnte er nicht vorzeigen. Er erhob Klage wegen Verletzung einer angeblichen Verkehrssicherungspflicht des Wirtes aus § 823 I BGB und stützte sich beim Verschulden auf die daraus folgende Beweislastumkehr. Der BGH verneint aber die Verletzung einer Verkehrssicherungspflicht, weil es keine primae-facie Vermutung gibt, dass das Abbrechen eines Zahns beim Fleischverzehr auf einen verborgenen festen Fremdkörper zurückzuführen sei. Vielmehr kommen auch andere Ursachen in Betracht, etwa eine Vorschädigung des abgebrochenen Zahns oder die versehentliche Mitaufnahme eines auf dem Teller nach dem Verzehr anderer Fleischstücke liegen gebliebener Knorpel- oder Knochenstücke.

BGH NJW 2006, 2326, RA 2006, 454:

Eine Familie mit Kleinkind war in eine Mietwohnung gezogen, die allen baurechtlichen Vorschriften entsprach. Eine Zimmertür bestand aus einem Holzrahmen mit Glasausschnitt, der im unteren Bereich in einer Höhe von 40 cm begann (kein Sicherheitsglas). Bei einem Unfall fiel ein Kleinkind durch die Glasscheibe und verlor ein Auge. Die Eltern behaupteten die Verletzung einer Verkehrssicherungspflicht des Vermieters – ohne Erfolg! Die rechtlich gebotene Verkehrssicherung umfasst diejenigen Maßnahmen, die ein umsichtiger und verständiger, in vernünftigen Grenzen vorsichtiger Mensch für notwendig und ausreichend hält, um andere vor Schäden zu bewahren. Nicht jeder abstrakten Gefahr kann vorbeugend begegnet werden. Haftungsbegründend wird eine Gefahr erst dann, wenn sich für ein sachkundiges Urteil die nahe liegende Möglichkeit ergibt, dass Rechtsgüter anderer verletzt werden.

Zu den Grenzen der Verkehrssicherungspflicht, BGH RA 2013, 719 :

Inhaltlich erfasst die Verkehrssicherungspflicht diejenigen Maßnahmen, die ein umsichtiger und verständiger, in vernünftigen Grenzen vorsichtiger Mensch für notwendig und ausreichend hält, um andere vor Schäden zu bewahren. Nicht jeder abstrakten Gefahr muss vorbeugend begegnet werden, denn eine Verkehrssicherung, die jede Schädigung ausschließt, ist im praktischen Leben nicht erreichbar. Ein Gebot, andere vor Selbstgefährdung zu bewahren, besteht nicht. Deshalb muss der Betreiber eines an einem See gelegenen Campingplatzes kein Warnschild am Bootsanlegesteg anbringen, das auf flaches Gewässer hinweist, wenn der Steg nicht zur Badeanlage gehört.

2. Haftungsbegründende Kausalität

a) Äquivalenztheorie

Definition: Ursache im Sinne der Äquivalenztheorie ist jede Bedingung, die nicht hinweggedacht werden kann, ohne dass der Erfolg in seiner konkreten Gestalt entfiele.

b) Adäquanztheorie

Die Rechtsgutverletzung darf nicht auf einem gänzlich untypischen, lebensfremden und außergewöhnlichem Kausalverlauf beruhen.

c) Lehre vom Schutzzweck der Norm

Die Rechtsgutsverletzung muss im Gefahrenabwehrbereich der Verkehrssicherungspflicht eingetreten sein.

Problem: Zurechnung bei Selbstschädigung – Verfolgerfälle

Bei den Herausforderungs- und Verfolgungsfällen richtet sich die Zurechnung nach eigenen Wertungskriterien: Die Zurechnung erfolgt nur

- wenn der Verfolger durch ein vorwerfbares Tun des Verfolgten zur Verfolgung herausgefordert wurde und
- der Verfolger sich ein Verfolgungsrecht vorstellen durfte und
- ein angemessenes Verhältnis zwischen Zweck und Mittel der Verfolgung bestand und
- sich ein typisches Verfolgungsrisiko verwirklicht hat.

IV. Rechtswidrigkeit

Liegen die o.g. Voraussetzungen vor, fehlt es nach h.M. an der Rechtswidrigkeit der Rechtsgutsverletzung grundsätzlich nur, wenn Rechtfertigungsgründe eingreifen.
Typische Rechtfertigungsgründe sind:

- Einwilligung
  - in den ärztlichen Heileingriff gem. §§ 630d, e BGB
  - in die Körperverletzung beim Kampfsport
- Einwilligung
- Mutmaßliche Einwilligung
  - bei berechtigter GoA
  - beim ärztlichen Heileingriff gem. § 630d I 4 BGB
- Notwehr gem. § 227 BGB
- Notstand gem. § 228 BGB und gem. § 904 BGB
- Selbsthilfe gem. §§ 229, 230 BGB
- Besitzkehr gem. § 859 BGB
- Wahrnehmung berechtigter Interessen gem. §193 StGB
- Betreiben eines gesetzlich geregelten Verfahrens (Wichtig für Referendare!) Solange sich derjenige, der das Verfahren betreibt (z.B. die Zwangsvollstreckung) subjektiv redlich verhält, ist die Rechtsgutsverletzung nicht rechtswidrig, es sei denn, sie tritt bei einem am Verfahren nicht beteiligten Dritten ein

  (Grundlegende Entscheidung des BGH, Urteil vom 12.05.1992, VI ZR 257/91).

Bei den so genannten Rahmenrechten, dem Recht am eingerichteten und ausgeübten Gewerbebetrieb und dem allgemeinen Persönlichkeitsrecht muss die Rechtswidrigkeit nach einer Güter- und Interessensabwägung positiv festgestellt werden.

V. Verschulden : Vorsatz und Fahrlässigkeit

1. Deliktsfähigkeit nach §§ 827, 828 BGB

- § 827 BGB
- § 828 I BGB
- § 828 II BGB

Problem: Teleologische Reduktion (str.: s.u.)

- § 828 III BGB

2. Maßstab: Vorsatz und Fahrlässigkeit

- Verschärfung gem. § 848 BGB
- Privilegierung gem. §§ 708, 1359, 1664 BGB
- vertragliche Beschränkung

Problem: § 309 Nr. 7 BGB (s.o.)

Zur Verantwortlichkeit eines Minderjährigen für Beschädigung eines parkenden Pkw, BGH NJW 2005, 354:

Das Haftungsprivileg des § 828 II 1 BGB in der Fassung des Zweiten Gesetzes zur Änderung schadensrechtlicher Vorschriften vom 19. 7. 2002 (BGBl I, 2674) greift nach dem Sinn und Zweck der Vorschrift nur ein, wenn sich bei der gegebenen Fallkonstellation eine typische Überforderungssituation des Kindes durch die spezifischen Gefahren des motorisierten Verkehrs realisiert hat.

Entscheidungen zum Haftungsprivileg für Kinder im Straßenverkehr gem. § 828 II BGB, BGH NJW 2007, 2113:
Stößt ein achtjähriges Kind mit seinem Fahrrad aufgrund überhöhter, nicht angepasster Geschwindigkeit und Unaufmerksamkeit im fließenden Verkehr gegen ein verkehrsbedingt haltendes Kraftfahrzeug, das es nicht herankommen sehen konnte und mit dem es deshalb möglicherweise nicht rechnete, so handelt es sich um eine typische Fallkonstellation der Überforderung des Kindes durch die Schnelligkeit, die Komplexität und die Unübersichtlichkeit der Abläufe im motorisierten Straßenverkehr.

Darauf, ob sich diese Überforderungssituation konkret ausgewirkt hat oder ob das Kind aus anderen Gründen nicht in der Lage war, sich verkehrsgerecht zu verhalten, kommt es im Hinblick auf die generelle Heraufsetzung der Deliktsfähigkeit von Kindern durch § 828 Abs. 2 Satz 1 BGB in der Fassung des Zweiten Gesetzes zur Änderung schadensrechtlicher Vorschriften vom 19. Juli 2002 (BGBl I S. 2674) nicht an.

BGH RA 2007, 731:
Lässt ein achtjähriges Kind auf dem Bürgersteig sein Fahrrad los, damit es von alleine weiterrollt und rollt das führungslose Fahrrad auf die Fahrbahn gegen das zu diesem Zeitpunkt vorbeifahrende Kfz, so handelt es sich um einen Unfall mit einem Kfz i.S.d. § 828 II 1 BGB, der zu einer Haftungsprivilegierung des Kindes führt.
Grund: Das Verhalten des Kindes ist gerade Ausdruck des Erprobungsdrangs eines Kindes, aufgrund dessen ihm ein verkehrsgerechtes Verhalten nicht zugemutet werden kann, weshalb eine verkehrstypische Überforderungssituation gegeben ist.

IV. Ersatzfähiger und kausaler Schaden des Gläubigers

1. § 249 ff., 842 ff. BGB

Problem: Schockschäden

- Tod eines nahen Angehörigen führt zu
- schwerer körperlicher Beeinträchtigung, was auch
- aufgrund eines ausreichenden Anlasses nachvollziehbar ist.

Problem: Haushaltsführungsschadenschaden analog §§ 842, 843 in Verbindung mit § 1360 S. 2 BGB analog

Der Haushaltsführungsschaden kann analog §§ 842, 843 in Verbindung mit § 1360 S. 2 BGB analog begehrt werden, wenn der Ausfall der Haushaltstätigkeit zu einer Vermehrung der Bedürfnisse führt.

Problem: Kommerzialisierungsschäden bei Nutzungsausfall privat genutzter Sachen

Zu bejahen nach GS BGH NJW 1987, 50 ff., wenn die ständige Verfügbarkeit von zentraler Bedeutung für die wirtschaftliche Lebensführung ist (Auto, Wohnung ja, Pelzmantel nein, Swimmingpool nein).

Problem: Fehlender Internetzugang als Kommerzialisierungsschaden

Nach Differenzierung bejaht von BGH RA 2013, 116 ff.

Problem: Integritätszuschlag bei Verkehrsunfällen von 30 % bei durchgeführter Reparatur trotz Totalschaden und weiterer Nutzung

Bemessung nach dem vollen Wiederbeschaffungswert ohne Abzug des Restwerts (BGH NJW 2003, 2085 ff.). Bei fiktiver Abrechnung kann der Geschädigte keinen Integritätszuschlag verlangen. Wenn das Kfz nicht 6 Monate weiter genutzt wurde, besteht ebenfalls kein Anspruch auf Integritätszuschlag (BGH NJW 2008, 2183 ff.) Der Anspruch ist aber sofort fällig (BGH NJW 2009, 910 ff.) Das heißt: Wird das Kfz innerhalb der 6 Monate veräußert, muss der Zuschlag aus § 812 BGB zurückgezahlt werden.

Problem: Mietwagen- und Suchkosten

Können nur bei Reparatur oder Ersatzbeschaffung verlangt werden.

Problem: Unfallersatztarif ist nicht erstattungsfähig.

Geschädigter hat nur Anspruch auf Normaltarif (BGH NJW 2007, 1122 ff.). Allerdings trägt der Schädiger die Darlegungs- und Beweislast.

Problem: Umsatzsteuer, § 249 II 2 BGB

Sie ist nur Schadensposten, wenn sie tatsächlich angefallen ist.

2. Haftungsausfüllende Kausalität

Der eingetretene Schaden muss auf der Rechtsgutsverletzung beruhen.

Problem: Doppelkausalität

Zur Doppelkausalität, BGH RA 2013, 241 ff.:
Ist ein bestimmter Schaden durch mehrere gleichzeitig oder nebeneinander wirkende Umstände verursacht worden und hätte jede dieser Ursachen für sich alleine ausgereicht, um den ganzen Schaden herbeizuführen, dann sind nach der Rechtsprechung des BGH sämtliche Umstände als rechtlich ursächlich zu behandeln, obwohl keiner von ihnen als „conditio sine qua non" qualifiziert werden kann. In diesen Fällen der Doppelkausalität bedarf es der entsprechenden Modifizierung der Äquivalenztheorie, weil der eingetretene Schadenserfolg ansonsten auf keine der tatsächlich wirksam gewordenen Ursachen zurückgeführt werden könnte."

Problem: „Der Täter hat das Opfer so zu nehmen, wie es ist."

- Grundsatz: Der Täter haftet auch für die Kosten einer Behandlung einer Depression, Opfer als Folge der Verletzung erleidet (BGH NJW 1996, 2425)
- Ausnahme: Nicht zu erwartende, atypische Kausalverläufe (Tritt auf den Fuß führt zur Oberschenkelamputation, leichte Beleidigung führt zur Hirnblutung).

3. Vorteilsausgleichung

Problem: Abzug neu für alt

Beispiel: O hatte bereits einen unreparierten Schaden an der Beifahrertür, als T durch einen Unfall schuldhaft die Tür zerstört.

Die Wertsteigerung muss bei Einbau einer Tür abgezogen werden.

VII. Einwendungen

1. Allgemeine Einwendungen: Beachte § 393 BGB

2. Einwendungen des Mitverschuldens nach § 254 I BGB

   Einwendungen des Mitverschuldens nach § 254 II 1 BGB wegen Verletzung der Schadensminderungspflicht Zurechnung fremden Verschulden gem. §§ 254 I, II 2, 278 BGB.

Problem: Anwendbarkeit des § 254 II 2 auf § 254 I BGB

§ 254 II 2 ist nur wegen eines Redaktionsversehens nicht als dritter Absatz normiert worden.

Problem: Rechtsgrundverweis oder Rechtsfolgenverweis

Es handelt sich um einen Rechtsgrundverweis, weshalb ein Schuldverhältnis zwischen Täter und Opfer bereits bestanden haben muss. Grund: Das Opfer soll nicht schlechter stehen als im Fall des ebenfalls auf § 254 BGB anwendbaren § 831, der eine Exkulpationsmöglichkeit vorsieht.

Examensrelevante Entscheidungen zur Einwendung des Mitverschuldens

Zur Helmpflicht bei Radfahrern

TIPP: Es fehlt eine gesetzliche Regelung. Erwähnen Sie in der Klausur in diesem Zusammenhang die allgemeine Schadensabwendungs- und Minderungspflicht des § 254 II 1 a.E. BGB und fragen Sie, ob diese eine Helmpflicht bei Radfahrern gebietet.

Zur Helmpflicht bei Fahrradfahrern, OLG Düsseldorf, NJW 2007, 3075, bestätigt vom OLG Celle, 14 U 113/13 vom 12.02.2014, RA 2014, 165:

Ausnahmsweise kann bei bestimmten Gruppen von Radfahrern, das Unterlassen einen Schutzhelm zu tragen, im Falle eines Verkehrsunfalls der Schadensanspruch gem. § 254 I BGB gemindert werden.
Die Frage, ob das Nichttragen eines Schutzhelmes einen vorwerfbaren Obliegenheitsverstoß darstellt, kann nicht für alle am Straßenverkehr teilnehmenden Radfahrer gleich beantwortet werden.
Bei Rennradfahrern steht die Erzielung hoher Geschwindigkeiten im Vordergrund, wodurch naturgemäß ein gesteigertes Unfallrisiko und damit auch eine beträchtliche Steigerung der Eigengefährdung einhergehen.
Die Annahme des Mitverschuldens folgt aus dem Gebot, die eigenen Interessen zu wahren und dabei Sorgfalt walten zu lassen; dies folgt bei § 254 I BGB als Ausprägung des Grundsatzes von Treu und Glauben, wonach niemand vorwerfbar die eigenen Interessen missachten darf.
Für den Vorwurf des Mitverschuldens gem. § 254 I BGB ist es unschädlich, dass es keine gesetzlich normierte Pflicht zum Tragen eines Schutzhelmes gibt.

Zur Helmpflicht bei Fahrradfahrern OLG Schleswig RA 2013, 337

K öffnete beim parkenden Fahrzeug die Fahrertür, um auszusteigen. Die sich mit dem Fahrrad nähernde B fuhr vor die Fahrertür und prallte beim Sturz mit dem Hinterkopf auf. Dies zog einen Schädelbruch nach sich, der bei Tragen eines Fahrradhelms nicht eingetreten wäre.

Das Gericht urteilte:
B habe ihre Schadensabwehrpflicht aus § 254 II 1 BGB verletzt, weil sie diejenige Sorgfalt außer Acht gelassen habe, die ein verständiger Mensch zur Vermeidung eigenen Schadens anzuwenden pflegt. Der differenzierten Auffassung des OLG Düsseldorf (s.o.) folgte das Gericht nicht, weil der Fahrradfahrer heutzutage im täglichen Straßenverkehr besonderen Verletzungsrisiken ausgesetzt sei. Im Straßenverkehr dominierten die Kraftfahrer, die die Radfahrer nur als störende Hindernisse im frei fließenden Verkehr empfänden. Aufgrund der Fallhöhe und der fehlenden Möglichkeit sich abzustützen, weil die Hände ja auf dem Lenker ruhen und aufgrund der Geschwindigkeit drohten ständig Kopfverletzungen.

Kritik:
Die Entscheidung des OLG Schleswig ist dogmatisch kaum haltbar.
Grundsätzlich wird niemand angehalten, sich vor potentiellem Fehlverhalten anderer zu schützen. Jeder darf vertrauen, dass sich Kraftfahrer an die Verkehrsregeln halten, deren Kenntnis Grundlage der Fahrerlaubnis sind. Die im Urteil erwähnte Rücksichtslosigkeit der Kraftfahrer muss erst Recht zu einer schärferen Haftung der Kraftfahrer im zivilrechtlichen Konflikt führen. Der Rechtsstaat ist verpflichtet nach Übertragung des Gewaltmonopols die Entstehung rechtsfreier Räume zu verhindern. Ansonsten trügen Frauen ein Mitverschulden an ihrer Vergewaltigung, wenn sie sich sommerlich kleiden oder Gewaltopfer ein Mitverschulden

an ihrer Körperverletzung, wenn sie eine „no go area" betreten haben. Ferner ist fraglich, wo die Helmpflicht endet. Warum müssen Autofahrer keinen Helm tragen? Warum trägt man keinen Helm im Haushalt, wenn man die Kellertreppe herabsteigt? Der Helm würde angesichts der zahlreichen Unfälle auch hier für Milderung der Schäden sorgen.

Der BGH hat in seinem Urteil vom 17.06.2014, BGH VI ZR 281/13 die Entscheidung des OLG Schleswig aufgehoben, weil ein verständiger Mensch sich zwar mit einem Helm schützen kann, aber zum Unfallzeitpunkt kein allgemeines Gefahrenbewusstsein herrschte (weniger als 12 % Helmquote).

Mitverschulden bei Winterglätteunfall, OLG Bremen NJW-RR 2013, 1361:
Ist zu erkennen, dass eine Gehwegfläche nach einem Schneefall weder von Schnee und Eis geräumt noch mit abstumpfenden Mitteln bestreut wurde, hat der Benutzer des Weges Anlass zu gesteigerter Aufmerksamkeit und Vorsicht. Kommt er zu Fall, so spricht dies in der Regel dafür, dass er die gebotene Vorsicht außer Acht gelassen hat und ihm ein Mitverschulden anzurechnen ist.

3. Anrechnung der Betriebsgefahr analog §§ 17 II, 7 I StVG, wenn der Kfz-Halter einen Fußgänger oder Radfahrer aus § 823 BGB verklagt

4. Ausschluss bei Arbeitsunfällen gem. § 104, § 105 I, § 106 III SGB VII

a) **Problem**: Gestörte Gesamtschuld

Definition: Eine gestörte Gesamtschuld liegt vor, wenn eine Gesamtschuld nur deshalb nicht entsteht, weil ein potentieller Gesamtschuldner wegen einer vertraglichen oder gesetzlichen Haftungsprivilegierung von vornherein nicht haftet.

- **Bei Haftungsprivilegierung gem. §§ 1664, 1359 BGB (str.)**

  BGH: Alleinhaftung des nichtprivilegierten Schuldners. Keine Kürzung des Anspruchs gegen den privilegierten Schuldner im Außenverhältnis. Kein Rückgriff analog § 426 I BGB durch fingierte Gesamtschuld.

  Argument: Schutz der Familienkasse, aus der das Kind ernährt wird. Rechtsanalogie zu §§ 116 VI SGB-X, 86 III VVG.

  M.M.: Kürzung im Außenverhältnis, da § 1664 I BGB eine Norm zu Lasten des Kindes sei.

- **Bei sonstigen gesetzlichen Haftungsprivilegierungen, z.B. §§ 104, 105, 106 III SGB VII** erfolgt Kürzung des Anspruchs des Gläubigers gegen den nichtprivilegierten Schuldner im Außenverhältnis um die Quote, die beim Gesamtschuldnerinnenausgleich nach § 426 I BGB auf den privilegierten Schuldner entfallen würde.

- **Bei vertraglichen Haftungsausschlüssen:**

  BGH: Volle Haftung des nichtprivilegierten Schuldners, aber Rückgriff analog § 426 I BGB nach Fingierung des Gesamtschuldverhältnisses.

  Argument: Vertragliche Haftungsausschlüsse finden ihre Grenze, wo sie sich als verbotene Verträge zu Lasten Dritter darstellen.

  H.L.: Kürzung des Anspruchs des Gläubigers gegen den nichtprivilegierten Schuldner im Außenverhältnis um die Quote, die beim Gesamtschuldnerinnenausgleich nach § 426 I BGB auf den privilegierten Schuldner entfallen würde.

Argumente: Aus dem Argument des BGH folgt nur, dass der Haftungsausschluss nicht zu Lasten des nichtprivilegierten Schuldners greifen darf. Dessen Schutz kann auch durch Kürzung im Außenverhältnis gewährt werden. Dies vermeidet auch Insolvenzrisiken. Ferner entstünde nach Lösung des BGH ein Regresskreisel. Denn der Haftungsausschluss müsste im Wege der ergänzenden Vertragsauslegung in einen Freistellungsanspruch ausgelegt werden.

Zum gestörten Gesamtschuldverhältnis bei Personenschäden

Arbeitsrechtlicher Freistellungsanspruch, BGH NJW 2004, 951:

Der nicht selbst auf der gemeinsamen Betriebsstätte tätige Unternehmer, der neben seinem nach § 106 III Alt. 3 SGB VII haftungsprivilegierten Verrichtungsgehilfen lediglich nach §§ 831, 823, 840 I BGB als Gesamtschuldner haftet, ist gegenüber dem Geschädigten nach den Grundsätzen des gestörten Gesamtschuldverhältnisses von der Haftung für erlittene Personenschäden freigestellt (vgl. § 840 II BGB); ein im Innenverhältnis zwischen dem Verrichtungsgehilfen und dem Geschäftsherrn etwa bestehender arbeitsrechtlicher Freistellungsanspruch bleibt dabei außer Betracht.

Die Haftung des nicht auf der gemeinsamen Betriebsstätte tätigen Unternehmers bleibt im Rahmen des gestörten Gesamtschuldverhältnisses auf die Fälle beschränkt, in denen ihn nicht nur eine Haftung wegen vermuteten Auswahl- und Überwachungsverschuldens gem. § 831 BGB, sondern eine eigene „Verantwortlichkeit" zur Schadensverhütung, etwa wegen der Verletzung von Verkehrssicherungspflichten oder wegen eines Organisationsverschuldens trifft.

Zum Begriff der gemeinsamen Betriebsstätte bei § 106 III SGB VII, BGH RA 2008, 371 ff. und OLG Naumburg, RA 2014, 513:

Zur Annahme einer gemeinsamen Betriebsstätte ist ein aufeinander bezogenes betriebliches Zusammenwirken mehrerer Unternehmen nötig. Die Tätigkeit der Mitwirkenden muss im faktischen Miteinander aufeinander bezogen oder miteinander verknüpft sein.

Zum Schmerzensgeld bei § 105 SGB VII, BGH VI ZR 55/06:

Der Haftungsausschluss gemäß § 105 I SGB VII erfasst nicht Schmerzensgeldansprüche von Angehörigen oder Hinterbliebenen eines Versicherten aufgrund so genannter Schockschäden infolge eines Arbeitsunfalls des Versicherten.

B. Schadensersatzanspruch des Geschädigten G gegen den Schädiger S gem. § 823 II i.V.m. Schutzgesetz (etwa § 229 StGB)

I. Schutzgesetzverletzung durch S

1. Schutzgesetz:

Definition: Ein Schutzgesetz dient nicht nur dem Schutz der Allgemeinheit, sondern auch Individualinteressen.

2. Verletzung

II. Rechtswidrigkeit der Schutzgesetzverletzung

III. Verschulden des S

Der subjektive TB des Schutzgesetzes ist auch für das zivilrechtliche Verschulden maßgebend. Zusätzliches Verschulden muss nach BGH gemäß § 823 II 2 BGB nur bei Schutzgesetzen ohne subjektiven TB geprüft werden. Nach a.A. muss zivilrechtliches Verschulden immer zusätzlich geprüft werden. Empfehlenswert ist die zusätzliche zivilrechtliche Verschuldensprüfung, wenn eine zivilrechtliche Haftungsprivilegierung greift.

IV. Ersatzfähiger Schaden (s.o.)

V. Einwendungen des Mitverschuldens nach § 254 I BGB (usw.)

C. Schadensersatzanspruch des Geschädigten G gegen den Geschäftsherrn des Schädiger nach § 831 I 1 BGB

I. Handeln eines Verrichtungsgehilfen

Definition: Verrichtungsgehilfe ist jede Person, die im Geschäftskreis des Geschäftsherrn mit dessen Wissen und Wollen weisungsabhängig tätig ist

II. Objektiv unerlaubte Handlung des Verrichtungsgehilfen

III. In Ausführung der Verrichtung

Definition: In Ausführung der Verrichtung bedeutet nicht nur bei Gelegenheit der Verrichtung. Es muss ein unmittelbarer sachlicher, örtlicher und zeitlicher Zusammenhang zwischen der aufgetragenen Verrichtung und der schädigenden Handlung bestehen.

IV. Keine Exkulpation für Verschuldens- und Kausalitätsvermutung nach § 831 I 2 BGB

Problem: Lehre vom dezentralisierten Entlastungsbeweis

Der Vorstand oder Geschäftsführer muss sich nur für die unter ihm liegende Ebene exkulpieren und nicht für den unmittelbar ausführenden Angestellten.

D. Schadensersatzanspruch des K nach § 1 I ProdHaftG

I. Erfolg

Problem: Bei Sachbeschädigung beachte § 1 I 2 ProdukthaftG

Umstritten ist, ob die Lehre vom „weiterfressenden Mangel“ auch bei § 1 I 2 ProdukthaftG Anwendung findet. Eine M.M. begründet dies mit dem Produktbegriff des § 2 ProdukthaftG. Die h.M. verlangt eine Verletzung einer anderen, außerhalb der Sache liegenden Sache.

Problem: Produktbegriff nach § 2 ProdukthaftG: Elektrizität

Elektrizität als fehlerhaftes Produkt, BGH VI ZR 144/13, RA 2014, 221 ff.:

Führt eine übermäßige Überspannung zu Schäden an üblichen Verbrauchsgeräten, liegt ein Fehler des Produkts Elektrizität vor.
Nimmt der Betreiber des Stromnetzes Transformationen auf eine andere Spannungsebene - hier in die sogenannte Niederspannung für die Netzanschlüsse von Letztverbrauchern - vor, ist er Hersteller des Produkts Elektrizität.
In diesem Fall ist das Produkt Elektrizität erst mit der Lieferung des Netzbetreibers über den Netzanschluss an den Anschlussnutzer in den Verkehr gebracht.

II. Gefährdung

Die Gefahrdung muss durch ein fehlerhaftes Produkt des Herstellers entstehen.

III. Kausalität

Es muss sich die tatbestandsspezifische Gefahr (Hier: Produktgefahr) äquivalent kausal realisiert haben.

IV. Kein Ausschluss gemäß § 1 II ProdukthaftG

V. Ersatzfähiger Schaden

VI. Einwendungen des Herstellers

E. Schadensersatzanspruch gegen eine Gesellschaft/Körperschaft wegen Organisationsverschuldens gem. § 823 I BGB i.V.m. § 31 BGB analog

I. Zum Schadensersatz verpflichtende Handlung einer Person i.S.v. § 31 BGB

1. Handeln eines Organs
2. Zum Schadensersatz verpflichtende Handlung
3. Rechtswidrigkeit und Verschulden

II. Zurechnung dieser zum Schadensersatz verpflichtenden Handlung

Problem: Analoge Anwendung auf andere Gesellschaften/Körperschaften

§ 31 BGB wird analog auch auf Personengesellschaften angewendet.

III. Ersatzfähiger Schaden

IV. Einwendung des Mitverschuldens gem. § 254 I BGB

F. Schadensersatzanspruch der Geschädigten G gegen den Kfz-Halter H aus § 7 I StVG

I. Rechtsgutverletzung i.S.v. § 7 I StVG

II. Anspruchsgegner ist Halter des Kfz

III. Dem Halter zurechenbar – Haftungsbegründende Kausalität

Die Betriebsgefahr muss sich im Kausalverlauf äquivalent kausal realisiert haben.

1. Betrieb des Kfz (örtlich, zeitlich, sachlich im Straßenverkehr)
2. Ursächlichkeit i.S. der Äquivalenztheorie
3. Lehre vom Schutzzweck der Norm ("bei Betrieb")

   Problem: Psychische Kausalität (Herausforderungslage)

   A überholt B auf der Autobahn rechts mit hoher Geschwindigkeit. B erschreckt sich und darf sich zur Ausweichbewegung herausgefordert fühlen. Anders ist es, wenn A den B links überholt.
4. Ersatzfähiger Schaden
   - § 10 StVG
   - § 11 S. 1 StVG

   Problem: Haushaltsschaden gem. § 11 S. 1 2. Fall in Verbindung mit § 1360 S1. BGB analog (s.o)

   - § 11 S. 2 StVG
   - § 16 StVG in Verbindung mit den §§ 249 ff. BGB
5. Ausschluss der Haftung nach § 7 II, § 7 III, § 8 StVG
6. Ausschluss oder Kürzung des Anspruchs

   a) Anspruchsteller ist Kfz-Halter: Möglich ist hier Kürzung gem. § 17 II StVG

   b) Anspruchsteller ist Kfz-Führer: Möglich ist hier Kürzung gem. §§ 18 III, 18 I, 17 II StVG

c) Anspruchsteller ist der Haftung wegen Mitverschuldens der H nach § 9 StVG i.V.m. § 254 I BGB

Weite Auslegung des Tatbestandsmerkmals „bei dem Betrieb eines Kraftfahrzeugs", BGH NJW 2005, 2081, RA 2005, 521:

A und B begegneten sich mit ihren PKW im Parkhaus. A machte eine abrupte Lenkbewegung in Richtung des Fahrzeugs der B, die er sofort mit einer ebenso abrupten Gegenlenkbewegungkonterte, ohne die Mittellinie zu überfahren. B tätigte eine heftige Ausweichbewegung, die ihr Fahrzeug an eine Säule platzierte.

Das Gericht sah den Kausalzusammenhang zum Betrieb des Fahrzeugs des A:

Ein Schaden ist „bei dem Betrieb" eines Kraftfahrzeugs entstanden, wenn sich von einem Kraftfahrzeug ausgehende Gefahren ausgewirkt haben. Demgemäß kann selbst ein Unfall infolge einer voreiligen - also objektiv nicht erforderlichen - Abwehr- oder Ausweichreaktion dem Betrieb des Kraftfahrzeugs zugerechnet werden, das diese Reaktion ausgelöst hat. Für eine Zurechnung ist jedoch mindestens erforderlich, dass der geschädigte Kraftfahrzeugführer objektiv nachvollziehbar von einer Gefährdung durch das entgegenkommende Fahrzeug ausgehen durfte.

Verkehrsunfall eines 14-jährigen Rennradfahrers, BGH NJW 2004, 772:

Der 14-jährige Radfahrer befuhr den Kreisverkehr im Gegenverkehr und prallte dort mit dem Kfz zusammen. Das Gericht hatte bei der Haftung des Kraftfahrers über die Anrechnung des Mitverschuldens gem. § 9 StVG, 254 I, 828 III BGB zu entscheiden.

Das Gericht urteilte:

Da das Mitverschulden von unfallbeteiligten Kindern und Jugendlichen in der Regel geringer zu bewerten ist als das entsprechende Mitverschulden eines Erwachsenen, setzt eine völlige Freistellung von der Gefährdungshaftung nach § 7 I StVG a.F. wegen eines grob verkehrswidrigen Verhaltens bei Kindern und Jugendlichen voraus, dass der Sorgfaltsverstoß altersspezifisch auch subjektiv besonders vorwerfbar ist.

G. Anspruch des Geschädigten G gegen den Kfz-Führer F gem. § 18 I 1 StVG

I. F als Führer des Kraftfahrzeuges

II. Fall des § 7 I StVG

III. Keine Entlastung nach § 18 I 2 StVG

IV. Ausschluss oder Kürzung des Anspruchs gem. §§ 18 III, 17 I StVG oder § 9 StVG i.V.m. § 254 I BGB

H. Anspruch aus § 833 S. 1 BGB

I. Anspruchssteller muss in einem geschützten Rechtsgut verletzt sein.

II. Anspruchsgegner muss Halter eines Luxustiers sein

III. Realisierung der Tiergefahr (tierspezifische Gefahr) im Kausalverlauf (äquivalente Kausalität).

IV. Ersatzfähiger und kausaler Schaden

V. Kein Ausschluss des Anspruchs

- Vertraglicher Ausschluss

Problem: Ausschluss per AGB. Beachte § 309 Nr. 7 BGB!

- Haftungsausschluss bei Minderjährigen

  Der Minderjährige kann keinen Haftungsausschluss eigenmächtig vereinbaren, weil dieser nicht lediglich rechtlich vorteilhaft ist.

  Prüfe, ob die Eltern konkludent in den Haftungsausschluss eingewilligt haben.
- Ausschluss gem. § 833 S.2 BGB → eigene AGL!
- Einwendungen (z.B. § 254 BGB)

VI. Einreden
Das Geltendmachen des Anspruchs darf nicht gegen Treu und Glauben gem. § 242 BGB verstoßen.

Problem: Handeln des Tierarztes auf eigene Gefahr

BGH BeckRS 2009 10839 = RA 2009, 570 zum Ausschluss der Tierhalterhaftung:

Ein Ausschluss der Tierhalterhaftung wegen Handelns auf eigene Gefahr (§ 242 BGB) kommt regelmäßig nicht in Betracht, wenn sich der Geschädigte der Tiergefahr ausgesetzt hat, um aufgrund vertraglicher Absprache mit dem Tierhalter Verrichtungen an dem Tier vorzunehmen.

Kein Haftungsausschluss wegen Handelns auf eigene Gefahr bei Hundebiss in Tierpension, BGH VI ZR 372/13 vom 25.03.2014, RA 2014, 235 ff.:

Ein Ausschluss der Tierhalterhaftung wegen Handelns auf eigene Gefahr kommt auch dann regelmäßig nicht in Betracht, wenn der Geschädigte einen Hund für mehrere Tage in seiner Hundepension aufgenommen und für diese Zeit die Beaufsichtigung des Tieres übernommen hat.

Grund: Wer eine Tierpension betreibt, übernimmt nicht die vollständige Herrschaft über das Tier. Ein für die Verletzung mitursächliches Fehlverhalten des Geschädigten ist gegebenenfalls nach § 254 BGB anspruchsmindern zu berücksichtigen.

I. Anspruch aus § 830 BGB

§ 830 BGB findet Anwendung,

- gem. § 830 I 1 BGB bei mehreren Mittätern
- gem. § 830 I 2 BGB bei Beteiligung, wenn die genaue Verursachung des einzelnen Täters unklar ist.

Sinn und Zweck: Dem Opfer soll bei Urheberzweifeln und Anteilszweifeln aus seiner Beweisnot geholfen werden.
Beispiel:
A und B üben Schattenboxen vor dem Spiegel des C. Durch einen Schlag wird der Spiegel zerstört, ohne dass geklärt werden kann, wer den Schlag gesetzt hat

- gem. § 830 II BGB bei Anstiftung und Beihilfe. Die Beteiligten dürfen auch aus Gefährdungshaftung haften

Keine Anwendung findet § 830 BGB bei Nebentäterschaft. Für sie gelten die Gesamtschuldregeln.

Definition: Nebentäterschaft liegt vor, wenn mehrere durch eigenständige Handlungen ohne ein bewusstes Zusammenwirken den Schaden mit verursacht haben.

J. Schadensersatzanspruch aus § 832 I BGB

I. Aufsichtsbedürftigkeit

- Minderjährige
- Behinderte Erwachsene

II. Aufsichtspflicht

III. Widerrechtliche Schadenszufügung

IV. Kein Entlastungsbeweis gem. § 832 I 2 BGB

- Minderjährige: Das Maß der gebotenen Aufsicht (Überwachung, Belehrung, Kontrollen) richtet Sich nach Alter, Eigenart und Charakter des konkreten Kindes, sowie nach der Vorhersehbarkeit des schädigenden Verhaltens, insgesamt danach, was verständige Eltern vernünftigerweise in der konkreten Situation an erforderlichen und zumutbaren Maßnahmen treffen müssen, um Schädigungen Dritter durch ihr Kind zu verhindern.
- Behinderte Erwachsene: Inhalt und Umfang richten sich nach der Eigenart der Behinderung.

K. Regressansprüche bei Gesamtschuldnerschaft gem. § 426 I BGB

I. Entstehung einer Gesamtschuldnerschaft

1. Ausdrücklich angeordnete Gesamtschuldnerschaft (z.B. §§ 427, 769, 840, 1357, 1664 II, 2058 BGB, § 128 HGB und § 128 HGB analog, sowie §§ 115, 116 VVG) oder

2. Allgemeine Entstehungsvoraussetzungen gem. §§ 421, 426 BGB

a) Mehrere Schuldner eines Dritten
aa) Ansprüche D gegen A
bb) Ansprüche D gegen B
Prüfe hier: Fingierte Gesamtschuld bei gestörter Gesamtschuld (s.o.)

b) Die Schuldner schulden „eine Leistung": Die Ansprüche gegen A und B müssen auf dasselbe Leistungsinteresse gerichtet sein (1. Abgrenzung zu § 255 BGB)

Zum gleichen Leistungsinteresse und zur Gleichstufigkeit: BGH NJW 2012, 1070:
Der bei der Ankaufsuntersuchung vom Käufer eines Pferdes beauftragte Tierarzt haftet, wenn er einen Tiermangel schuldhaft verkennt, neben dem Verkäufer des Tieres als Gesamtschuldner für die aufgrund der Rückabwicklung des Vertrages zu ersetzenden Vermögensnachteile (Kaufpreisrückzahlung, Unterhalt des Pferdes), weil der Verkäufer und der Tierarzt ein inhaltsgleiches Gläubigerinteresse zu befriedigen haben. Beide haben für die Beseitigung des gleichartigen Vermögensnachteils einzustehen, die die Käuferin dadurch erlitten hat, dass jeder von ihnen seine vertraglichen Pflichten nicht erfüllt hat.

c) Jeder Schuldner muss die ganze Leistung zu bewirken haben.

Problem: Abgrenzung zur Teilschuld gem. § 420 BGB

Teilschuld und Gesamtschuld stehen im Aliud-Verhältnis.
Beachte als Auslegungshilfe die Vermutung des § 427 BGB.

Problem: Abgrenzung zur gemeinschaftlichen Schuld

Ein Miterbe kann wegen § 2040 BGB nur gemeinschaftlich übereignen.

d) Der Dritte darf die Leistung nur einmal fordern
Sinn: Bereicherungsverbot des BGB

e) Gleichstufigkeit der Verursachungsbeiträge (ungeschriebenes Merkmal) - sog. "echte Gesamtschuld"

Problem: Keine vorrangige cessio legis gemäß § 268 III, 774 I 1, 1143 I 1, 1225 (1), 1607 II, III BGB, § 116 I SGB X, 52 BRRG, 86 VVG, 6 II EntgeltfortzG usw.

Problem: 2. Abgrenzung zu § 255 BGB

In Abgrenzung zu § 255 BGB liegt eine Gesamtschuld i.S.d. § 421 BGB vor, wenn bei wertender Betrachtung im Einzelfall kein Schuldner von vornherein als letztverantwortlich Haftender feststeht. Gewertet werden Tatbeiträge, nicht das Verschulden. Gesamtschuldner wird, wer einen kausalen Tatbeitrag geleistet hat. Das Verschulden wird im Innenverhältnis bei § 426 I analog § 254 I BGB gewertet.
Dass im Innenverhältnis einer der Schuldner die gesamte geschuldete Leistung zu tragen hat, schließt das Bestehen einer Gesamtschuld nicht aus (Palandt-Grüneberg, BGB, § 421 Rn 7).

§ 255 BGB findet Anwendung, wenn ein Schuldner ausschließlich aufgrund einer vertraglichen (z.B. Versicherungsvertrag) oder gesetzlichen (z.B. § 1601 BGB) Fürsorgeverpflichtung haftet.

Zum gleichen Leistungsinteresse und zur Gleichstufigkeit: BGH NJW 2012, 1070:
Der bei der Ankaufsuntersuchung vom Käufer eines Pferdes beauftragte Tierarzt haftet, wenn er einen Tiermangel schuldhaft verkennt, neben dem Verkäufer des Tieres als Gesamtschuldner für die aufgrund der Rückabwicklung des Vertrages zu ersetzenden Vermögensnachteile (Kaufpreisrückzahlung, Unterhalt des Pferdes), weil Verkäufer und Tierarzt gleichstufig haften. Die Gleichstufigkeit der Verpflichtungen ergibt sich daraus, dass sowohl der Verkäufer als auch der Tierarzt für den infolge der Kaufpreiszahlung entstandenen Vermögensnachteil aufkommen müssen und auch die Kosten für den Unterhalt des Pferdes mit einer Geldzahlung ersetzen müssen, ohne dass einer der Schuldner nur subsidiär oder vorläufig für die andere Verpflichtung einstehen muss. Dabei ist unerheblich, dass der Verkäufer trotz fehlenden Verschuldens haftet, während die Haftung des Beklagten Verschulden voraussetzt. Auf eine größere Sachnähe des Verkäufers kommt es nicht an, denn das fehlerhafte Gutachten war entscheidender Kausalbeitrag. Weil damit eine Gesamtschuld entstanden ist, besteht auch keine Schadensminderungspflicht des Käufers aus §§ 254, 242 BGB, zuerst den Verkäufer in Anspruch zu nehmen (beachte den Unterschied zum Standheizungsfall, bei dem der Nacherfüllungsanspruch vorrangig ist! Erst wenn der Käufer dort zurücktritt oder Schadensersatz statt der Leistung verlangt, kann eine Gesamtschuld entstehen. Dann hätte K auch nicht seine Schadensminderungspflicht verletzt.

II. Befriedigung des Gläubigers durch einen Gesamtschuldner

III. Ausgleichspflicht: Anteilige Haftung nach Köpfen, soweit nicht ein anderes bestimmt ist (§ 426 I BGB)

- vertragliche Abreden
- innerbetrieblicher Schadensausgleich
- § 17 I, II StVG
- § 254 BGB analog
- § 840 II, III BGB
- gemeinschaftsbezogene Aufwendungen in der NELG
- §§ 116, 117 VVG
- § 426 I 2 BGB
- Haftungseinheit, wenn zwei Gesamtschuldner als ein Kopfteil auf Regress haften, weil auf sie nur ein Kausalbeitrag entfällt (denkbar bei Schuldner und Erfüllungsgehilfe, Kfz-Halter und Führer, Geschäftsherr und Verrichtungsgehilfe), außerhalb des Schadensersatzrechtes, wenn zwei Miteigentümer einer Wohnung für den Ausgleich gem. WEG haften.

IV. Verjährung richtet sich gem. §§ 195, 199 BGB nach allgemeinen Regeln

Gesamtschuldnerausgleich nach Ende der Nichtehelichen Lebensgemeinschaft, BGH NJW 2010, RA 2010, 211:

Trifft einen Partner innerhalb der NELG die Pflicht, für die Kosten der gemeinsamen Wohnung aufzukommen (gemeinschaftsbezogene Zuwendung), so handelt es sich um eine anderweitige Bestimmung i.S.d. § 426 I 1 BGB, weshalb ein Regress aus § 426 I oder § 426 II BGB ausscheidet.

Der Gesamtschuldnerausgleich scheidet deshalb auch dann aus, wenn die vor der Trennung fällig gewordenen Zahlungsverpflichtungen erst nach der Trennung erfüllt worden sind.

L. Regressanspruch aus übergegangenem Recht gem. §§ 426 II, 426 I BGB i.V.m. z.B. § 823 I BGB (cessio legis)

I. Gesamtschuldnerschaft

II. Befriedigung des Gläubigers durch einen Gesamtschuldner

III. Ausgleichspflicht gem. § 426 I BGB

IV. Rechtsfolge

Übergang der Forderung des Gläubigers gegen den anderen Gesamtschuldner in Höhe der Ausgleichspflicht gem. § 426 I BGB

V. Verjährung

Richtet sich nach dem übergegangenen Anspruch

Zur analogen Anwendung des § 422 I BGB wegen einer „quasi-gesamtschuldnerischen Haftung“ zur Verhinderung einer Mehrfachbereicherung, BGH V ZR 218/13, RA 2014, 289 ff.:

Der Eigentümer kann von einem bösgläubigen bzw. auf Herausgabe verklagten Untermieter, der lediglich einen Teil des dem Hauptmieter überlassenen Hauses in Besitz hat(te), nur die auf diesen Teil entfallenden Nutzungen heraus verlangen.

Nimmt der Eigentümer sowohl den mittelbaren als auch den unmittelbaren Besitzer auf Herausgabe von Nutzungen in Anspruch, finden die Vorschriften über die Gesamtschuld entsprechende Anwendung.

Zur Aufsichtspflicht für radfahrenden Fünfjährigen, OLG Koblenz NJW-RR 2012, 274:

Ein fünfjähriges, auf dem Bürgersteig radelndes Kind muss nicht derart eng überwacht werden, dass der Aufsichtspflichtige jederzeit eingreifen kann. Ebenso wenig muss der Aufsichtspflichtige dafür sorgen, dass das Kind generell vor Biegungen des Gehwegs anhält und dort verharrt. Ein Verstoß gegen die Pflicht, dem Kind auf Sicht- und Rufweite zu folgen, ist haftungsrechtlich unerheblich, wenn feststeht, dass ihre Beachtung den Unfall nicht vermieden hätte.

Mobiliarsachenrecht

A. Dingliche Ansprüche und rechtsgeschäftlicher Erwerb gem. §§ 929 ff. BGB

I. Eigentumserwerbstatbestände

1. Eigentumsübertragung gemäß § 929 S.1 BGB

a) Dingliche Einigung zwischen Veräußerer und Erwerber gem. § 929 S.1 BGB

Definition: Eine Einigung im Sinne des § 929 BGB ist ein dinglicher Vertrag, dessen korrespondierende Willenserklärungen auf die Übereignung der Sache gerichtet sind.

aa) Zwei korrespondierende WE mit diesem Inhalt
bb) Keine Unwirksamkeit wegen Verstoßes gegen den Bestimmtheitsgrundsatz
cc) Einigung darf nicht mehr unter aufschiebender Bedingung stehen (§158 I BGB)
dd) Fakultative auflösende Bedingung darf nicht eingetreten sein (§158 II BGB)
ee) Keine Nichtigkeit
(1) § 105, 117, 118, 134, 138 II BGB
(2) **Problem**: 142 I BGB: Welche Anfechtungsgründe betreffen die dingliche Einigung (s.o beim Anfechtungsrecht)?

- § 123 I 1. Fall und 2. Fall BGB (beachte Kausalität „durch….bestimmt")
- § 119 I BGB bei Objektsverwechselung
- § 119 II BGB (str.: RGZ 66, 389, 394), wenn das schuldrechtliche und das dingliche Geschäft in einem zeitlichen Akt zusammen fallen.

b) Übergabe gem. § 929 S.1 BGB
- Veräußerer verliert Besitz vollständig
- Veräußerer war gem. § 854 I BGB oder § 855 BGB oder § 857 BGB unmittelbarer Besitzer
- Veräußerer war gem. § 868 BGB mittelbarer Besitzer
- Auf Seiten des Veräußerers handelt eine Geheißperson

Definition: Geheißperson ist, wer ohne Besitzdiener oder Besitzmittler zu sein, objektiv auf Weisung des Veräußerers/Erwerbers handelt und sich der Weisung (eine juristische Sekunde) unterordnet.

- Erwerber erlangt den Besitz
- Erwerber erlangt gem. §§ 854 I, 854 II, 855 BGB den unmittelbaren Besitz
- Erwerber erlangt gem. § 868 BGB den mittelbaren Besitz
- Auf Seiten des Erwerbers handelt eine Geheißperson

c) Einigsein, d.h. kein Widerruf bis zum Zeitpunkt der Übergabe

d) Verfügungsberechtigung des Veräußerers

Berechtigt ist

- der Eigentümer, der keinem Verfügungsverbot unterliegt (§ 135 f., § 1365 BGB, § 80 I InsO, § 1369 BGB, § 2211 BGB, § 2113 BGB
- der kraft Gesetz (§ 80 I InsO; 152 ZVG, 1985, 2205 BGB)
- oder kraft Rechtsgeschäft (§ 185 I BGB) Ermächtigte

e) Verfügungsberechtigung des Veräußerers bzw. nachträgliche Wirksamkeit gemäß § 185 II BGB

2. Eigentumsübertragung gemäß § 929 S.2 BGB

a) Dingliche Einigung zwischen Veräußerer und Erwerber gem. § 929 S.1 BGB
b) Besitz des Erwerbers
c) Verfügungsberechtigung des Veräußerers

3. Eigentumsübertragung gemäß §§ 929, 930 BGB

a) Dingliche Einigung zwischen Veräußerer und Erwerber gem. § 929 S.1 BGB

aa) Zwei korrespondierende WE mit diesem Inhalt

bb) Keine Unwirksamkeit wegen Verstoßes gegen den Bestimmtheitsgrundsatz

Problem: Raumsicherungsvertrag

Dem Bestimmtheitsgrundsatz wird genügt, wenn ein objektiver Dritter im Zeitpunkt der dinglichen Einigung die übereigneten Gegenstände zweifelsfrei identifizieren kann. Dies kann beim Raumsicherungsvertrag erreicht werden, wenn sich die dingliche Einigung auf Gegenstände bezieht, die im Alleineigentum des Veräußerers stehen und in einem bestimmten, besonderen Raum oder Räumen aufbewahrt werden.

cc) Einigung darf nicht mehr unter aufschiebender Bedingung stehen, §158 I BGB

dd) Auflösende Bedingung darf nicht eingetreten sein, §158 II BGB

ee) Keine Nichtigkeit, §§ 105, 117, 118, 134, 138 II BGB

Problem: § 138 I BGB

Unwirksamkeit wegen anfänglicher Übersicherung oder wegen Knebelung, wenn sich die Sittenwidrigkeit gerade in der dinglichen Einigung als Schuldnerknebelung oder Gläubigerbenachteiligung manifestiert und dadurch ein krass eigensüchtiges Motiv des Sicherungsnehmers hervortritt.

Problem: § 142 I BGB

Anfechtbarkeit des dinglichen Geschäfts (s.o.)

b) Übergabesurrogat gemäß § 868 BGB

aa) Konkretes Rechtsverhältnis, kraft dessen der unmittelbare Besitzer dem Oberbesitzer zum Besitz auf Zeit berechtigt ist

bb) Herausgabeanspruch des Oberbesitzers gegen den unmittelbaren Besitzer

cc) Besitzmittlungswille des Veräußerers ist ein Fremdbesitzerwille (Umkehrschluss aus § 872 BGB)

c) Einigsein (kein Widerruf bis zum Abschluss des Besitzmittlungsverhältnisses)

d) Verfügungsberechtigung des Veräußerers (s.o.)

4. Eigentumserwerb gem. §§ 929, 931 BGB durch Abtretung eines Herausgabeanspruchs

a) Einigung

b) Übergabeersatz gem. § 931 BGB

aa) Dritter als Besitzer

bb) Abtretungserklärung

cc) Bestehen eines (vermeintlichen) Herausgabeanspruchs des Veräußerers (vgl. § 934 2. Fall BGB)

Problem: §§ 929, 931 BGB analog

Hat der Veräußerer keinen anderen Herausgabeanspruch gegen den besitzenden Dritten als § 985 BGB, ist der Veräußerer aber verfügungsbefugter Eigentümer, genügt analog § 929, 931 BGB zur Eigentumsübertragung die Einigung und die Abtretung eines vermeintlichen Herausgabeanspruchs

c) Einigsein

d) Berechtigung des Veräußerers

5. Eigentumserwerb gem. §§ 932 I, 929 BGB

a) Rechtsgeschäft i.S.e. Verkehrsgeschäfts gem. § 929 BGB durch einen Nichtberechtigten

aa) Veräußerung nach § 929 BGB durch einen Nichtberechtigten

bb) Verkehrsgeschäft

Definition: Ein Verkehrsgeschäft ist gegeben, wenn auf Seiten des Erwerbers mindestens eine Person steht, die nicht zugleich auf Seiten des Veräußerers steht.

b) Rechtsschein der Berechtigung gemäß § 1006 I BGB, bzw. § 932 I 2, 1006 I 1 BGB

c) Guter Glaube des Erwerbers gemäß § 932 II BGB

Problem: Scheingeheißperson

Die Scheingeheißperson ist aus Sicht des Erwerbers Geheißperson. Tatsächlich ordnet sie sich aber dem Willen des Veräußerers/Erwerbers nicht unter – auch nicht für die benötigte juristische Sekunde.

Nach BGH-Ansicht ist allein die Sicht des Geschäftspartners maßgeblich, weil aus Gründen des Verkehrsschutzes objektiv kein Unterschied zur Geheißperson besteht. Nach a.A. verstößt der gutgläubige Erwerb mangels ausreichendem Rechtsschein gegen den Publizitätsgrundsatz.

Problem: § 366 HGB
Gem. § 366 HGB wird ausnahmsweise der gute Glaube an die Verfügungsbefugnis des Veräußerers geschützt.

Problem: Grob fahrlässiges Verkennen der Eigentümerstellung

- Bei Veräußerung zu einem erheblich unter Marktwert liegenden Preis (mindestens weniger als 2/3). Ausnahme bei Internetauktionen, bei denen der Preis nicht festgelegt war.
- Bei dubiosen Umständen (zweifelhafte Orte wie Stadionparkplätze, zweifelerregende Legitimationszeichen, zweifelerregende Uhrzeiten).
- Bei Nichtvorlage des Zulassungsdokuments II (Kfz-Brief)

d) Kein Abhandenkommen gem. § 935 I BGB

Ausnahmen nach § 935 II BGB bei Geld oder Inhaberpapieren:

Definition: Inhaberpapiere sind Wertpapiere, bei denen das Recht aus dem Papier dem Recht am Papier folgt (z.B. Anweisung § 783 BGB, Scheck und Wechsel oder Inhaberschuldverschreibung gem. § 793 BGB.

Definition: Namenspapiere sind Wertpapiere, bei denen das Recht am Papier gem. § 952 BGB dem Recht aus dem Papier folgt (nach Abtretung des Rechts aus dem Papier gem. § 398 BGB).

Problem: Wille des Besitzdieners

Ein Abhandenkommen der Sache gem. § 935 I 1 BGB liegt vor, wenn der Besitzdiener ohne Willen des Besitzers die Sache weggibt. Auf den Willen des Besitzdieners kommt es nicht an.

Bösgläubigkeit bei Fahrzeugerwerb, BGH NJW 2005, 1365:

Eine gewerbliche Leasinggesellschaft, zu deren üblichen Geschäften die Finanzierung von Lastkraftwagen mit einem erheblichen wirtschaftlichen Wert gehört, erwirbt beim Kauf eines solchen Fahrzeugs von einem Vertragshändler des Herstellers nicht gutgläubig das Eigentum an dem Fahrzeug, wenn der Vertragshändler den Kraftfahrzeugbrief nicht übergibt und die Leasinggesellschaft aufgrund ihrer zahlreichen einschlägigen Geschäfte weiß oder wissen müsste, dass sich der Hersteller das Eigentum an dem Fahrzeug bis zur vollständigen Weiterleitung des Kaufpreises an ihn vorbehält, dass er die Verfügungsbefugnis der Händler entsprechend einschränkt und dass er den Kraftfahrzeugbrief zur Verhinderung eines gutgläubigen Eigentumserwerbs durch Dritte zurückhält oder zum Zwecke des Dokumenteninkassos einem Treuhänder überlässt.

Für Referendare: Zum gutgläubigen Erwerb gem. § 932 I BGB und zum Verhältnis zu §§ 135, 136 BGB, 23 ZVG, OLG Frankfurt RA 2013 837 ff., BeckRS 2013, 19531:

Veräußert ein Dritter eine bewegliche Sache, die gem. §§ 865 I, II 2 ZPO, 20 ff. ZVG, 1120 BGB vom Umfang der Beschlagnahme erfasst ist an einen gutgläubigen Dritten, kommt es nur auf § 932 BGB, nicht auf § 23 ZVG an. Die §§ 135, 136 BGB, 23 ZVG gelten nur für Veräußerungen des Schuldners.

6. Eigentumserwerb gem. §§ 933 I, 930 BGB
   a) Rechtsgeschäft i.S.e. Verkehrsgeschäfts gem. §§929, 930 BGB durch einen Nichtberechtigten
      aa) Veräußerung nach § 929, 930 BGB durch einen Nichtberechtigten
      bb) Verkehrsgeschäft
   b) Übergabe i.S.d. § 929 BGB
   c) Guter Glaube des Erwerbers gemäß § 932 II BGB
   d) Kein Abhandenkommen gemäß § 935 I BGB

7. Eigentumserwerb gem. §§ 934 1. Fall, 931 BGB
   a) Rechtsgeschäft i.S.e. Verkehrsgeschäfts gem. §§929, 931 BGB durch einen Nichtberechtigten
      aa) Veräußerung nach § 929, 931 BGB durch einen Nichtberechtigten
      bb) Verkehrsgeschäft
   b) Mittelbarer Besitz des Veräußerers
   c) Guter Glaube des Erwerbers gemäß § 932 II BGB
   d) Kein Abhandenkommen gemäß § 935 I BGB

8. Eigentumserwerb gem. §§ 934 2. Fall, 931 BGB
   a) Rechtsgeschäft i.S.e. Verkehrsgeschäfts gem. §§929, 931 BGB durch einen Nichtberechtigten
      aa) Veräußerung nach §§ 929, 931 BGB durch einen Nichtberechtigten
      bb) Verkehrsgeschäft
   b) Kein Mittelbarer Besitz des Veräußerers
   c) Erwerber erlangt den Besitz vom Dritten

Problem: Nebenbesitz (s.u.)

d) Guter Glaube des Erwerbers gemäß § 932 II BGB

e) Kein Abhandenkommen gem. § 935 I BGB

Problem: Rückerwerb des Nichtberechtigten

Umstritten ist, ob der ehemals Nichtberechtigte gem. § 929 BGB neuer Eigentümer wird (hier M), oder ob das Eigentum auf den ursprünglichen Eigentümer zurückfällt (hier X).

h.M.: Palandt-Bassenge, BGB, § 932 Rn 17; BGH NJW-RR 2003, 170: Der frühere Nichtberechtigte wird Eigentümer. Zu prüfen bleibt, ob er dem früheren Eigentümer zur Rückübereignung verpflichtet ist. Denkbare Anspruchsgrundlagen sind aus Vertrag §§ 280 I, 249 I BGB, aus Delikt §§ 823 I, 249 BGB aus Bereicherungsrecht die §§ 812 ff. BGB. Denkbar ist bei Nichtvorliegen eines solchen Anspruchs auch der bestandskräftige Erwerb des ehemals Nichtberechtigten.

Nach der Gegenauffassung (Baur/Stürner, Sachenrecht, § 52 Rn 34) erwirbt nicht der frühere Nichtberechtigte, sondern der ursprüngliche Eigentümer das Eigentum. Für die Gegenauffassung spricht der Schutz des ursprünglichen Eigentümers gegen den endgültigen Eigentumsverlust an denjenigen, der von ihm zunächst nicht erwerben konnte. Gegen die Gegenauffassung spricht, dass sie eine dem Gesetz fremde Lösung darstellt, die allein Billigkeitsüberlegungen folgt und gegen das Abstraktionsprinzip verstößt.

7. Eigentumserwerb gem. § 950 BGB

a) M muss Stoffe verarbeitet haben.

b) M muss eine neue bewegliche Sache hergestellt haben.

c) M muss Hersteller sein.

d) Der Wert der Verarbeitung darf keinen erheblichen Minderwert im Verhältnis zum Stoffwert aufweisen.

Definition: **Verarbeitung** ist jeder vom menschlichen Willen gesteuerter Arbeitsakt. Darunter fällt auch das bewusste Ausnutzen von Naturkräften.

Definition Eine neue bewegliche Sache muss **hergestellt** sein. Dies ist der Fall, wenn der Stoff nach der Verkehrsauffassung durch Verarbeitung oder Umbildung eine Wesensänderung erfahren hat.
Bei Lebensmitteln kommt es auf die Produktionsstufe an, bei anderen Sachen auf die Funktion und die Eigenschaften. Indizien sind ferner der Name und der Wert.

Definition **Hersteller** ist, wer den Herstellungsvorgang in ökonomischer Hinsicht willentlich veranlasst und das wirtschaftliche Risiko trägt.

Definition: Die Verarbeitung weist keinen erheblichen Minderwert im Verhältnis zum Stoffwert auf, wenn sie zu diesem mindestens im Verhältnis 60:100 steht.

Zu § 950, OLG Köln, Urteil vom 01.08.2014, 6 U 20/14, RA 2014, 509 („Helmut Kohl")

Die Aufzeichnung eines Gesprächs auf Tonbändern führt – jedenfalls wenn die Aufzeichnungen für eine längere Nutzung bestimmt sind – zu einer Neuherstellung einer Sache nach § 950 BGB, so dass der SprecherEigentum an den Tonbändern erwirbt. Dienen Tonaufzeichnungen vertragsgemäß als Materialsammlung zur Erstellung der Memoiren durch einen „Ghostwriter", so erwirbt das Eigentum der Auftraggeber als Hersteller der Tonbänder und nicht der „Ghostwriter". Die Situation ist insoweit nicht mit einem Interview vergleichbar, das ein Journalist zu tagesaktuellem Geschehen führt. Ein etwaiges Urheberrecht des „Ghostwriters" an seinen eigenen, auf Tonband aufgezeichneten Äußerungen begründet kein Recht zum Besitz.

8. Eigentumserwerb gem. § 946 BGB

a) Verbindung einer beweglichen Sache mit einem Grundstück

b) Verbindung zum wesentlichen Bestandteil

aa) Bestandteil

Definition: **Bestandteile** sind Teile einer nach der Verkehrsanschauung als einheitlich anzusehenden zusammengesetzten Sache.

bb) Wesentlicher Bestandteil, §§ 93, 94 BGB

Problem: Einbauküchen

Einbauküchen können wesentliche Bestandteile sein, wenn sie nach Maß angefertigt und eingepasst sind.

cc) Kein Scheinbestandteil gem. § 95 BGB

9. Eigentumserwerb gem. § 947 I BGB

a) Kein Fall des § 950 BGB

b) Verbindung beweglicher Sachen zu wesentlichen Bestandteilen einer Hauptsache

c) Kein Fall des § 947 II BGB

Eigentumsverhältnisse bei individualisierten Mehrwegpfandflaschen: BGH NJW 2007, 2913 ff.

Der Eigentümer einer individualisierten, aufgrund einer dauerhaften Kennzeichnung als sein Eigentum ausgewiesenen Mehrwegflasche (z.B.: „Veltins“ Bierflasche) verliert das Eigentum an der Flasche weder durch den Vertrieb des Getränkes an den Großhandel noch durch den weiteren Vertrieb des Getränkes bis zum Endverbraucher. Durch die Individualisierung ist offensichtlich, dass es gerade auf den Rückerhalt der Flaschen ankommen soll.
Er kann von seinen Konkurrenten Herausgabe seiner leeren Flaschen fordern und sie wegen der Vernichtung seiner Flaschen auf Schadensersatz in Anspruch nehmen.
Auf den durch den Verlust seiner Flaschen entstandenen Schaden muss er sich den vereinnahmten Pfandbetrag anrechnen lassen.
Im Unterschied dazu übereignet man eine nicht näher gekennzeichnete oder individualisierte Einheitsflasche (z.B. Einwegflasche für Sprudelwasser von ALDI), sogar dann, wenn man den Eigentumsübergang in den AGB ausschließt (BGH NJW 1956, 298; Martinek, JuS 1989, 369), weil eine entsprechende Verhaltenspflicht wegen §§ 948, 947 BGB unmöglich ist.

10. Eigentumserwerb gem. § 958 BGB

a) Herrenlose Sache

aa) Nach Dereliktion gem. § 959 BGB

Problem: Müll und Sperrmüll

Ob eine Eigentumsaufgabe gewollt oder ein Übereignungsangebot an die Stadtwerke gemacht wird, muss nach den Umständen des Einzelfalles ausgelegt werden (persönliche Beziehung zu den Gegenständen, Schutz der Geheimnisse).

bb) Wilde Tiere gem. § 960 BGB

Problem: Gezähmte Tiere

Gezähmte Tiere sind keine zahmen Tiere. Haustiere sind zahme Tiere. Für sie gilt nur § 959 BGB.

Definition: Gezähmte Tiere sind von Natur wilde, aber durch psychische Mittel an den Menschen gewöhnte Tiere.

b) Aneignung durch Eigenbesitzerwerb

c) Kein Ausschluss gem. § 958 II BGB

aa) Verstoß gegen Aneignungsverbot (z.B. § 292 StGB)

bb) Alleiniges Aneignungsrecht eines Dritten (z.B. Müllsatzung der Gemeinde)

11. Eigentumserwerb gem. §§ 973, 965 BGB

a) Kein Fall des § 958 BGB

b) Verlorene Sache gem. § 965 BGB

c) Anzeige des Fundes bei der zuständigen Behörde

d) Ablauf von 6 Monaten seit der Anzeige

e) Der Finder hat während der 6 Monate keine Kenntnis vom Berechtigten erlangt

f) Der Eigentümer hat während der 6 Monate den Verlust nicht bei der zuständigen Behörde angezeigt

g) Kein Ausschluss des Erwerbs durch Verheimlichen des Fundes auf Nachfrage

12. Eigentumserwerb an beweglichen Sachen gem. §§ 90 I, II, 55 I, 20 I, 20 II ZVG, 1120 ff., 97 BGB

a) Wirksamer Zuschlag an Ersteher

aa) Antrag an das Vollstreckungsgericht gem. §§ 1, 15 ZVG

bb) Deutsche Gerichtsbarkeit

cc) Zivilrechtsweg

dd) wirksamer Vollstreckungstitel

ee) Publizität der Versteigerung durch Bekanntmachung gem. § 39 ZVG

ff) Zuschlag durch das Vollstreckungsgericht nach Meistgebot

b) Bewegliche Sache gehört dem Eigentümer des Grundstücks

c) Bewegliche Sache ist Zubehör des Grundstücks im Sinne des § 97 BGB

Problem: Einbauküche als Zubehör des Grundstücks (Beachte BGH NJW 2009, 1078 ff.)

Ob eine Einbauküche Zubehör des Grundstücks ist, hängt von der wirtschaftlichen Zweckbestimmung ab. Hat der Eigentümer diese Zweckbestimmung gesetzt, ist sie Zubehör des Grundstücks.

- Dies ist ohne weiteres zu bejahen, wenn der Eigentümer der Liegenschaft diese vermieten will und hierzu zur Steigerung der Attraktivität eine Einbauküche bereitstellt.
- Dies kann vertretbar bejaht werden, wenn der Eigentümer des Grundstücks die Einbauküche einbaut, weil er plant dort dauerhaft zu wohnen. Fraglich ist aber der „wirtschaftliche Zweck". Dieser kann in der Ersparnis von Aufwendungen gesehen werden. Es fehlt eine bundeseinheitliche Verkehrsanschauung.
    - Keine Zweckbestimmung liegt vor, wenn der Mieter einer Wohnung die Einbauküche ohne Begründung der Bestandteilseigenschaft einbaut. Lediglich bei einer älteren Küche kann man erwarten, dass der Mieter sie nicht wieder ausbaut. (BGH NJW 2009, 1078, 1079).

d) Keine Enthaftung aus dem Hypothekenhaftungsverband gem. §§ 1121 ff. BGB

13. Eigentumserwerb an beweglichen Sachen gem. §§ 90 I, II 55 II ZVG, 97 BGB

a) Wirksamer Zuschlag an Ersteher

aa) Antrag an das Vollstreckungsgericht gem. §§ 1, 15 ZVG
bb) Deutsche Gerichtsbarkeit
cc) Zivilrechtsweg
dd) Wirksamer Vollstreckungstitel
ee) Publizität der Versteigerung durch Bekanntmachung gem. § 39 ZVG
ff) Zuschlag durch das Vollstreckungsgericht nach Meistgebot

b) Bewegliche Sache gehört nicht dem Eigentümer des Grundstücks

c) Bewegliche Sache ist Zubehör des Grundstücks im Sinne des § 97 BGB

d) Kein Widerspruch gem. § 37 Nr. 5 ZVG

B. Dingliche Herausgabeansprüche

I. Dinglicher Anspruch des Anspruchsteller auf Herausgabe gem. § 985 BGB

1. Anwendbarkeit

Problem: Lehre vom Vorrang der Vertragsverhältnisse

Hat der Vorbehaltsverkäufer die Sache unter Eigentumsvorbehalt an den Käufer in Erfüllung des Vertragsverhältnisses übergeben, soll er nach dieser M.M. Rückgabe nur nach vertraglichen Regeln fordern dürfen. Nach h.M. regelt bereits § 986 BGB den Vorrang der Vertragsverhältnisse, sofern ein vertragliches Recht zum Besitz besteht. Eine Einschränkung darüber hinaus, ist dem Gesetz fremd.

Beachte: Nur problematisieren, wenn Werkunternehmer in Auftrag des Vorbehaltskäufers die dem Verkäufer gehörende und damit schuldnerfremde Sachen repariert!

2. Anspruchsteller muss Eigentümer sein

a) Erwerb kraft Rechtsgeschäft : §§ 929 ff. BGB, §§ 873, 925 BGB, § 892 I BGB

b) Eigentumserwerb kraft Gesetz (etwa §§ 937 ff. BGB, 1922 BGB)

c) Eigentumserwerb kraft Hoheitsakt (90 I ZVG, § 817 II ZPO)

d) Eigentumserwerb am Grundstückszubehör gem. §§ 90 I, 90 II, 55 I, 20 I, 20 II ZVG i.V.m. §§ 1120, 97 BGB oder gem. §§ 90 I, 90 II, 55 II, 37 Nr. 5 ZVG i.V.m. § 97 BGB

e) Das Eigentum am Kfz- Brief (Zulassungsdokument II) steht analog § 952 II BGB dem Eigentümer des KfZ zu.

3. Anspruchsgegner muss Besitzer sein (§§ 854 ff. BGB)

4. Der Besitzer darf kein Recht zum Besitz haben § 986 I 1 Fälle 1 und 2 BGB

a) Dingliche Rechte, die zum Besitz berechtigen (z.B. Pfand- oder Nießbrauchrecht)

Problem: Anwartschaftsrecht als Recht zum Besitz (BGHZ 10, 68, 69):

Das Anwartschaftsrecht ist nur wesensgleiches Minus zum Eigentum und kann deshalb kein Recht zum Besitz gegenüber dem Eigentümer sein.

Definition: Ein Anwartschaftsrecht entsteht bei einem mehraktigen Erwerbstatbestand, von dem bereits so viele Merkmale vollendet sind, dass der Rechtserwerb nicht mehr einseitig zunichte gemacht werden kann (z.B. Auflassungsanwartschaft, EV gem. §§ 929, 158 I BGB, auflösend bedingte SÜ gem. §§ 929, 930, 158 II BGB).

b) Verträge, die zum Besitz berechtigen (Miete, Pacht, Leihe, Leasing, Verwahrung, Treuhand)

c) Ansprüche, die eine dolo-agit Einwendung gem. § 242 BGB begründen können (z.B.: §§ 433, 480, 518, 977 i.V.m. § 812 BGB usw.)

d) Nach BGH ja, aber nach h.L. NICHT: Zurückbehaltungsrechte aus §§ 1000, 273 BGB. Diese schränken den Anspruch aus § 985 BGB nur ein, schließen ihn aber nicht aus.

e) Gem. § 912 BGB wegen eines zu duldenden Überbaus gegen Zahlung einer Überbaurente

Problem: Abgrenzung zum rechtswidrigen Überbau.

Problem der Einreden wegen eines Verwendungsersatzanspruchs aus §§ 996, 1000 (Streit um den engen Verwendungsbegriff) und §§ 273 II, 951 I 1, 812 I 1 2. Fall. 818 II BGB (Streit um die Nichtanwendbarkeit) und Ausgleich durch aufopferungsähnlichen Ausgleichsanspruch gem. § 242 BGB.

f) Abgeleitetes Besitzrecht des unmittelbaren Besitzers gem. § 986 I 2 BGB

aa) Der mittelbare Besitzer hat dem Eigentümer gegenüber ein Recht zum Besitz.
bb) Der unmittelbare Besitzer hat dem mittelbaren Besitzer gegenüber ein Recht zum Besitz.
cc) Der mittelbare Besitzer war zur Besitzüberlassung an den unmittelbaren Besitzer befugt.

5. Keine Einreden aus §§ 1000, 273 BGB usw.

Zum Herausgabeanspruch des PKW-Eigentümers gegen die Werkstatt bei Reparaturauftrag durch einen Dritten, OLG Karlsruhe. NJW-RR 2012, 1442, Abweichung von der BGH Rechtssprechung seit BGHZ 34, 122 ff.:

Im Fall hatte der Ehemann der Eigentümerin im eigenen Namen mit der Werkstatt einen Werkvertrag geschlossen. Die Eigentümerin war mit dem Verhalten des Ehemannes einverstanden. Die Werkstatt hatte daraufhin Reparaturen durchgeführt. Dann gerieten der Besteller und die Werkstatt in Streit. Die Eigentümerin verlangte Herausgabe und die Werkstatt Zug um Zug Zahlung des Werklohnes. Das OLG Karlsruhe hat die Werkstatt aus § 985 BGB zur unbedingten Herausgabe verurteilt.

Der Pkw-Eigentümer kann vom Inhaber einer Kfz-Werkstatt Herausgabe seines Fahrzeugs gemäß § 985 BGB verlangen. Wenn ein Dritter – und nicht der Eigentümer des Fahrzeugs – den Reparaturauftrag im eigenen Namen erteilt hat, steht dem Inhaber der Kfz-Werkstatt gegenüber dem Eigentümer kein Unternehmerpfandrecht zu.
Wegen des Werklohns muss sich der Unternehmer an seinen Auftraggeber halten. Diesen Anspruch kann der Unternehmer dem vom Auftraggeber verschiedenen Eigentümer auch nicht im Wege eines Zurückbehaltungsrechts entgegensetzen.
Auch der Grundsatz von Treu und Glauben (§ BGB § 242 BGB) hindert den Eigentümer nicht, seinen Herausgabeanspruch ohne Bezahlung der Reparaturkosten durchzusetzen, wenn ihm kein unredliches Verhalten (beispielsweise eine Täuschung hinsichtlich des Eigentums am Fahrzeug bei Erteilung des Reparaturauftrags) zur Last fällt. Der Umstand, dass der Eigentümer mit der Erteilung des Reparaturauftrags durch einen Dritten einverstanden war, reicht für eine Anwendung von § 242 BGB nicht aus.

Das OLG weicht damit von der ständigen BGH Rechtssprechung seit BGHZ 34, 122 ff. ab, nämlich von der Lehre vom nicht mehr berechtigten Besitzer. Der BGH gewährte dem Werkstattinhaber ein Zurückbehaltungsrecht gem. §§ 1000, 994 BGB, obwohl zur Zeit der Reparatur kein EBV wegen eines abgeleiteten Besitzrechts aus § 986 I S. 1 2. Fall, S. 2 BGB bestand, damit der Besitzer nicht schlechter stehen soll, als ein Besitzer, der nie ein Besitzrecht hatte.

II. Herausgabeanspruch gem. § 1007 I BGB

1. Früherer Besitz des Anspruchstellers A
2. Jetziger Besitz des Anspruchsgegners S
3. Bösgläubigkeit des S bei Erwerb des Besitzes
4. Kein Ausschluss des Anspruchs nach § 1007 III BGB

III. Herausgabeanspruch nach § 1007 II BGB

1. Früherer Besitz des Anspruchstellers A
2. Jetziger Besitz des Anspruchsgegners S
3. Abhandenkommen der Sache beim früheren Besitzer A
4. Einwendungen aus § 1007 II 1 2.HS BGB
5. Einwendungen aus § 1007 II 2 BGB
6. Einwendung nach § 1007 III BGB

IV. Herausgabeanspruch aus § 861 BGB

1. Anspruchssteller muss unmittelbaren Besitz durch verbotene Eigenmacht gem. § 858 I BGB verloren haben

   a) Unmittelbarer Besitz des Anspruchsstellers

   - § 854 I BGB: Die von einem natürlichen Willen getragene tatsächliche Herrschaft über die Sache
   - § 855 BGB: Anspruchssteller ist Besitzherr
   - § 857 BGB: Anspruchssteller ist Erbe

   b) Verbotene Eigenmacht

   - Besitzverlust ohne Willen des unmittelbaren Besitzers
   - widerrechtlich

2. Anspruchsgegner muss fehlerhaft besitzen gemäß § 858 II 1 BGB
3. Kein Ausschluss des Anspruchs

   a) § 861 II BGB

   b) § 864 I BGB

   c) § 864 II BGB

   d) § 864 II analog BGB bei petitorischer Widerklage, wenn Entscheidungsreife gem. § 301 ZPO

   e) beachte bei sonstigen Einwendungen § 863 BGB

C. Sonderprobleme der Sicherungsübereignung/Sicherungsabtretung und des Eigentumsvorbehalts

I. Anwendbarkeit des § 771 ZPO auf das Sicherungseigentum

Argumente:

- Juristische Betrachtungsweise: Wegen des Typenzwangs gibt es nur Voll-, Mit-, Gesamthands oder Sondereigentum, nicht aber Sicherungseigentum. Sicherungseigentum ist Volleigentum. Die Abreden im Kausalgeschäft verändern nicht den dinglichen Charakter.
- Systematisches Argument: In der ZPO fehlt eine dem § 51 Nr. 1 InsO entsprechende Vorschrift.
- Teleologisches Argument: Bei einer Gesamtbetrachtung der Interessenlagen hat der Sicherungsnehmer vor der Insolvenz des Sicherungsgebers die für einen Eigentümer typischen Nutzungs-, und Erhaltungsinteressen. Diese kumulieren zum Betriebsfortführungsinteresse.

II. Wirksamkeitsvoraussetzungen der Einigung bei einer Sicherungsübereignung gem. §§ 929, 930 BGB

1. Dinglicher Vertrag, dessen WE auf Eigentumsübertragung gerichtet sind
2. Bestimmtheitsgrundsatz

   Raumsicherungsvertrag, Markierungsvertrag, Übergabe einer Inventarliste

3. Keine Nichtigkeit gem. § 138 I BGB wegen Sittenwidrigkeit der dinglichen Einigung

Dies ist nach h.M. möglich, wenn sich das sittenwidrige Gepräge des zugrundeliegenden Sicherungsvertrags als krass eigensüchtiges Motiv in der dinglichen Einigung manifestiert. Dies kann bei einer Gläubigergefährdung wegen Übersicherung oder einer Schuldnerknebelung, z.B. durch Verleitung zum Vertragsbruch der Fall sein.

Problem: Einrede der fehlenden Verwertungsreife

Solange auf das Darlehen geleistet wird, steht dem Sicherungsgeber die Einrede der fehlenden Verwertungsreife zu. Sie ergibt sich aus dem treuhänderischen Charakter der Sicherungsübereignung.

Problem: Auswirkung der vollständigen Rückzahlung des Darlehens = Ende des Sicherungszwecks

Wenn die dingliche Einigung auflösend bedingt war, fällt das Eigentum an den Sicherungsgeber zurück. Die auflösende Bedingung muss nach h.M. aber ausdrücklich vereinbart werden. Ansonsten entsteht der treuhänderische Freigabeanspruch des Sicherungsgebers gegen den Sicherungsnehmer auf Rückübereignung. Er begründet gegen den Herausgabeanspruch aus § 985 BGB den dolo-agit Einwand gem. § 242 BGB.

III. Verlust des Anwartschaftsrechts aus EV (§§ 929, 158 I, 161 I BGB) durch gutgläubigen lastenfreien Zwischenerwerb eines Dritten

V verkauft eine Sache an K unter Eigentumsvorbehalt und gibt diesem die Sache. Nachdem K den Besitz erlangt hat, veräußert V die Sache an D, der K gutgläubig für einen Verwahrer hält. Danach zahlt K die letzte Kaufpreisrate an V. D verlangt von K Herausgabe aus § 985 BGB. Ist D Eigentümer geworden?

1. Eigentumserwerb des Dritten D vor Bedingungseintritt nach §§ 929 ff. BGB
2. Erstarken des Anwartschaftsrechts beim Erwerber K zum Vollrecht gemäß §§ 929 S.1, 161 I 1 BGB

a) Einigung zwischen V und K? Jetzt durch Bedingungseintritt wirksam.

b) Übergabe an K jetzt erfolgreich. V hat jetzt auch den mittelbaren Besitz verloren.

c) Einigsein? Ja, soweit kein Widerruf.

d) Berechtigung des V ?

Problem: V hat zwischenzeitlich an D verfügt und ist bei Bedingungseintritt nicht mehr Eigentümer, mithin nicht mehr der Berechtigte.

Die Zwischenverfügung könnte jedoch gemäß § 161 I 1 BGB gegenüber K unwirksam sein.

aa) Verfügung unter einer aufschiebenden Bedingung über einen Gegenstand (§§ 929, 158 I BGB V an K)

bb) Weitere Verfügung des V während der Schwebezeit (§§ 929 ff. BGB V - D)

cc) Eintritt der Bedingung = vollständige Kaufpreiszahlung

e) Unwirksamkeit der Verfügung, wegen drohender Vereitelung oder Beeinträchtigung der von der Bedingung abhängigen Wirkung

f) Keine Überwindung des Anwartschaftsrechts durch gutgläubigen und lastenfreien Eigentumserwerb des D gem.§§ 161 III BGB i.V.m. 936 I, II , 934, 935 BGB

aa) Rechtsgeschäft im Sinne eines Verkehrsgeschäfts nach § 931 BGB durch einen Nichtberechtigten?

V war bei der Verfügung an D berechtigt, Eigentum zu übertragen, das mit einem Anwartschaftsrecht belastet war. Er war nicht berechtigt, unbelastetes Eigentum zu übertragen.

bb) Rechtschein der Berechtigung auf Seiten des V gem. § 934 1.Fall BGB:

Herausgabeanspruch aus §§ 449 II, 323 I BGB gegen K ist zwar noch aufschiebend bedingt aber durch den Eigentumsvorbehaltskaufvertrag im Rechtsverhältnis schon begründet.

cc) Guter Glaube des D bezüglich des Nichtbestehens eines Anwartschaftsrechts § 936 II, 932 II BGB

dd) Kein Abhandenkommen gem. § 935 I BGB

ee) Keine Gegenausnahme gemäß § 161 III BGB in Verbindung mit § 936 I 2, 3 oder § 936 III analog BGB

Hat Veräußerer mittelbaren Besitz gilt § 936 III analog BGB. Analog, weil erstens aus § 161 III BGB auf die Gutglaubensregeln verwiesen wird und zweitens das Anwartschaftsrecht nur wesensgleiches Minus zum Eigentum ist, aber wegen § 161 I BGB wie eine Last wirkt.

IV. Wirksamkeit einer Sicherungsabtretung nach § 398 BGB bei Kollision mit einem verlängertem Eigentumsvorbehalt

1. Abtretungsvertrag zwischen Veräußerer (Zedent) V und Erwerber (Zessionar) E
2. Nichtigkeit wegen mangelnder Bestimmtheit
3. Nichtigkeit der Globalzession nach § 138 I BGB oder Unwirksamkeit der Klausel gem. § 307 I BGB wegen Verleitung zum Vertragsbruch

Problem: Prioritätsprinzip korrigiert durch die Lehre vom Vertragsbruch

Nach dem Prioritätsprinzip (abzuleiten aus §§ 185 II 2, 161 I 1, 879, 883 III BGB) wird der Zessionar der ersten wirksamen Abtretung der Forderungsgläubiger. Die Globalzession der Bank führt aber grundsätzlich zur Nichtigkeit der Abtretung gem. § 138 I BGB, weil der Zedent bei Aufdeckung der Zession gegenüber Warenlieferanten nicht mehr als kreditwürdig gilt und deshalb zum Verschweigen und damit zum Vertragsbruch verleitet wird.

Problem: Abwendung durch dingliche Teilverzichtsklausel

Die Sittenwidrigkeit der Globalzession kann aber durch eine dingliche Teilverzichtsklausel abgewehrt werden. Danach müssen alle Forderungen, die aus dem Verkauf von unter verlängertem Eigentumsvorbehalt gelieferter Ware stammen, von der Vorausabtretung ausgenommen bleiben.

Problem: Abwendung durch echte Factoringklausel

Ebenfalls wird die Sittenwidrigkeit durch eine echte Factoringklausel abgewendet. Danach kauft der Zessionar die Forderungen gegen Zahlung des Kaufpreises, der somit unmittelbar in das Vermögen des Zedenten fließt und anderen Gläubigern zur Verfügung steht.

D. Pfandrechte

I. Erwerb eines Faustpfandrechts §§ 1204 ff. BGB

1. Vom Berechtigten §§ 1204 f. BGB
   a) Zu sichernde Forderung
   b) Einigung zwischen Eigentümer und Pfandgläubiger
   c) Übergabe (s.o.)
   d) Einigsein
   e) Berechtigung (s.o.)
2) Vom Nichtberechtigten § 1207 BGB
   a) Rechtsgeschäft i.S.e. Verkehrsgeschäft
      aa) Rechtsgeschäft i.S.d. § 1204 f. BGB vom Nichtberechtigten
      bb) Verkehrsgeschäft
   b) Rechtsschein §§ 1207, 1006 I 1 BGB
   c) Guter Glaube §§ 1207, 932 II BGB und
   d) Kein Abhandenkommen gem. §§ 1207, 935 I BGB oder
   e) Heilung durch Genehmigung § 185 II 1 1. Fall BGB

II. Erlöschen des Pfandrechts gem. §§ 1250 ff. BGB

1. Gem. § 1250 BGB folgt das Pfandrecht der abgetretenen Forderung.
2. Gem. § 1252 BGB erlischt das akzessorische Pfandrecht mit der Forderung
3. Gem. § 1253 BGB erlischt das Pfandrecht durch Rückgabe an den Eigentümer
4. Gem. § 1255 BGB erlischt das Pfandrecht durch Aufhebungsvereinbarung
5. Gem. § 1256 BGB erlischt das Pfandrecht durch Konsolidation (= Vereinigung des beschränkt dinglichen Rechts mit dem Eigentum)
6. Gem. § 1257 BGB gelten die o.g. Vorschriften für alle gesetzlichen Pfandrechte

III. Anspruch eines rechtsgeschäftlichen Pfandgläubigers gegen den Besitzer auf Herausgabe der Pfandsache gem. §§ 1227, 985 BGB (oder auf Schadensersatz wegen Beschädigung etc. gem. §§ 1227, 989 ff. BGB; Unterlassung gem. §§ 1227, 1004 BGB)

1. Der Anspruchsteller muss Inhaber eines Pfandrechts sein
   a) Bestehen einer zu sichernden Forderung (z.B. § 488 I 2 BGB)
   b) Einigung über das Entstehen eines Pfandrechts
   c) Übergabe
   d) Einig sein
   e) Berechtigung
2. Kein Untergang des Pfandrechts
   a) Erlöschen durch Rückgabe (§ 1253 BGB) oder andere Tatbestände §§ 1250 ff. BGB
   b) Erlöschen durch gutgläubigen lastenfreien Erwerb gem. § 936 I BGB
      aa) Übereignung gem. § 929 S.1 BGB
      bb) Gutgläubigkeit des Erwerbers
      cc) Kein Abhandenkommen gem. § 935 BGB
3. Der Anspruchsgegner muss Besitzer der Pfandsache sein
4. Dem Anspruchsgegner darf kein Recht zum Besitz i.S.v. § 986 BGB zustehen.

IV. Anspruch aus § 562b II 1 BGB auf Herausgabe

1. Entstehung des Vermieterpfandrechts gem. § 562 BGB
2. Kein Erlöschen des Vermieterpfandrechts
   a) Gem. § 1257 BGB i.V.m. §§ 1250 ff. BGB
   b) Gem. § 562a BGB

Verhältnis zwischen Vermieterpfandrecht und Sicherungsübereignung, OLG Frankfurt, NJW 2007, 230:
Der Herausgabeanspruch des Vermieters betreffend die dem Vermieterpfandrecht unterliegenden Sachen besteht als dinglicher Anspruch gegenüber dem jeweiligen unmittelbaren oder mittelbaren Besitzer, unabhängig davon, ob dieser der Mieter oder ein Dritter ist.
Ein zunächst nur mit dem Vermieterpfandrecht belastet erworbenes Sicherungseigentum an einer Sache kann nicht durch ein anschließendes **vorübergehendes** Entfernen der Sache vom Mietgrundstück zu einem unbelasteten Sicherungseigentum erstarken.
Grund: Es bestünde ein Widerspruch zu § 936 BGB, weil dann auch ein bösgläubiger lastenfreier Erwerb möglich wäre.

3. Entfernung der Sachen ohne Wissen oder unter Widerspruch des Vermieters
4. Kein Erlöschen gem. § 562b II 2 BGB

V. Anspruch aus § 1251 BGB

E. Ansprüche und Konkurrenzverhältnisse aus Eigentümer-Besitzer-Verhältnis gem. §§ 987 ff. BGB

I. Schadensersatzansprüche des Eigentümers E gegen den Besitzer B

1. Anspruch gem. § 989 BGB
   a) E-B-V im Zeitpunkt der Verletzungshandlung
   b) Rechtshängigkeit gem. §§ 261, 253 ZPO
   c) Verschlechterung oder Untergang der Sache.
   d) Verschulden des G
   e) Ersatzfähiger und kausaler Schaden des E
   f) Keine Einwendungen
   g) Keine Einreden, insbesondere § 1000 BGB (s.u.)

2. Anspruch gem. §§ 989, 990 I 1 BGB
   a) E-B-V im Zeitpunkt der Verletzungshandlung

   Problem: Lehre vom nicht-so berechtigten Besitzer

   Nach dieser M.M. soll dem Eigentümer ein Anspruch auf Nutzungsvergütung zustehen, wenn der berechtigte Fremdbesitzer die Grenzen seines Besitzrechts überschreitet. Der BGH hat in der grundlegenden Entscheidung, Urteil vom 02.06.1972, V ZR 154/70 diese wegen Verstoßes gegen die klare Systematik des Besitzrechts gem. § 986 BGB abgelehnt. Das EBV fragt nur, ob ein Besitzrecht vorliegt und nicht, wie es ausgeübt wird.

   b) Haftung nach § 990 I BGB
   - Satz 1, wenn der Besitzer bei Besitzerwerb analog § 932 II BGB bösgläubig war
   - Kriterien des bösen Glaubens s.o.

- Satz 2, wenn der Besitzer bei Besitzerwerb nicht bösgläubig war aber später positive Kenntnis erlangt hat: Haftung nach § 990 I 2 BGB ab Kenntnis.

Problem: Zurechnung des Wissens des bösgläubigen Besitzdieners

h.M. : analog § 166 I BGB
M.M.: analog § 831 BGB mit Exkulpationsmöglichkeit

c) Verschlechterung oder Untergang der Sache

d) Verschulden des G

e) Ersatzfähiger und kausaler Schaden des E

- Ersatzfähigkeit gem. §§ 249 ff. BGB
- Kausalität zwischen Schaden und Verschlechterung, Unmöglichkeit oder Untergang

Problem: Kein Anspruch auf Vorenthaltungsschaden
Der Vorenthaltungsschaden des Eigentümers kann wegen der klaren Kausalität in § 989 BGB nach § 989 BGB oder §§ 989, 990 I BGB nicht verlangt werden („der Schaden, der dadurch entsteht"). Vorenthaltungsschaden kann nur bei Verzug des nach § 990 BGB haftenden Besitzers von diesem gem. §§ 990 II, 280 I, II, 286 BGB oder vom deliktischen Besitzer gem. § 992 BGB gefordert werden.

f) Keine Einwendungen
g) Keine Einreden, insbesondere § 1000 BGB (s.u.)

3. Ansprüche gem. §§ 990 II, 280 II, 286 I BGB auf Ersatz von Verzögerungsschäden

   Beachte: Auch Anspruch auf Vorenthaltungsschaden (s.o.)

4. Ansprüche gem. §§ 992, 823 ff. BGB

   a) E-B-V im Zeitpunkt der Verletzungshandlung

   b) Besitzverschaffung durch verbotene Eigenmacht (§ 858 BGB) oder eine Straftat

   c) Voraussetzungen des deliktischen Tatbestandes

5. Ansprüche gem. § 823 I BGB

   Ansprüche aus §§ 823 ff. BGB sind gem. § 993 I a.E. BGB grundsätzlich gesperrt.

   Beachte: Sperrwirkung nur für den redlichen Besitzer (s.u.)

6. Ansprüche gem. § 826 I BGB

   Problem: § 993 I a.E. BGB dient nicht dem Schutz des vorsätzlich Handelnden (s.u.)

7. Ansprüche gem. §§ 687 II, 678 BGB

Problem: § 993 I a.E. BGB dient nicht dem Schutz des vorsätzlich Handelnden – Siehe Ausführungen unten.

II. Ansprüche des Eigentümers E gegen den Besitzer B auf Nutzungsherausgabe

1. Anspruch des E gegen B gem. § 987 I BGB

   a) Vorliegen einer Vindikationslage gem. § 985 BGB

   b) Ziehung von Nutzungen nach Rechtshängigkeit

Nutzungen sind gem. § 100 BGB die Gebrauchsvorteile einer Sache, sowie die Früchte gem. § 99 BGB (also Erzeugnisse, Erträge und sonstige Ausbeute)

c) Keine Einwendungen

d) Keine Einreden, insbesondere § 1000 BGB (s.u.)

2. Anspruch des E gegen B gem. §§ 987 I, 990 I BGB

a) Vorliegen einer Vindikationslage gem. § 985 BGB

b) Ziehung von Nutzungen nach Beginn der in § 990 I bestimmten Haftung

Definition: **Nutzungen** sind gem. § 100 BGB die Gebrauchsvorteile einer Sache, sowie die Früchte der Sache gem. § 99 BGB (also Erzeugnisse, Erträge und sonstige Ausbeute).

c) Keine Einwendungen

d) Keine Einreden, insbesondere § 1000 BGB (s.u.)

3. Anspruch bei unentgeltlicher Besitzerlangung gem. § 988 BGB

Problem: Analogie bei rechtsgrundlosem Besitz (s.u.)

4. Anspruch gem. §§ 993 I, 818 I BGB (Rechtsfolgenverweis)

a) Vorliegen einer Vindikationslage § 985 BGB

b) Ziehung von Früchten vor Rechtshängigkeit und vor Beginn der in § 990 I bestimmten Haftung, die entgegen den Regeln einer ordnungsmäßigen Wirtschaft gezogen wurden.

c) Keine Einwendungen

d) Keine Einreden, insbesondere § 1000 BGB (s.u.)

5. Anspruch auf Nutzungsherausgabe über §§ 812 I 1 2.Fall, 818 I BGB direkt

Über §§ 993 I, 818 I BGB hinaus sind die Ansprüche gesperrt (§ 993 I a.E. BGB).

Problem: Rechtsgrundloser Besitzer (s.u.).

III. Gegenrechte des Besitzers B wegen Verwendungen

1. Dem Besitzer steht ein Wegnahmerecht gem. § 997 BGB zu. Jedoch muss er im Falle der Wegnahme gem. § 258 BGB den ursprünglichen Zustand vor der Wegnahme wiederherstellen.
2. Grundsätzlich kann der Besitzer gem. § 1000 BGB Verwendungsersatzansprüche nach §§ 994 ff. BGB nur im Wege der Einrede den Ansprüchen des Eigentümers entgegenhalten.
3. Ausnahme: Der Eigentümer hat die Sache zurückerhalten oder die Verwendungen genehmigt (§ 1001 BGB). Dann steht ihm die Verwendungsersatzklage zu.
4. Stellung im Prüfungsaufbau Aufbau: Durchsetzbarkeit des Anspruchs aus § 985 BGB (str.: s.o.)

a) § 1000 S.1 wegen eines Anspruchs des gutgläubigen unverklagten Besitzers auf Ersatz notwendiger Verwendungen gem. § 994 I BGB

aa) E-B-V im Zeitpunkt der Verwendung

bb) Nicht nach § 990 I BGB haftendender und unverklagter Besitzer (Gegenschluss aus § 994 II BGB)

cc) Verwendungen des B

Definition: **Verwendungen** sind freiwillige Vermögensopfer, die der Sache zugutekommen.

Problem: enger Verwendungsbegriff des BGH

Zum Schutz vor aufgedrängter Bereicherung hat der BGH den Verwendungsbegriff eingeschränkt, wenn der gutgläubige unberechtigte Besitzer auf dem Grundstück des Eigentümers ein Gebäude errichtet, das den Wert der Liegenschaft erhöht. Nach Auffassung des BGH soll diese die Sachsubstanz verändernde Vermögensaufwendung nicht als Verwendung zu sehen sein.

Dieses Problem stellt sich bei beweglichen Sachen wegen der Sonderregelung des § 950 BGB und der differenzierenden Vorschrift des § 947 BGB faktisch nicht.

dd) Notwendigkeit der Verwendungen

Definition: Eine Verwendung ist **notwendig**, wenn sie zur Erhaltung oder Wiederherstellung der Sache objektiv erforderlich ist.

ee) Keine gewöhnliche Erhaltungskosten (vgl. § 994 I 2 BGB)

(1)gewöhnliche Erhaltungskosten

Definition: Gewöhnliche Erhaltungskosten sind regelmäßig wiederkehrende Ausgaben, wie Fütterungs-, Wartungs-, Pflege- und Inspektionskosten.

(2)soweit die Nutzungen beim Besitzer verbleiben (§ 994 I 2 BGB)

b) § 1000 S.1 wegen eines Anspruchs des bösgläubigen oder verklagten Besitzers B auf Ersatz notwendiger Verwendungen gem.§§ 994 II BGB i.V.m. GoA

aa) E-B-V im Zeitpunkt der Verwendung
bb) Nach § 990 I haftender Besitzer (Bösgläubiger oder verklagter Besitzer)
cc) Notwendige Verwendungen des B
dd) Keine gewöhnliche Erhaltungskosten (vgl. § 994 I 2 BGB)
ee) Rechtsfolge: Ersatzpflicht des Eigentümers nach den Vorschriften über die GoA

c) § 1000 S.1 wegen eines Anspruchs des gutgläubigen unverklagten Besitzers B auf Ersatz nützlicher Verwendungen gem. § 996 BGB

aa) EBV im Zeitpunkt der Verwendung
bb) Nicht notwendige Verwendungen des B
cc) Getätigt vor Rechtshängigkeit oder Eintritt der Haftung aus § 990 I BGB
dd) Nützliche Verwendungen

Definition: **Nützliche** Verwendungen sind sonstige den Wert der Sache steigernde Verwendungen.

ee) Werterhöhung im Zeitpunkt der Rückgabe

Problem: Schutz des Eigentümers vor aufgedrängter Bereicherung
Bei beweglichen Sachen kann es wegen § 947 II BGB zu aufgedrängter Bereicherung kommen. Deshalb muss die Werterhöhung mindestens objektiv messbar sein. Dies fehlt bei Verwendungen, die ausschließlich das Affektionsinteresse bedienen.

Beispiel: Der unberechtigte, aber gutgläubige Besitzer lässt den scheinbar erworbenen Aston Martin für erhebliche Kosten in Camouflage – Tarnfarbe lackieren.

Nach h.M. ist neben der objektiven Wertsteigerung auch eine subjektive Werterhöhung nötig. Wurde die verbundene Sache ein wesentlicher Bestandteil, muss der Eigentümer sich auf aufgedrängte Bereicherung berufen. Kann er darlegen und beweisen, dass die Wertsteigerung ihm nicht zu Gute kommt, ist § 996 BGB ausgeschlossen. Beruft er sich nicht auf die aufgedrängte Bereicherung, greifen §§ 1000, 996 BGB und er muss Verwendungen erstatten.

Wurde die Sache nicht wesentlicher Bestandteil, kann sich der Eigentümer mit der Gegeneinrede aus §§ 273, 1004 I BGB wehren.

Problem: Aufgedrängte Bereicherung durch Verwendungen auf unbewegliche Sachen

Bei unbeweglichen Sachen ist wegen § 946 BGB zum Schutz des Eigentümers vor aufgedrängter Bereicherung der Verwendungsbegriff zu diskutieren (s.o.).

d) § 273 BGB wegen Anspruch des Besitzers auf Vergütung für einen Wertverlust nach §§ 946 ff., 951 I, 812 I 1 2.Fall BGB

Problem: Anwendbarkeit neben dem EBV

Sie ist nach h.M. nicht gegeben, weil ansonsten die differenzierten Regelungen des EBV unterlaufen würden.

IV. Konkurrenzfragen zum Eigentümer-Besitzer-Verhältnis

Merksatz: Die §§ 987 ff. BGB verdrängen Regelungen der §§ 677 ff., §§ 812 ff., §§ 823 ff. BGB, wenn und soweit sie mit diesen sowohl in Anspruchskonkurrenz, als auch in Wertungswiderspruch stehen.

Grundwertungen des EBV:
Die unberechtigten Besitzer haften streng differenziert nach ihrer Bewusstseinslage.
Der Eigentümer soll vor aufgedrängter Bereicherung geschützt werden.

Beachten Sie die folgenden sieben Rechtsfolgen:

- Herausgabe der Sache
- Nutzungsherausgabe, bzw. Nutzungsvergütung
- Schadensersatz
- Verwendungsersatz
- Surrogatsherausgabe
- Erlösherausgabe
- Wertersatz.

Die §§ 985 ff. BGB enthalten keine Regelungen zu Surrogatsherausgabe, Erlösherausgabe und Wertersatz. Hier fehlt es an der Anspruchskonkurrenz. Diese besteht aber bei den anderen vier Rechtsfolgen.
Bei diesen kommt es darauf an, ob die Regelungen den o.g. Wertungen des EBV widersprechen.

1. Herausgabe der Sache

a) GoA

Die echte berechtigte GoA gem. §§ 677, 683 S. 1 oder § 684 S. 2 BGB begründet ein Recht zum Besitz, das gem. § 986 BGB den § 985 BGB ausschließt. Folglich kann der Anspruch aus §§ 677, 681 S. 2, 667 BGB nicht verdrängt werden.
Ist die GoA beendet, stehen § 985 BGB und §§ 677, 681 S. 2, 667 BGB nebeneinander.

b) Bereicherungsrecht

Die Sperrwirkung des § 993 I 2. Halbsatz BGB sperrt nur die anderweitige Pflicht zur Herausgabe oder Vergütung von Nutzungen oder zum Schadensersatz. Von Herausgabe ist keine Rede, weshalb keine Sperrwirkung gegenüber § 812 BGB besteht, wenn sich der Anspruch auf Herausgabe richtet.

c) § 823 I BGB in Verbindung mit § 249 I BGB

Dies gilt auch für den Schadensersatz, wenn sich die Naturalrestitution gem. § 249 I BGB auf Herausgabe der Sache selbst richtet. Die Sperrwirkung hinsichtlich anderweitigen Schadensersatzes ergibt sich aus § 993 I 2. Hs. BGB. Dieser ist vom ersten Halbsatz durch Semikolon getrennt. Dieses Satzzeichen trennt Hauptsätze, bei denen sich der zweite auf den ersten inhaltlich zurück bezieht. Also sperrt § 993 I 2. Hs. BGB Schadensersatz im Sinne des § 993 I 1. Halbsatz BGB. Dort ist aber nur von Schadensersatz im Sinne der §§ 987 bis 992 BGB die Rede. Diese Schadensersatzansprüche ersetzen Schäden aufgrund von Verschlechterung der Sache, Verzug mit Herausgabe der Sache oder Unmöglichkeit der Herausgabe. Nicht verwiesen wird auf § 985 BGB, also auf die Herausgabe der Sache selbst.

2. Nutzungsherausgabe, Nutzungsvergütung

a) GoA

Die echte berechtigte GoA gem. §§ 677, 683 S. 1, 667 BGB stellt ein Recht zum Besitz gem. § 986 BGB dar. Deshalb können gezogene Nutzungen nur nach §§ 677, 681 S. 2, 667 BGB erstattet werden.

Bei der unberechtigten GoA gewährt nach h.M. nur § 812 BGB einen Anspruch auf Nutzungsherausgabe oder Nutzungsvergütung.

b) Bereicherungsrecht

Grundsätzlich verdrängt das EBV hier das Bereicherungsrecht, denn § 993 I 2. Hs. BGB. Ordnet die Sperrwirkung an. Umstritten ist die „Lehre vom rechtsgrundlosen Besitzer".

Fall: V verkauft und übereignet K einen Weinbaubetrieb. K wird im Grundbuch als Eigentümer eingetragen. Es stellt sich heraus, dass beide Rechtsgeschäfte nichtig sind, der Kaufvertrag und die Übereignung.

Problem: Wäre nur der Kaufvertrag nichtig, erhielte V von K Nutzungsvergütung nach §§ 812, 818 I 1. Fall BGB, obwohl K Eigentümer wurde. Hier blieb V Eigentümer und wurde K unberechtigter Besitzer. Deshalb sperrt § 993 I 2. Hs. BGB die bereicherungsrechtliche Anspruchsgrundlage.

Lösung: Zur Überwindung des Wertungswiderspruchs wendet der BGH § 988 BGB analog an, und reduziert die h.L. § 993 I 2. Hs. BGB teleologisch, so dass Bereicherungsrecht wieder zur Anwendung kommt.

c) Deliktsrecht

Die §§ 823 ff. gewähren keinen Nutzungsersatz.

3. Schadensersatz

a) GoA

Der Anspruch aus §§ 677, 678 BGB wird gem. § 993 I 2. Hs. BGB ausgeschlossen.

Nicht ausgeschlossen wird der Anspruch aus §§ 687 II, 678 BGB, denn es besteht kein Wertungswiderspruch. Nach einer grundlegenden Wertung soll das EBV den unberechtigten Besitzer streng differenziert nach Bewusstseinslage haften lassen. Dadurch sollen redliche Besitzer, aber auch verklagte Besitzer vor übermäßiger Haftung geschützt werden. Sogar der nach § 990 BGB haftende Besitzer haftet auf Nutzungsausfallschaden nur über § 990 II BGB. Nur der deliktische Besitzer haftet deliktisch nach den §§ 823 ff. BGB. Wer nach § 687 II BGB haftet, ist Vorsatztäter. Ein Wertungswiderspruch besteht folglich nicht.

b) Bereicherungsrecht

Schadensersatz ist im Bereicherungsrecht nur über den Verweis aus § 292 BGB zu erlangen. Die Voraussetzungen der verschärften Haftung, Rechtshängigkeit oder Kenntnis des fehlenden Grundes, entsprechen den Voraussetzungen des EBV, so dass sich kein Wertungswiderspruch ergibt.

c) §§ 823 ff. BGB

aa) Allgemeine Grundlagen

§ 993 I 2. Halbsatz BGB verdrängt die §§ 823 ff. BGB grundsätzlich, soweit § 992 BGB sie nicht für anwendbar erklärt.

Es wird vertreten, dass im Wortlaut des § 993 I 2. Hs. BGB mit dem Wort „er" nur der redliche, unverklagte Besitzer gemeint sei und deshalb alle anderen Besitzer nach §§ 823 ff. BGB haften müssen.

Dem steht bei wörtlicher Auslegung entgegen, dass die Worte „im Übrigen" auf eine abschließende Regelung für alle Besitzer hindeuten. Dies wird systematisch dadurch gestützt, dass § 992 BGB, der die Sperrwirkung ausnahmsweise durchbricht, überflüssig wäre, weil der deliktische Besitzer ja ohnehin haften würde. Ferner sollen auch verklagte Besitzer vor übermäßiger Haftung geschützt werden. Dies ergibt sich aus den Worten „den Schaden" und „dadurch" im Tatbestand des § 989 BGB, die die Haftung auf Verschlechterung und Unmöglichkeit beschränken.

bb) § 826 BGB

Anwendbar bleibt § 826 BGB, weil die Anwendung nicht in Wertungswiderspruch zum EBV steht. Wer nach dieser Norm haftet führt den Schaden ja vorsätzlich herbei, zudem in sittenwidriger Weise. Es besteht folglich kein Bedürfnis, den Täter vor übermäßiger Haftung zu schützen und damit auch keine Gefahr, die Grundwertung des EBV zu unterlaufen.

cc) Fremdbesitzerexzess

Definition: Beim **Fremdbesitzerexzess** überschreitet der unberechtigte Fremdbesitzer sein gutgläubig vorgestelltes Besitzrecht exzessiv.

Beispiel: M hat vom unerkannt geisteskranken V ein Einfamilienhaus gemietet. M glaubt gutgläubig an die Wirksamkeit seines Mietvertrages. Zu seinem Geburtstag plant er eine Grillparty daheim. Als alle Gäste erschienen sind, beginnt es pünktlich Bindfäden zu regnen. M stellt den Grill daraufhin im Wohnzimmer auf. Plötzlich schellt es an der Haustür. Es ist B, der frische bestellte Betreuer des V, der M die Geisteskrankheit des V kommuniziert. In dem Moment, in dem M zur Tür ging, war ein Stückchen Holzkohle aus dem Grill auf den Parkettboden gehüpft und hatte ein Loch ins Holz gekokelt.

M kann nicht gem. §§ 280 I, 241 II BGB haften, weil der Mietvertrag mit V gem. § 105 I BGB nichtig ist. Er haftet nicht gem. §§ 989, 990 I BGB, weil er bei Besitzerwerb gutgläubig war und die Verschlechterung des Eigentums vor der Kenntniserlangung eintrat. § 823 I BGB ist eigentlich gem.

§ 993 I 2. Hs. BGB gesperrt, findet nach der Lehre vom Fremdbesitzerexzess aber Anwendung.

4. Verwendungsersatz

a) GoA

Die echte, berechtigte GoA gem. §§ 677, 683 S. 1, 670 BGB ist ein Recht zum Besitz gem. § 986 I 1 1. Fall BGB, das die Vindikationslage während der Dauer der Geschäftsführung ausschließt. Deshalb werden Verwendungen, die während der Geschäftsführung aufgewendet werden, ausschließlich nach §§ 677, 683 S, 1, 670 BGB erstattet.
Die echte, aber unberechtigte GoA vermag wegen des zu beachtenden entgegenstehenden Willens des Eigentümers kein Besitzrecht zu begründen. Deshalb wird der Anspruch aus §§ 677, 684 S. 1, 818 II BGB von den §§ 994 ff. BGB verdrängt.

b) § 812 ff. BGB

Nach h.M. werden die Verwendungskondiktionen aus § 812 I 1 2. Fall BGB oder aus §§ 951 I 1, 812 I 1 2. Fall, 818 II BGB verdrängt. Bei nützlichen Verwendungen folgt dies aus dem Wortlaut des § 996 BGB, der „nur insoweit“ Verwendungen ersetzt, die vor der Haftung aus §990 BGB oder vor Klageerhebung getätigt wurden. Ferner würden die Beschränkungen der §§ 1001, 1002 BGB unterlaufen.

F. Beseitigungs- und Unterlassungsanspruch aus § 1004 I BGB

Anspruch auf Beseitigung oder auch Unterlassung der Eigentumsstörung aus § 1004 I BGB

I. Der Anspruchssteller muss Eigentümer sein.

- Eigentumserwerb des Anspruchsstellers.
- Kein Verlust des Eigentums an einen Erwerber.

  Problem: Rechtsnachfolge:

  Der Abwehranspruch geht kraft Gesetz auf den Erwerber über, sowohl hinsichtlich begangener, als auch hinsichtlich drohender Zuwiderhandlungen.

  Problem: Abtretung

  Eine isolierte Abtretung des Anspruchs ist nicht möglich, wohl aber eine Ermächtigung analog § 185 I BGB.
- Bei herrenlosen Sachen steht der Anspruch dem Aneignungsberechtigten zu.

II. Das Eigentum muss in anderer Weise als durch Entziehung oder durch Vorenthaltung beeinträchtigt sein.

III. Der Anspruchsgegner muss Störer sein

- Die h.M. unterscheidet grundsätzlich zwischen Handlungs- und Zustandsstörern.
- Störer ist, wer die Möglichkeit hat, die Störung zu beenden. Ferner muss der Fortbestand der Störung im weitesten Sinne auf seinem Willen beruhen.
- Handlungsstörer ist, wer die Störung adäquat kausal veranlasst hat.
- Zustandsstörer ist, wer die Störung aufrechterhält, soweit die Beseitigung des Zustands zumindest mittelbar von seinem Willen abhängt und er zur Abhilfe in der Lage ist.

  Problem: Naturkräfte

  Bei der Beeinträchtigung durch Naturkräfte haftet der Grundstückseigentümer, wenn er durch die Art der Grundstücksnutzung oder ein Unterlassen das schädliche Eingreifen der Naturkräfte ermöglicht hat.

IV. Beim Beseitigungsanspruch: Rechtswidrigkeit des durch die Störung geschaffenen Zustandes.

V. Beim Unterlassungsanspruch zusätzlich prüfen: Begehungs- oder Wiederholungsgefahr.#

VI. Den Eigentümer darf keine Duldungspflicht aus § 1004 II BGB treffen

- Allgemeine Rechtfertigungsgründe

- Gesetzliche Duldungspflichten aus §§ 905 ff. BGB, sowie aus den Nachbarrechtsgesetzen der Länder.
- Rechtsgeschäftliche Duldungspflichten.
- Treu und Glauben gem. § 242 BGB.

II. Anspruch auf Beseitigung oder auch Unterlassung aus § 1004 I BGB analog

1. Der Anspruchssteller muss Inhaber eines eigentumsähnlichen Rechts sein.
   - Allgemeines Persönlichkeitsrecht.
   - Recht am eingerichteten und ausgeübten Gewerbebetrieb.
2. Störung des Rechts.
3. Der Anspruchsgegner muss Störer sein.
4. Rechtswidrigkeit des durch die Störung geschaffenen Zustandes.

   Beim allgemeinen Persönlichkeitsrecht und beim Recht am eingerichteten und ausgeübten Gewerbebetrieb muss eine Güter- und Interessensabwägung wie bei § 823 I BGB erfolgen.
5. Beim Unterlassungsanspruch zusätzlich: Begehungs- oder Wiederholungsgefahr.

III. Anspruch aus §§ 823 II, 1004 I BGB (quasinegatorischer Unterlassungsanspruch)

Wenn das äußere Geschehen auf einen Ladendiebstahl deutet, sind der Geschäftsinhaber und seine Angestellten befugt, gegenüber dem Verdächtigen einen entsprechenden Vorwurf zu erheben und bis zur endgültigen Klärung zu wiederholen. Dies gilt nicht gegenüber unbeteiligten Dritten. Ist ein vorsätzliches Zueignungsdelikt letztlich nicht nachzuweisen, steht dem Kunden kein Schadensersatzanspruch wegen falscher Verdächtigung oder übler Nachrede zu (vgl. zu Verdachtsäußerung eines Ladendiebstahls: OLG Koblenz NJW 2012, 600 ff.)

G. Beseitigungs- und Unterlassungsanspruch aus § 862 BGB

I. Der unmittelbare Besitz des Anspruchsstellers muss im Sinne des § 858 I BGB durch verbotene Eigenmacht gestört worden sein.

- Störung ohne Willen des unmittelbaren Besitzers
- Widerrechtlichkeit der Störung

II. Der Anspruchsgegner muss Störer sein. (s.o.)

- Handlungsstörer ist, wer die Störung adäquat kausal veranlasst hat.
- Zustandsstörer ist, wer die Störung aufrechterhält, soweit die Beseitigung des Zustands zumindest mittelbar von seinem Willen abhängt und er zur Abhilfe in der Lage ist.

III. Der Anspruch darf nicht ausgeschlossen sein.

- Ausschlussgründe sind § 861 II BGB, § 864 I BGB, § 864 II BGB.
- Sonstige petitorische Einwendungen sind gem. § 863 BGB ausgeschlossen.

Fahrzeughalter als Zustandsstörer: BGH RA 2012, 653 oder NJW 2012, 3781

Ein Fahrzeughalter kann nur Zustandsstörer sein, wenn er das Fahrzeug einer Person freiwillig überlassen hat und sich die Beeinträchtigung aus einem nicht außergewöhnlichen Verhalten dieser Person ergibt. Ein einmaliges Abstellen begründet die Vermutung dafür, dass sich dieses Verhalten wiederholt. Die Wiederholungsgefahr kann nur durch eine strafbewehrte Unterlassungserklärung ausgeräumt werden.

Immobiliarsachenrecht

A. Erwerb von Grundstücken und beschränkt dinglichen Rechten an Grundstücken

I. Erwerb von Grundstücksrechten

1. Erwerb des Eigentums vom Berechtigten § 873, 925 BGB

a) Einigung (bei der Übertragung von Grundstücken = Auflassung in der Form von § 925 BGB)

Problem: Dingliche Einigung mit im Grundbuch fälschlich eingetragenem Scheingesellschafter der GbR
Beachte § 899a BGB in Verbindung mit § 892 BGB

b) Eintragung in das Grundbuch

c) Einigsein im Zeitpunkt der Eintragung

aa) § 873 II BGB

bb) Kein Widerruf

d) Berechtigung des Veräußerers im Zeitpunkt der Vollendung des Rechtserwerbs

aa) Berechtigt ist:

- der Eigentümer, der keinem Verfügungsverbot unterliegt (§ 135 f., § 1365 BGB, §§ 80 I, 81 InsO, § 1369 BGB, § 2211 BGB, § 2113 BGB
- der kraft Gesetz (§ 80 I InsO; 152 ZVG, 1985, 2205 BGB)
- oder kraft Rechtsgeschäft (§ 185 I BGB) Ermächtigte

bb) Antragsprinzip gem. § 878 BGB (im Insolvenzfall i.V.m. § 91 II InsO)

- Bindende Erklärung des Verfügungsbeschränkten (§ 873 II BGB)
- Antragstellung beim Grundbuchamt
- vor der Verfügungsbeschränkung

Problem: Verfügungsbeschränkung des § 1365 BGB

- § 1365 BGB gilt auch, wenn das Grundstück den wesentlichen Teil des Vermögens darstellt (Einzeltheorie).
- Dies ist bei großen Vermögen bei 90 % und bei kleinen Vermögen bei 85 % der Fall
- Die Gegenleistung wird nicht angerechnet, wenn sie neues Vermögen darstellt.
- Nach der herrschenden subjektiven Theorie gilt § 1365 BGB nur bei Kenntnis des Erwerbers.
- Nach herrschender Meinung schadet die Kenntnis bis Abschluss des schuldrechtlichen Vertrages.

Zur Frage, ob bei § 1365 BGB ein Zug um Zug erlangtes dingliches Wohnrecht zu berücksichtigen ist, vergleiche BGH RA 2013, 176 ff.

Streitig ist, ob ein verbleibendes dingliches Wohnrecht des Veräußerers bei der Berechnung des Vermögens zu berücksichtigen ist.

Nach OLG München – Beschluss vom 16.04.2012 – wird es nicht berücksichtigt, weil es dem Vollstreckungszugriff des Ehegatten entzogen ist. Der Sinn des § 1365 BGB soll in der Sicherung des Anspruchs auf Zugewinnausgleich bestehen.
Nach BGH RA 2013, 176 ff. wird es grundsätzlich berücksichtigt, weil § 1365 BGB das Interesse des Ehegatten am Erhalt des Familienvermögens schützt. Auf die Verwertbarkeit im Vollstreckungsverfahren stellt § 1365 BGB nicht ab.
Die Gegenleistung stellt neues Vermögen dar und kann nicht angerechnet werden. Es kommt also darauf an, ob das Wohnrecht eine Gegenleistung für die Veräußerung darstellt, oder einen verbleibenden Rest des Urvermögens.

2. Erwerb des Eigentums vom Nichtberechtigten

Überwindung der mangelnden Berechtigung durch gutgläubigen Erwerb gem. § 892 BGB (im Insolvenzfall i.V.m. § 81 oder 91 II InsO

a) Rechtsgeschäft im Sinne eines Verkehrsgeschäft zum Erwerb eines Rechts am Grundstück

§ 873, 925 BGB durch einen Nichtberechtigten

b) Rechtsschein des Grundbuchs gemäß § 891 BGB, der den Verfügenden legitimiert

c) Keine Zerstörung gemäß § 892 I 1, 2. Hs. BGB

§ 892 I 1, 2. HS, Fall 1 BGB: Widersprechende Eintragungen (§ 899, 32 InsO, 23 ZVG)

§ 892 I 1, 2. HS, Fall 2 BGB: Positive Kenntnis des Erwerbers von der Unrichtigkeit des Grundbuchs (beachte aber § 892 II BGB: Antragsprinzip).

Zum gutgläubigen Erwerb unter Miteigentümern: BGH NJW, 2007; JuS 2008, 276 ff.:

Die rechtsgeschäftliche Übertragung eines Miteigentumsanteils am Grundstück unter Miteigentümern ist ein Verkehrsgeschäft. Denn das Miteigentum begründet keine rechtliche oder wirtschaftliche Identität zwischen Veräußerer und Erwerber. Anders als bei der Übertragung von Gesamthandsanteilen auf einen Gesamthänder ist der Miteigentümer eines Grundstücks, der vom anderen Miteigentümer erwirbt, nicht auf Seiten des Veräußerers an der Verfügung beteiligt.

II. Dingliche Schutzrechte aus Eigentum am Grundstück

1. § 985 BGB: Räumung
2. § 1004 I BGB: Beseitigung und Unterlassen von Störungen
3. § 894 BGB: Grundbuchberichtigung

a) Anspruch entstanden:

Die formelle Grundbuchlage weicht zum Nachteil des materiell Berechtigten von der wirklichen Rechtslage ab.

aa) Formelle Rechtslage

bb) Materielle Rechtslage

b) Anspruch nicht erloschen und durchsetzbar

c) Die Geltendmachung des Anspruchs darf nicht gegen Treu und Glauben gem. § 242 BGB verstoßen.

4. § 886 BGB: Vormerkungsbeseitigungsanspruch

a) Der Anspruchsgegner hat eine wirksame Vormerkung am Grundstück des Anspruchsstellers (bzw. an dessen Grundstücksrecht).

b) Die Vormerkung ist auch wirksam eingetragen

c) Der der Vormerkung zugrundeliegende Anspruch ist wirksam.

d) Gegen diesen Anspruch hat der Anspruchssteller aber eine Einrede, welche die Geltendmachung des Anspruchs dauerhaft ausschließt (z.B.: §§ 214, 821, 853 BGB).

e) Erhebung der Einrede durch den Anspruchssteller

Problem: Abgrenzung zwischen § 894 BGB und § 886 BGB

§ 894 BGB richtet sich gegen eine eingetragene unwirksame Vormerkung, § 886 BGB gegen eine eingetragene wirksame Vormerkung.

III. Schadensersatzanspruch bei Immissionen: § 906 II 2 analog

Dieser sog. **faktische Duldungsanspruch** besteht nach ständiger Rechtsprechung des BGH, wenn von einem Grundstück im Rahmenseiner privatrechtlichen Nutzung rechtswidrige Einwirkungen auf ein anderes Grundstück ausgehen, die das zumutbare Maß einer entschädigungslos hinzunehmenden Beeinträchtigung überschreiten (Schreiber, JURA 2011,263 267).

1. Der Einwirkende muss **Störer** i.S.d. § 1004 BGB oder § 862 BGB sein.
2. Dem Anspruchssteller muss es **faktisch nicht mehr möglich** sein, gegen die Einwirkung seinen Anspruch aus § 1004 BGB geltend zu machen.
3. Die Immission muss einen **Bezug zur typischen Nutzung** des Grundstücks haben

„Silvesterraketenfall" BGH, Urteil vom 18.09.2009, V ZR 75/08:
Der nachbarrechtliche Ausgleichsanspruch nach § 906 II 2 BGB analog setzt voraus, dass die beeinträchtigende Einwirkung von einer der konkreten Nutzung entsprechenden Benutzung des Nachbargrundstücks ausgeht und zu diesem einen sachlichen Bezug aufweist.

B. Erwerb und Übertragung und Rechtsfolgen bei der Vormerkung

I. Ersterwerb vom Berechtigten gemäß §§ 883, 885 BGB

1. **Schuldrechtlicher Anspruch des Gläubiger G gegen den Schuldner S auf dingliche Rechtsänderung**

   (z.B. auf Einräumung oder Aufhebung eines Rechts) an einem Grundstück (z.B. §§ 433 I, 311 b I BGB; § 648 BGB oder Anspruch auf Rückübertragung einer Grundschuld aus Sicherungsvertrag gem. §§ 311, 241 BGB);

   Beachte auch § 883 I 2 BGB
2. **Eintragungsbewilligung oder einstweilige Verfügung gem. § 935 ZPO**
3. **Eintragung in das Grundbuch**
4. **Berechtigung des Bewilligenden oder Berechtigung des Antragsgegners der einstweiligen Verfügung**

II. Gutgläubiger Ersterwerb der Vormerkung vom Nichtberechtigten S nach §§ 893 2. Fall BGB analog, 892 BGB

1. **Analoge Anwendbarkeit des § 893 2. Fall BGB**
   - § 892 erfasst nur Rechte, die Vormerkung hingegen ist nur Sicherungsmittel für einen Anspruch auf Erwerb eines Rechts am Grundstück. Folglich besteht eineRegelungslücke.
   - Der Gesetzgeber hat bei Schaffung des BGB im 19. Jahrhundert weder Bedeutung noch Häufigkeit der Vormerkung im 21. Jahrhundert vorhersehen können (Vervielfachung der Grundstücksgeschäfte z.B. durch das WEG). Also ist sie auch planwidrig.
   - Wer einem anderen eine Vormerkung bewilligt, kann wegen § 883 II und III BGB nicht mehr mit sicherer Bestandskraft an Dritte verfügen – der Vorgemerkte setzt sich gegenüber dem Zwischenerwerber durch. Folglich hat schon das Bewilligen verfügungsähnlichen Charakter, was die Interessenlagen vergleichbar macht.

2. Rechtsgeschäft i.S. d. §§ 883, 885 BGB durch einen NB

3. Rechtsschein der Berechtigung und Legitimation des Verfügenden analog § 891 BGB

4. Keine Zerstörung analog § 892 I, 1, 2. Hs. BGB

III. Zweiterwerb gemäß § 398 BGB i.V.m. § 401 BGB analog

1. Abtretung der gesicherten Forderung

2. Übergang analog § 401 BGB

- § 401 BGB erfasst nur Rechte, die Vormerkung hingegen ist nur Sicherungsmittel für einen Anspruch auf Erwerb eines Rechts am Grundstück. Folglich besteht eine Regelungslücke.
- Der Gesetzgeber hat bei Schaffung des BGB im 19. Jahrhundert weder Bedeutung noch Häufigkeit der Vormerkung im 21. Jahrhundert vorhersehen können (Vervielfachung der Grundstücksgeschäfte z.B. durch das WEG). Also ist sie auch planwidrig.
- Die in § 401 BGB geregelten Rechte sind ebenso wie die Vormerkung alle akzessorisch und dienen wie sie der Sicherung von Ansprüchen. Folglich ist die Interessenlage vergleichbar.

Zum Zweiterwerb der Vormerkung, BGH JuS 2007, 488 ff.:

Einigt sich der durch Vormerkung gesicherte Erstkäufer mit einem Zweitkäufer über eine „Abtretung der Vormerkung“, so ist dieser Vertrag im Zweifel so auszulegen, dass der vorgemerkte Anspruch abgetreten wird; die Vormerkung geht dann nach § 401 BGB über.
Die Vormerkung ist forderungsakzessorisch. Besteht der abgetretene Anspruch in Wahrheit nicht, ist die Vormerkung wirkungslos; ein gutgläubiger Erwerb durch den Zessionar findet nicht statt.Wird zwischen dem Verkäufer und dem Käufer eines Grundstücks vereinbart, dass der Kaufpreis mit der Bestellung einer Auflassungsvormerkung fällig sein soll, so trifft diese Bedingung nicht schon durch die Abtretung eines vormerkungsgesicherten Anspruchs ein.

IV. Gutgläubiger Zweiterwerb analog §§ 893 Fall 2, 892 BGB in Verbindung mit § 398 i.V.m. § 401 BGB analog

1. Analoge Anwendbarkeit des § 893 2. Fall BGB (s.o.)

2. Rechtsgeschäftlicher Vormerkungserwerb i.S.d. § 398 BGB i.V.m. § 401 analog durch einen Nichtberechtigten

Problem wie bei der Hypothek: § 401 BGB regelt keinen rechtsgeschäftlichen Erwerb. Analog § 401 BGB geht die Vormerkung derivativ, also gesetzlich über.

3. Rechtsschein der Berechtigung und Legitimation des Verfügenden analog § 891 BGB

Nach h.M. kann der gute Glaube des Erwerbers an die Eintragung der Vormerkung im Grundbuch anknüpfen (ständige Rechtsprechung seit BGH, Beschluss vom 21.06.1957, V ZB 6/57).

4. Keine Zerstörung analog § 892 I, 1, 2. HS BGB

V. Anspruch des Gläubigers G gegen den Schuldner auf Leistung des vorgemerkten Anspruchs am Beispiel des Anspruchs aus § 433 I BGB auf Übereignung des Grundstücks

Problem: S hat in der Zwischenzeit an D verfügt

1. Vertragsschluss zwischen G und S
2. Kein Ausschluss des Anspruchs gemäß § 275 I BGB

Definition: Unmöglichkeit ist die dauerhafte Nichterbringbarkeit des Leistungserfolges. Leistungserfolg ist hier der Eigentumserwerb gemäß §§ 873, 925 BGB.

a) Wirksame Auflassung zwischen G und S ist möglich, denn gegenüber G ist S gemäß § 883 II 1 BGB immer noch berechtigter Eigentümer. Die Zwischenverfügung ist relativ unwirksam

b) Auch die Eintragung ist möglich. Gemäß §§ 19, 29, 39 GBO muss der Erwerber eine Eintragungsbewilligung des voreingetragenen Eigentümers vorlegen. Diese kann G von D gemäß §§ 888 I, 883 II 1 BGB verlangen

c) Einigsein

d) Berechtigung des S: Gegenüber G ist S gemäß § 883 II 1 BGB immer noch berechtigter Eigentümer. Die Zwischenverfügung ist relativ unwirksam.

Problem: S war nicht Eigentümer und im GB steht ein Widerspruch des Eigentümers E

1. Vertragsschluss zwischen G und S gemäß § 433 BGB
2. Kein Ausschluss des Anspruchs gemäß § 275 I BGB

Definition: Unmöglichkeit ist die dauerhafte Nichterbringbarkeit des Leistungserfolges. Leistungserfolg ist hier der Eigentumserwerb (gemäß §§ 873, 925 BGB oder § 892 BGB oder § 2366 BGB).

Kann der Erfolg noch eintreten? Nur wenn G jetzt noch gemäß § 892 BGB erwerben kann.

a) Rechtsgeschäftliche Voraussetzungen nach § 873, 925 BGB sind einzuhalten:

aa) Auflassung zwischen G und S ist möglich

bb) Jedoch muss G auch eingetragen werden können. Gemäß §§ 19, 29, 39 GBO muss der Erwerber eine Eintragungsbewilligung des voreingetragenen Eigentümers vorlegen. Diese kann S von E nicht gemäß §§ 888 I, 883 II 1 BGB verlangen, weil die Eintragung des Widerspruchs keine „Verfügung" über das Recht ist.

Aber: „Rückbeziehungslehre": Analoge Anwendung der §§ 888 I, 883 II 1 BGB auch auf tatsächliche Ereignisse, die den dinglichen Rechtserwerb vereiteln (ständige Rechtssprechung seit BGH, Urteil vom 10.12.1971 V ZR 90, 69, bestätigt von BGH, Urteil vom 31.10.1980, V ZR 95/79).

cc) Einigsein

dd) Nichtberechtigung des S

b) Rechtsschein § 891 BGB? Ursprünglich Ja.

c) Keine Zerstörung gemäß § 892 I 1, 2. Hs. BGB: Analog § 883 II 1 BGB besteht für G immer noch Rechtsschein für S.

Somit kein Ausschluss wegen Unmöglichkeit

VI. Anspruch des Gläubiger G gegen den Dritten D (etwa als Zwischenerwerber) auf Zustimmung zu seiner Eintragung als Eigentümer gem. § 888 I BGB

1. Der Erwerb eines eingetragenen Rechts des D müsste dem Vormerkungsberechtigten G gegenüber unwirksam sein (vgl. § 883 II BGB)

   a) Erwerb der Vormerkung durch G (§ 883 I BGB)

   b) Unwirksamkeit der Verfügung des S an D dem G gegenüber (§ 883 II 1 BGB)

2. Rechtsfolge: G kann vom Erwerber D die Zustimmung zur Eintragung verlangen, die zur Verwirklichung des durch die Vormerkung gesicherten Anspruchs erforderlich ist (§ 888 I BGB)

3. Einwendungen und Einreden gegen § 888 I BGB

   - §§ 1000, 994 ff. BGB analog, wenn der Zwischenerwerber Verwendungen getätigt hat
   - Analog § 770 I BGB, wenn dem Schuldner ein Anfechtungsrecht oder Rücktrittsrecht zusteht

- Dem Schuldner zustehende Einwendungen und Einreden gegen den vorgemerkten Anspruch kann der Zwischenerwerber geltend machen (BGH NJW 2000, 3496)

VII. Anspruch des Vorgemerkten gegen den eingetragenen Zwischenerwerber gem. § 888 I BGB auf Zustimmung i.S.d. § 19 GBO zur

- Löschung einer zwischenzeitlich eingetragenen Last oder
- Rangrücktritt

1. Der Anspruchssteller muss Inhaber einer Vormerkung sein.
2. Die Vormerkung muss dem Recht des Anspruchsgegners im Rang vorgehen (beachte § 879 BGB).
3. Fälligkeit und Durchsetzbarkeit des durch die Vormerkung gesicherten Anspruchs.
4. Der Erwerb eines eingetragenen Rechts des D müsste dem Vormerkungsberechtigten G gegenüber unwirksam sein (vgl. § 883 II BGB) oder Fall des § 883 II BGB analog

Zum Anspruch aus § 888 I BGB – BGH NJW 2010, 3367
Der Anspruch aus § 888 I BGB setzt nicht voraus, dass der Anspruchssteller bereits als Eigentümer im Grundbuch eingetragen ist. Notwendig ist nur, dass der durch die Vormerkung gesicherte Anspruch bereits entstanden, fällig und durchsetzbar ist. Grund: § 888 I BGB differenziert nicht, ob die Eintragung als Eigentümer oder ob die Löschung einer belastenden Verfügung erstrebt wird.

5. Einwendungen und Einreden gegen § 888 I BGB
   - §§ 1000, 994 ff. BGB analog, wenn der Zwischenerwerber Verwendungen getätigt hat
   - Analog § 770 I BGB, wenn dem Schuldner ein Anfechtungsrecht oder Rücktrittsrecht zusteht
   - Dem Schuldner zustehende Einwendungen und Einreden gegen den vorgemerkten Anspruch kann der Zwischenerwerber geltend machen (BGH NJW 2000, 3496).

   Problem: Kann der Anspruchsgegner mit dem Anspruch aus § 888 I BGB in Verzug geraten und gem. §§ 280 I, II, 286 BGB schadensersatzpflichtig werden? Dies hatte der BGH in NJW 1968, 788 ff. BGB mit dem Argument verneint, der Schuldner sei der Schuldner des durch die Vormerkung gesicherten Anspruchs und nicht der Zwischenerwerber/ Anspruchsgegner aus § 888 I BGB. § 888 I BGB sei nur ein Hilfsanspruch. Die heute h.M. sieht keinen Grund, warum man mit einem Hilfsanspruch nicht in Schuldnerverzug geraten soll. Im Examensfall wäre der Streit unter dem Punkt „Schuldverhältnis“ kurz anzusprechen.

VIII. Das Verhältnis zwischen § 566 BGB und § 883 II BGB analog

Fall: V verkauft K ein Grundstück und bewilligt K eine Auflassungsvormerkung, die auch eingetragen wird. Danach vermietet V das Grundstück mit langfristigem Mietvertrag an M und räumt diesem Besitz ein. Nachdem K Eigentum gem. §§ 873, 925 BGB erworben hat, verlangt er von M gem. § 985 BGB Räumung. M beruft sich gem. § 986 I BGB auf sein Besitzrecht aus dem Mietvertrag gem. §§ 566, 535 BGB.

Strittig ist, ob der Mietvertrag analog § 883 II BGB gegenüber K unwirksam ist.
Dafür könnte sprechen, dass zugunsten des Vorgemerkten erst Recht schuldrechtliche Verträge unwirksam sein müssten, wenn sogar dingliche Verfügungsgeschäfte – insbesondere die nachträgliche Bestellung eines dinglichen Wohnrechts - relativ unwirksam werden. (MünchKomm-Kohler, BGB, § 883 Rn 54).
Dagegen spricht der Schutz des Mieters, den § 566 BGB gewährleisten will (Veräußerung bricht nicht die Miete). Aus § 566 BGB kann man auch ein Rangverhältnis der schuldrechtlichen Verträge ableiten. Dann würde die Vormerkung nur den rangniedrigeren Kaufvertrag schützen. (BGHZ 13, 1ff.; BGH NJW 1989, 980) Literaturtipp: Staake, JURA 2006, 451 ff.

Je nach Lösung ergeben sich Folgeprobleme. Entscheidet man sich gegen die relative Unwirksamkeit, kann K gegen V wegen Rechtsmangels aus §§ 435, 437 BGB vorgehen.

C. Hypothek

I. Ersterwerb der Hypothek vom Berechtigten

1. Briefhypothek §§ 873, 1113, 1115, 1116 I, 1117 BGB

a) Gem. § 1113 I BGB muss eine zu sichernde Forderung bestehen.

b) Einigung gem. §§ 873, 1113 BGB.

c) Eintragung gem. §§ 873, 1115 BGB. Beachte: Forderung und Gläubiger werden eingetragen.

d) Einigsein gem. § 873 II BGB

e) Bei Briefhypothek: Briefübergabe gem. §§ 1116 I, 1117 I BGB

f) Berechtigung des Verfügenden (siehe Mobiliarsachenrecht)

Beachte stets § 1365 BGB

Beachte stets § 878 BGB und § 91 II InsO in Verbindung mit § 878 BGB.

2. Buchhypothek §§ 873, 1113, 1115, 1116 II BGB

a) Gem. § 1113 I BGB muss eine zu sichernde Forderung bestehen.

b) Einigung gem. §§ 873, 1113 BGB.

c) Eintragung gem. §§ 873, 1115 BGB. Beachte: Forderung und Gläubiger werden eingetragen.

d) Einigsein gem. § 873 II BGB

e) Bei Buchhypothek: Gem. § 1116 II BGB muss der Ausschluss der Brieferteilung in das Grundbuch eingetragen werden.

f) Berechtigung des Verfügenden

Berechtigt ist

- der Eigentümer, der keinem Verfügungsverbot unterliegt (§ 135 f., § 1365 BGB, §§ 80 I, 81 InsO, § 1369 BGB, § 2211 BGB, § 2113 BGB
- der kraft Gesetz (§ 80 I InsO; 152 ZVG, 1985, 2205 BGB)
- oder kraft Rechtsgeschäft (§ 185 I BGB) Ermächtigte

<u>Beachte</u> stets § 1365 BGB
<u>Beachte</u> stets § 878 BGB und § 91 II InsO in Verbindung mit § 878 BGB

II. Ersterwerb der Hypothek vom Nichtberechtigten

1. Rechtsgeschäft im Sinne eines Verkehrsgeschäft zum Erwerb eines Rechts am Grundstück: Hypothekenersterwerb gem. § 873, 1113 ff. BGB von einem Nichtberechtigten
2. Rechtsschein gemäß § 891 BGB: Unrichtigkeit des Grundbuchs, die den Verfügenden legitimiert
3. Keine Zerstörung des Rechtsscheins durch widersprechende Eintragungen (§§ 899 BGB, 32 Nr.1 InsO, 22 und 23 ZVG, 51, 52 GBO) § 892 I 1, 2. HS, 1. Fall BGB
4. Keine Zerstörung des Rechtsscheins durch positive Kenntnis des Erwerbers von der Unrichtigkeit des Grundbuchs § 892 I 1, 2. HS, 2. Fall BGB (beachte § 892 II BGB)

III. Zweiterwerb der Hypothek vom Berechtigten

1. Abtretung der Forderung, §§ 398, 1154 I oder III BGB
   a) Abtretungsvertrag
   b) Form gem. § 1154 I BGB oder gem. §§ 1154 III, 873 BGB
   c) Berechtigung zur Abtretung: Zedent muss Forderungsinhaber sein
2. Übergang der Hypothek, § 1153 BGB
3. Berechtigung:

   Der Zedent muss Hypothekar sein

   Hinweis: An dieser Stelle wird der Erwerb durch den Zedenten geprüft, sofern er nicht schon im Rahmen des chronologischen Prüfungsaufbaus geprüft wurde.

IV. Gutgläubiger Zweiterwerb der Hypothek vom Nichtberechtigten

1. Die Forderung existiert: § 892 BGB

   a) Rechtsgeschäft im Sinne eines Verkehrsgeschäftes zum Erwerb eines Grundstücksrechts hier: Zweiterwerb der Hypothek durch Abtretung nach §§ 398, 1154 I, § 1153 I BGB

   Problem: Die Hypothek wird als Recht am Grundstück gemäß § 1153 I BGB kraft Gesetz erworben, also nicht durch Rechtsgeschäft.

   Stellt man jedoch eine Gesamtbetrachtung an, ist der gesetzliche Erwerb nur eine Rechtsfolge der Forderungsabtretung. Diese wiederum ist ein Rechtsgeschäft. Der zu enge Wortlaut des § 892 I BGB muss seinem Sinn und Zweck entsprechend weit ausgelegt werden (wer die teleologische Extension als Analogie wertet, wendet deshalb § 892 BGB analog an).

   Ein Rechtsgeschäft vor, wenn die Abtretung wirksam ist:

   aa) Abtretungsvertrag gemäß § 398 BGB

   bb) Form gemäß § 1154 I oder III BGB

   cc) Berechtigung zur Abtretung

   Der Zedent muss Forderungsinhaber sein.

   b) Rechtsschein gemäß § 891 BGB bezüglich der Eintragung des Zedenten als Hypothekar

   c) Keine Zerstörung des Rechtsscheins durch widersprechende Eintragungen § 892 I 1, 2. Hs., 1. Fall BGB

   d) Keine Zerstörung des Rechtsscheins durch positive Kenntnis des Erwerbers von der Unrichtigkeit des Grundbuchs § 892 I 1, 2. Hs., 2. Fall BGB (beachte § 892 II BGB)

2. Die Forderung existiert nicht: § 892 i.V.m. § 1138 1. Fall BGB

   a) Rechtsgeschäft im Sinne eines Verkehrsgeschäftes zum Erwerb eines Grundstücks-rechts: Zweiterwerb der Hypothek durch Abtretung nach §§ 398, 1154 I, 1153 I BGB

   Problem: Die Hypothek wird als Recht am Grundstück gemäß § 1153 I BGB kraft Gesetz erworben, also nicht durch Rechtsgeschäft.

   Stellt man jedoch eine Gesamtbetrachtung an, ist der gesetzliche Erwerb nur eine Rechtsfolge der Forderungsabtretung. Diese wiederum ist ein Rechtsgeschäft (wer die teleologische Extension als Analogie wertet, wendet deshalb § 892 BGB analog an).

Ein Rechtsgeschäft liegt vor, wenn die Abtretung wirksam ist.

aa) Abtretungsvertrag gemäß § 398 BGB
bb) Form gemäß § 1154 I oder III BGB
cc) Berechtigung zur Abtretung
Der Zedent muss Forderungsinhaber sein. Die Forderung existiert aber nicht.

Schlüsselsatz für die Klausur:
„Es könnte gemäß §§ 1138 1. Fall i.V.m. 892 BGB eine Forderung insoweit fingiert werden, als dies für den Übergang der Hypothek erforderlich ist.“

Merke: Eine Forderung besteht nicht und wird auch nicht gutgläubig erworben: Es wird eine Forderung nur fingiert: Wegen § 1115 BGB ist sie im Grundbuch eingetragen, obwohl sie in Wirklichkeit nicht besteht. Deshalb ist das Grundbuch falsch.

(1) § 891 BGB: Unrichtigkeit des Grundbuch bzgl. Forderung: Gem. § 1115 BGB muss der Zedent als Gläubiger eingetragen werden
Beachte in Fällen des Dritterwerbs § 1155 BGB, der den Rechtsschein verlängert.

(2) § 892 BGB: Keine Zerstörung des Rechtsscheins durch widersprechende Eintragungen oder durch positive Kenntnis von der Nichtexistenz der Forderung

b) Rechtsschein gemäß § 891 BGB bezüglich der Eintragung des Zedenten als Hypothekar

c) Keine Zerstörung des Rechtsscheins durch widersprechende Eintragungen § 892 I 1, 2. Hs., 1. Fall BGB

d) Keine Zerstörung des Rechtsscheins durch positive Kenntnis des Erwerbers von der Unrichtigkeit des Grundbuchs § 892 I 1, 2. HS, 2. Fall BGB (beachte § 892 II BGB)

V. Anspruch aus § 1147 BGB des Hypothekengläubigers H gegen Eigentümer E

1. Eigentum des Anspruchsgegners. Beachte § 1148 BGB
2. Anspruchssteller muss Hypothekar sein
   a) Erwerb der Hypothek
   b) Kein Verlust durch Abtretung oder Umwandlung der Hypothek in eine Eigentümergrundschuld
3. Fälligkeit: Die Hypothek ist fällig, wenn die Forderung fällig ist.
4. Keine Einreden
   a) Gegen den ursprünglichen Hypothekar aus dem Hypothekenrechtsverhältnis
   b) Gegen den Zessionar gem. § 1157 BGB
   c) Aus der Forderung gegen den Hypothekar (E = S) oder gemäß § 404 BGB gegen den neuen Gläubiger
   d) § 1137 BGB: Gegen die Hypothek werden aus dem Forderungsverhältnis die dem persönlichen Schuldner gegen den alten oder neuen Gläubiger zustehenden Einreden vorgebracht.

Problem: Einredefreier Erwerb gem. § 1138 2. Fall BGB

Problem: § 216 I BGB als Ausnahme zu § 1137 BGB und § 214 BGB

Folgende Problemfelder des Hypothekenrechts sollten beherrscht werden:
- Lehre vom generellen Abtretungswillen
- Entstehung der Forderungsentkleideten Hypothek gem. § 1138 1. Fall BGB
- §§ 1164, 1165 BGB
- Kollision mit akzessorischen und mit nicht-akzessorischen Sicherungsrechten
- Erwerb der Forderung analog § 1153 BGB (str.): Einheitstheorie – Trennungstheorie
- Wettlauf der Sicherer

D. Grundschuld

I. Erwerbstatbestände

1. Ersterwerb vom Berechtigten

   a) <u>Briefgrundschuld</u> §§ 873, 1191, 1192 I, 1115, 1116 I, 1117 BGB
      aa) Einigung zwischen Eigentümer und Grundschuldgläubiger § 873, 1191 BGB
      bb) Eintragung in das GB § 873 I, 1192 I, 1115 BGB
      cc) Einigsein bei Eintragung § 873 II BGB
      dd) Übergabe des Briefes § 1192 I, 1116 I, 1117 BGB
      ee) Berechtigung: Beachte stets § 878 BGB, §§ 91 II InsO, 878 und § 1365 BGB

   b) <u>Buchgrundschuld</u> §§ 873, 1191, 1192 I, 1115, 1116 II BGB
      aa) Einigung zwischen Eigentümer und Grundschuldgläubiger § 873, 1191 BGB
      bb) Eintragung in das Grundbuch § 873 I, 1192 I, 1115 BGB
      cc) Einigsein bei Eintragung § 873 II BGB
      dd) Ausschluss der Briefübergabe in das GB eintragen § 1192 I, 1116 II BGB
      ee) Berechtigung: Beachte stets § 878 BGB, §§ 91 II InsO, 878 und § 1365 BGB

2. Gutgläubiger Ersterwerb vom Nichtberechtigten: § 892 BGB

   a) Rechtsgeschäft i.S.e. Verkehrsgeschäft
      aa) Rechtsgeschäft gemäß § 873, 1191 BGB vom Nichtberechtigten
      bb) Verkehrsgeschäft
   b) Rechtsschein gemäß § 891 BGB zugunsten des Eigentümers
   c) Keine Zerstörung des Rechtsscheins durch widersprechende Eintragungen § 892 I 1, 2. Hs., 1. Fall BGB
   d) Keine Zerstörung des Rechtsscheins durch positive Kenntnis des Erwerbers von der Unrichtigkeit des Grundbuchs § 892 I 1, 2. Hs, 2. Fall (beachte § 892 II) BGB

3. Zweiterwerb vom Berechtigten §§ 398, 413, 1192 I, 1154 BGB

   a) Briefgrundschuld
      aa) Abtretung der Grundschuld gemäß §§ 398, 413 BGB durch Abtretungsvertrag
      bb) Form des § 1192 I, 1154 I BGB: Übergabe des Briefes und schriftliche Abtretungserklärung
      cc) Berechtigung zur Abtretung: Zedent muss Inhaber einer Grundschuld sein
         (1) Erwerb der Grundschuld
         (2) Keine Abtretung der Grundschuld
         (3) Keine Umwandlung in eine Eigentümergrundschuld analog § 1142, 1143 BGB
   b) Buchgrundschuld
      aa) Abtretung der Grundschuld gemäß §§ 398, 413 BGB durch Abtretungsvertrag
      bb) Form des § 1192 I, 1154 III BGB: Eintragung der Abtretungserklärung in das Grundbuch
      cc) Berechtigung zur Abtretung: Zedent muss Inhaber einer Grundschuld sein
         (1) Erwerb der Grundschuld
         (2) Keine Abtretung der Grundschuld
         (3) Keine Umwandlung in eine Eigentümergrundschuld analog § 1142, 1143 BGB

4. Gutgläubiger Zweiterwerb vom Nichtberechtigten gemäß § 892 BGB

   a) Rechtsgeschäft i.S.e. Verkehrsgeschäfts

aa) Rechtsgeschäft gemäß §§ 398, 413, 1192 I, 1154 BGB vom Nichtberechtigten

bb) Verkehrsgeschäft

b) Rechtsschein gemäß § 891 BGB zugunsten des Grundschuldgläubigers

c) Keine Zerstörung des Rechtsscheins durch widersprechende Eintragungen § 892 I 1, 2. Hs., 1. Fall BGB

d) Keine Zerstörung des Rechtsscheins durch positive Kenntnis des Erwerbers von der Unrichtigkeit des Grundbuchs § 892 I 1, 2. HS, 2. Fall (beachte § 892 II BGB)

II. Aufbau des § 1192 I, 1147 BGB

1. Eigentum des Anspruchsgegners
2. Grundschuldinhaberschaft des Gläubigers
   a) Erwerb der Grundschuld
   b) Keine Abtretung gemäß §§ 398, 413, 1192 I, 1154 BGB
   c) Keine Umwandlung in EGS analog § 1142, 1143 BGB
3. Fälligkeit der Grundschuld nach Kündigung gemäß § 1193 BGB nur, wenn nicht im Sicherungsvertrag geregelt (was praktisch immer der Fall ist!)
4. Einreden des E gegenüber G
   a) Gem. § 1192 BGB keine Geltendmachung von Einreden aus dem Forderungsverhältnis gem. § 1137 BGB
   b) Einreden gegen die Grundschuld
   c) Einreden aus dem Sicherungsvertrag (etwa auf Rückübertragung der Grundschuld aus dem Sicherungsvertrag gem. §§ 311, 241 wegen Rückzahlung des Darlehens)

   Beachte:
   aa) § 1192 Ia BGB i.V.m. § 242 BGB (Art. 229, § 18 EGBGB)
   bb) § 242 BGB i.V.m § 1192 I, 1157 BGB

   Problem: Untergang der Einrede durch gutgläubigen einredefreien Erwerb des G nach §§ 1192 I, 1157 S.2, 892 I BGB (beachte aber Art. 229, § 18 II EGBGB i.V.m § 1192 I a BGB)
5. Erlöschen des Anspruchs durch Aufrechnung gem. §§ 1192 I, 1142 II BGB

Zur Aufrechnung mit einem Teilbetrag: BGH DNotZ 2011, 201 ff.
Die Forderung des Grundstückseigentümers gegen den Grundschuldgläubiger muss so hoch sein, dass die Aufrechnung mit dieser zu einer vollständigen Ablösung der Grundschuld führt. Eine Aufrechnung mit einem Teilbetrag ist eine Teilleistung, die der Grundschuldgläubiger nicht hinnehmen muss.

Zur Auslegung des § 1192 Ia 1 BGB: BGH RA 2014, 73 ff.
Bei einer Sicherungsgrundschuld setzt die Anwendung von § 1192 Abs. 1a S. 1 BGB auf nachträgliche Vereinbarungen, die Gegenstand des ursprünglichen Sicherungsvertrages hätten sein können, voraus, dass sich ein besonderes Risiko der Übertragung gerade einer Sicherungsgrundschuld realisieren könnte (verneint bei nachträglicher beschränkender Vollstreckungsvereinbarung).

E. Nachbarrecht

Fallkonstellation: Eine vom Nachbargrundstück ausgehende Immission verursacht einen Schaden auf dem Grundstück des Anspruchsstellers:

I. § 280 I, 241 II BGB

Problem: Schuldverhältnis

Das nachbarrechtliche Gemeinschaftsverhältnis ist nach h.M. kein Schuldverhältnis, das Pflichten nach § 241 II BGB auslösen kann, weil dadurch die spezielleren Vorschriften der §§ 906 ff. BGB unterlaufen würden. Unumstritten gilt es nur zwischen Eigentümern.

II. § 1004 I BGB

Der Anspruch ist nur auf Beseitigung und Unterlassen gerichtet und gewährt keinen Schadensersatz.

III. §§ 823 II, 1004 BGB

Der quasi-negatorische Anspruch aus §§823 II, 1004 I BGB ist nur auf Schadensersatz durch Beseitigung und Unterlassen gerichtet und gewährt keinen Schadensersatz in Geld.

IV. § 823 I BGB

Zu prüfen sind vor allem drei typische Fragen:

1. Wurde ein Rechtsgut des Anspruchsstellers verletzt? Eigentum?
2. Hat der Nachbar eine Verkehrssicherungspflicht verletzt?
3. Trifft den Nachbarn ein Verschuldensvorwurf?

V. § 906 II 2 BGB

1. Eigentum des Anspruchsstellers am Grundstück
2. Duldungspflicht des Eigentümers bezüglich einer wesentlichen Beeinträchtigung

   Einwirkung gem. § 906 I 1 BGB

   a) Imponderabilie: +

   b) Grobimmission: -

   c) Ideelle Immission: Rechtspr. - (str.: z.B.: Bordell im Nachbarhaus

   d) Negative Immission: Rechtspr. – (str.: z.B.: Neubau wirft Funkschatten)

      aa) Wesentlichkeit: wesentlich ist, was ein Durchschnittsmensch für wesentlich hält

      bb) Ortsübliche Beeinträchtigung

      cc) Keine Verhinderungsmöglichkeit durch wirtschaftlich zumutbare Abwehrmaßnahmen

   e) Richtiger Anspruchsgegner ist Benutzer des emittierenden Grundstücks

   f) Unzumutbarkeit

Das Problem: § 906 II 2 BGB gilt bei Grobimmissionen nicht. Deshalb die Analogie (s.u.).

VI. § 906 II 2 BGB analog

1. Anspruchssteller ist Eigentümer des Grundstücks oder Besitzer (Mieter, Pächter)
2. Einwirkung auf das Grundstück: Auch Grobimmission (Steinschlag, Fußbälle, Silvesterraketen)
3. Anspruchsgegner ist Störer und Nutzer des anderen Grundstücks
4. Faktischer Duldungszwang

   a) Störerabwehranspruch aus § 1004 I BGB gegen die Grobimmission

   b) Faktischer Ausschluss wegen Unmöglichkeit (Zeitablauf)

   c) Unvorhersehbarkeit
5. Unzumutbarkeit der Immission
6. Zusammenhang zwischen Einwirkung und gewöhnlicher Nutzung des Grundstücks

Erbrecht

A. Ansprüche aus Testament

I. Anspruch aus Vermächtnis gem. § 2174 BGB aus Testament

1. Testierwille des Erblassers

Problem: Abgrenzung vom Abschiedsbrief: Nötig ist letztwillige Verfügung von Todes wegen (z. B. Erbeinsetzung § 1937 BGB, Enterbung § 1938 BGB, Auflage § 1940 BGB, Vermächtnisanordnung § 1939 BGB, Pflichtteilsentziehung (§ 2333 BGB), Anordnung der Testamentsvollstreckung § 2197 BGB, Teilungsanordnung § 2048 BGB, Vorausvermächtnis § 2150 BGB)

2. Wirksames Testament

a) Testierfähigkeit §§ 2229, 2247 BGB
b) Höchstpersönliche Errichtung §§ 2064, 2065 BGB
c) Form §§ 2232, 2233, 2247, 2249 ff. BGB

Problem: § 2247 BGB: Beachte beim eigenhändigen Testament die Einhaltung der Abschlussfunktion und der Identitätsfunktion (z.B. beim „Blaupausentestament", beim Postskriptum, beim Unterschreiben auf dem Briefumschlag).

d) Keine Nichtigkeit gem. § 138 I BGB

Probleme:
- Böswillige Zurücksetzung naher Angehöriger
- Geliebtentestament, wenn die „Hingabe für die Hergabe" erfolgt
- Behindertentestament: Nicht Sittenwidrig sind Regelungen, die dem Kind zu Lebzeiten zusätzlich zu den Sozialhilfeleistungen regelmäßige Einnahmen verschaffen, den Nachlass aber dem Träger der Sozialhilfe entziehen.

e) Keine Anfechtung gem. §§ 2078 ff. BGB
- Anfechtungsgrund §§ 2078, 2079 BGB
- Anfechtungsberechtigung § 2080 BGB
- Anfechtungserklärung § 2081 BGB
- Anfechtungsgegner § 2081 BGB oder § 143 IV BGB
  § 2081 BGB hat den Sinn, unrichtige Erbscheine zu verhindern oder zu beseitigen.
- Anfechtungsfrist § 2082 BGB

f) Kein Widerruf des Testaments gem. §§ 2253 ff. BGB
- Durch Testament gem. § 2254 BGB
- Durch späteres Testament gem. § 2258 BGB, soweit es mit dem älteren in Widerspruch steht
- Durch Rücknahme aus der amtlichen Verwahrung gem. § 2256 BGB
- Durch Vernichtung gem. § 2255 BGB

Zur Vernichtung des Testamentes durch einen Dritten, OLG München NJW-RR 2011, 945:

Grundsätzlich darf sich der Erblasser zur Vernichtung der Testamentsurkunde auch eines Dritten bedienen, wenn dem Dritten kein Entschluss- oder Handlungsspielraum verbleibt.
Es liegt aber kein wirksamer Widerruf vor, wenn der Dritte den erteilten Auftrag zur Vernichtung nicht zu Lebzeiten des Erblassers ausführt.

3. Auslegung des Testierwillens

Der Anspruchsgegner muss Erbe, der Anspruchssteller muss Bedachter sein.

- Wörtliche Auslegung § 133 BGB
- Erläuternde Auslegung
- Ergänzende Auslegung
- Gesetzliche Auslegungsregeln (beachte § 2087 I und II BGB)

4. Keine Ausschlagung des Vermächtnisses gem. § 2180 BGB

§ 2180 III BGB verweist nicht auf § 1944 BGB. Deshalb ist die Ausschlagung des Vermächtnisses nicht fristgebunden. Eine Analogie verbietet sich wegen des klaren Wortlauts des § 2180 III BGB (BGH NJW 2011, 1353).

II. Anspruch aus Vorausvermächtnis gem. § 2150 BGB auf Übereignung eines Erbschaftsgegenstandes gegen die Miterben

1. Testierwille
2. Wirksames Testament
3. Auslegung des Testierwillens

Problem: Abgrenzung zur Teilungsanordnung: Vorausvermächtnis nur, wenn der Begünstigte gegenüber den Miterben einen Vermögensvorteil erhalten soll (h.M.). Indiz: Objektive Wertverschiebung.

III. Anspruch aus Teilungsanordnung gem. §§ 2042, 2048 BGB auf Übereignung eines Erbschaftsgegenstandes gegen die Miterben

1. Testierwille
2. Wirksames Testament
3. Auslegung des Testierwillens

Problem: Abgrenzung zum Vorausvermächtnis (s.o.)

IV. Anspruch (siehe I – III) aus einem gemeinschaftlichen Testament gem. §§ 2265 ff. BGB

1. Testierwille
2. Auslegung des Testierwillens (Vorziehen wegen der Prüfung der Wechselbezüglichkeit, § 2270 BGB)
3. Wirksames gemeinschaftliches Testament

   a) Ehegatten gem. § 2265 BGB (beachte § 10 IV LPartG)
   b) Testierfähigkeit gem. §§ 2229, 2267, 2247 BGB
   c) Höchstpersönliche Errichtung gem. §§ 2064, 2065 BGB
   d) Form gem. §§ 2232 ff. und §§ 2267, 2247
   e) Keine Nichtigkeit gem. § 138 BGB
   f) Kein Widerruf

   - Nicht wechselbezüglicher Verfügungen (§ 2270 BGB) durch einseitiges Testament gem. §§ 2253 ff. BGB
   - Wechselbezüglicher Verfügungen:
     Zu Lebzeiten beider Ehegatten gem. §§ 2271 I 1 in Verbindung mit § 2296 BGB analog
     Nach dem Tod des Erstversterbenden nicht möglich, ohne Erbe auszuschlagen, § 2271 II BGB.

Zur Umdeutung eines gemeinschaftlichen Testaments, OLG Frankfurt NJW-RR 2012, 11:

Ein nur von einem Ehegatten geschriebenes und unterschriebenes gemeinschaftliches Testament kann in ein Einzeltestament zu Gunsten des anderen Ehegatten umgedeutet werden, wenn ein entsprechender Wille des Erblassers festgestellt werden kann.

Zur nachträglichen wirksamen Errichtung eines gemeinschaftlichen Testaments trotz erst nach sechs Jahren erklärten Beitritts der Ehefrau, OLG München NJW-RR 2012, 338:

1. Ein gemeinschaftliches Testament kann auch dann wirksam errichtet sein, wenn der andere Ehegatte erst nach längerer Zeit beitritt, sofern im Zeitpunkt des Beitritts der Wille des erst-testierenden Ehegatten zur gemeinschaftlichen Testierung weiterhin besteht.
2. Irrt sich der nach Wiederverheiratung anfechtungsberechtigte überlebende Ehegatte über die Bindungswirkung, hindert das nicht den Beginn der Anfechtungsfrist

Zur Umdeutung eines wegen Testierunfähigkeit unwirksamen gemeinschaftlichen Testaments in ein Einzeltestament, OLG München, Beschluss vom 23.07. 2014, 31 Wx 204/14:

Auch wechselbezügliche Verfügungen eines wegen Testierunfähigkeit eines Ehegatten unwirksamen gemeinschaftlichen Testaments können in ein Einzeltestament des anderen Ehegatten umgedeutet werden.

Zur Umdeutung eines wegen Formmangels unwirksamen gemeinschaftlichen Testaments in ein Einzeltestament. OLG München, Beschluss vom 23.04. 2014, 31 Wx 22/14:

1. Die Umdeutung eines vom anderen Ehegatten nicht unterzeichneten gemeinschaftlichen Testaments in ein Einzeltestament erfordert die Feststellung, dass nach dem Willen des Testierenden seine Verfügung auch unabhängig vom Beitritt des anderen Ehegatten gelten sollte.
2. Sieht das unvollständige gemeinschaftliche Testament eine gegenseitige Alleinerbeinsetzung und eine Schlusserbeneinsetzung von Verwandten beider Ehegatten zu gleichen Teilen vor, kann gegen einen solchen Willen sprechen, dass der Testierende selbst ohne den Beitritt des anderen Ehegatten nicht dessen Alleinerbe wäre und die angestrebte gleichmäßige Aufteilung des gemeinschaftlichen Vermögens bei Umdeutung in Vor- und Nacherbfolge nicht erreicht würde.

B. Erbschaftsbesitzeranspruch

I. Anspruch aus § 2018 BGB

1. Der Anspruchssteller muss Erbe oder Miterbe sein.
2. Der Anspruchsgegner muss sich den Besitz an einem Gegenstand aufgrund eines nicht zustehenden Erbrechts anmaßen (z.B. hat er einen Erbschein).

II. Anspruch aus § 2019 BGB

1. Voraussetzungen des § 2018 BGB vor der Surrogation
2. Rechtsgeschäftliche Surrogation

III. Anspruch aus §§ 2021, 818 I, II, III BGB

1. Voraussetzungen des § 2018 BGB
2. Anspruchsgegner ist redlicher und unverklagter Erbschaftsbesitzer (Abgrenzung §§ 2023 ff. BGB)

   Beachte: § 818 IV, 819 BGB werden von §§ 2023 ff. BGB verdrängt.

IV. Anspruch aus §§ 2023, 989 BGB

V. Anspruch aus §§ 2024, 989 BGB

VI. Anspruch aus §§ 2025, 823 BGB

C. Anspruch des Pflichtteilsberechtigten

I. Anspruch aus § 2303 I BGB gegen den Erben

1. Anspruchsgegner muss Erbe sein
2. Anspruchssteller muss vom Erbe durch Verfügung von Todes wegen ausgeschlossen sein (Testament § 1937 BGB, gemeinschaftliches Ehegattentestament § 2265 BGB, Erbvertrag gem. § 2274 BGB)
3. Anspruchssteller muss Pflichtteilsberechtigter sein: §§ 1924, 1925, 1931 BGB,§ 10 IV LPartG

   Beachte bei § 1924 BGB den § 2309 BGB

   Der Abkömmling (Enkel) des näheren lebenden Abkömmlings (Kind) ist nur pflichtteilsberechtigt, wenn der nähere lebende Abkömmling (Kind) enterbt wurde (§ 1938 BGB), ausgeschlagen (§§ 1942, 1957 BGB) oder verzichtet hat (§ 2346 BGB) oder für erbunwürdig erklärt wurde (§ 2344 BGB). Der Ehegatte verliert sein Pflichtteilsrecht durch Scheidung.
4. Höhe des Pflichtteils:

Die Hälfte des gesetzlichen Erbteils

Problem: Anrechnung von Zuwendungen gem. § 2315 BGB

5. Verjährung: Art. 229 § 23 EGBGB: §§ 2317, 199 I, 199 III a, 195 BGB

II. Anspruch aus § 2305 BGB auf den Zusatzpflichtteil gegen den Miterben

III. Anspruch aus § 2325 BGB auf Pflichtteilsergänzung gegen den Miterben

IV. Anspruch aus § 2329 BGB gegen den Beschenkten

D. Anspruch des Vertragserben aus § 2287 BGB gegen den Beschenkten

E. Anspruch des Schlusserben beim Berliner Testament aus § 2287 BGB analog gegen den Beschenkten

I. Analogie

Das Schutzinteresse des Vertragserben und des durch eine wechselbezügliche Verfügung im gemeinschaftlichen Testament geschützten sind identisch. Nicht einzusehen ist, dass der Gesetzgeber eine Regelung zum Schutz des Schlusserben unterlassen hat. Diese Regelungslücke muss durch Analogie geschlossen werden.

II. Objektive Beeinträchtigung des Schlusserben

III. Schenkung des Vollerben an einen Dritten

IV. Beeinträchtigungsabsicht

Die M.M. verlangt zur Annahme einer Beeinträchtigungsabsicht ein bestimmendes Motiv zur Beeinträchtigung des Schlusserben. Hierfür spricht der klare Wortlaut der Norm.

Nach der h.M. ist dieses finale Element nicht erforderlich. Es kommt auf eine Abwägung zwischen den berechtigten Erberwartungen des Schlusserben und den Beweggründen des Vollerben an. Zu berücksichtigen ist auch ein lebzeitiges Eigeninteresse des Erblassers.

Gegen die wörtliche Auslegung spricht, dass der Nachweis der Beeinträchtigungsabsicht in der Regel nicht gelingt und dadurch der Schutz des Schlusserben ausgehöhlt wird.

V. Rechtsfolge ist der Rechtsfolgenverweis auf die §§ 818 – 822 BGB